:: 中華文化促進會主持編纂

:: 國家"十一五"~"十四五"重點圖書出版規劃項目

:: 中國社會科學院哲學社會科學創新工程學術出版資助項目

出品人 王石 段先念

今注本二十四史

舊五代史

宋 薛居正等 撰

陳智超 紀雪娟 主持校注

中國社會科學出版社

一八　　周書〔四〕承襲列傳

舊五代史　卷一二九

周書二十

列傳第九[1]

[1]按，本卷末無史論。

　常思

　　常思，字克恭，太原人也。[1]父仁岳，河東牙將，累贈太子太師。[2]唐莊宗之爲晋王也，[3]廣募勝兵，時思以趫悍應募，累從戎役，後爲長直都校，歷捧聖軍使。[4]晋初，遷六軍都虞候。[5]漢高祖出鎮并門，[6]奏以思從行，尋表爲河東牢城都指揮使，[7]以勤幹見稱。漢國初建，授檢校太保，遥領鄧州。[8]漢有天下，遷檢校太尉、昭義軍節度使。[9]乾祐初，[10]李守貞叛於河中，[11]太祖征之，[12]朝廷命思帥部兵以副焉。既而御衆無能，勒歸舊藩。[13]思在上黨凡五年，[14]無令譽可稱，唯以聚斂爲務。性又鄙吝，未嘗與賓佐有酒肴之會。嘗有從事欲求謁見者，[15]思覽刺而怒曰：“彼必是來獵酒也。”命典客者飲而遣之，其鄙吝也如是。

[1]太原：府名。治所在今山西太原市。

[2]仁岳：人名。即常仁岳。事迹不詳。　河東：方鎮名。治所在太原（今山西太原市）。　牙將：官名。古代軍隊中的中低級軍官。　太子太師：官名。與太子太傅、太子太保統稱太子三師。隋唐以後多作加官或贈官。從一品。

[3]唐莊宗：即李存勖，小字亞子，沙陀部人，太原（今山西太原市）人。李克用之子，五代後唐開國皇帝。紀見本書卷二七至卷三四、《新五代史》卷四至卷五。

[4]長直都校：官名。五代統兵官。“長直”爲部隊番號。捧聖軍使：低級軍職。“捧聖”爲部隊番號。

[5]六軍都虞候：官名。唐、五代方鎮高級軍官。

[6]漢高祖：即五代後漢開國皇帝劉知遠。太原（今山西太原市）人，沙陀族。紀見本書卷九九至卷一〇〇、《新五代史》卷一〇。　并門：指并州。位於今山西太原市。

[7]牢城都指揮使：官名。州鎮統兵官。

[8]檢校太保：官名。爲散官或加官，以示恩寵，無實際執掌。　遙領：雖居此官職，然實際上並不赴任。　鄧州：州名。治所在今河南鄧州市。　“漢國初建”至“遙領鄧州”：《輯本舊史》卷九九《漢高祖紀上》天福十二年（947）四月己未條：“以北京牢城都指揮使、壁州刺史常思爲鄧州節度使、檢校太傅兼權北京馬步軍都指揮使、三城巡檢使。”《新五代史》卷四九《常思傳》：“思起軍卒，未嘗有戰功，徒以幸會漢興，遂秉旄節。”

[9]檢校太尉：官名。爲散官或加官，以示恩寵，無實際執掌。　昭義軍：方鎮名。治所在潞州（今山西長治市）。　節度使：官名。唐時在重要地區所設掌握一州或數州軍事、民事、財政的長官。　遷檢校太尉、昭義軍節度使：《輯本舊史》之影庫本粘籤：

"太尉，原本脱'尉'字，今據《歐陽史》增入。"檢《新五代史》
原書，未見常思加檢校太尉之記載。《輯本舊史》卷一○○《漢高
祖紀下》天福十二年閏七月己卯條："鄧州節度使常思加檢校太尉，
移鎮潞州。"潞州爲昭義軍節度使治所。

　　[10]乾祐：後漢高祖劉知遠、隱帝劉承祐年號（948—950）。
北漢亦用此年號。　乾祐初：《輯本舊史》卷一○一《漢隱帝紀
上》乾祐元年（948）三月庚午條："涇州節度使史懿、潞州節度使
常思、同州節度使張彥威、延州節度使高允權，並依前檢校太尉，
加同平章事。"

　　[11]李守貞：人名。河陽（今河南孟州市）人。五代後晉、
後漢將領。傳見本書卷一○九、《新五代史》卷五二。　河中：方
鎮名。治所在河中府（今山西永濟市）。

　　[12]太祖：即後周太祖郭威。邢州堯山（今河北隆堯縣）人。
五代時後周王朝的建立者。紀見本書卷一一○至卷一一三、《新五
代史》卷一一。

　　[13]勒歸舊藩：《輯本舊史》卷一○一《漢隱帝紀上》乾祐元
年八月壬午條："命樞密使郭威赴河中府軍前，詔河府、永興、鳳
翔行營諸軍，一稟威節制。時李守貞、王景崇、趙思綰連衡作叛，
朝廷雖命白文珂、常思攻討河中，物議以二帥非守貞之敵，中外憂
之，及是命之降，人情大愜。"《通鑑》卷二八八乾祐元年八月條：
"自河中、永興、鳳翔三鎮拒命以來，朝廷繼遣諸將討之。昭義節
度使常思屯潼關，白文珂屯同州，趙暉屯咸陽……壬午，以郭威爲
西面軍前招慰安撫使，諸軍皆受威節度……於是威自陝州，白文珂
及寧江節度使、侍衛步軍都指揮使劉詞自同州，常思自潼關，三道
攻河中……己亥，至城下，揚旗伐鼓，踊躍詬譟，守貞視之失色。
白文珂克西關城，柵於河西，常思柵於城南，威柵於城西。未幾，
威以常思無將領才，先遣歸鎮。"《輯本舊史》卷一○二《漢隱帝
紀中》乾祐二年八月甲申條："以陝州節度使、充河中一行兵馬都
部署白文珂爲西京留守，加兼侍中；潞州節度使、充河中一行副都

署常思加檢校太師。”同書卷一○三《漢隱帝紀下》乾祐三年三月條：“是月，鄴都留守高行周、兗州符彥卿、鄆州慕容彥超、西京留守白文珂、鎮州武行德、安州楊信、潞州常思、府州折從阮皆自鎮來朝，嘉慶節故也……甲子，西京留守白文珂、潞州常思、鎮州武行德並進邑封。”《通鑑》卷二八九乾祐三年十一月條：“初，隱帝遣供奉官押班陽曲張永德賜昭義節度使常思生辰物，永德，郭威之壻也，會楊邠等誅，密詔思殺永德。思素聞郭威多奇異，囚永德以觀變，及威克大梁，思乃釋永德而謝之。”

[14]上黨：即潞州。治所在今山西長治市。

[15]從事：泛指一般屬官。

太祖受命，就加平章事。[1]初，太祖微時，以季父待思，及即位，遣其妻入覲，太祖拜之如家人之禮，仍呼爲叔母，其恩顧如是。[2]廣順二年秋，思來朝，[3]加兼侍中，[4]移鎮宋州。[5]三年夏，詔赴闕，[6]改授平盧軍節度使。[7]思將赴鎮，奏太祖云：“臣在宋州，出放得絲十餘萬兩，[8]謹以券上進，[9]請行徵督。”太祖頷之，[10]尋詔本州折券以諭其民。[11]及到鎮，[12]未幾，染風痺之疾，上表請尋醫，既而异疾歸洛。[13]顯德元年春卒，[14]年六十有九。贈中書令。[15]《永樂大典》卷六千八百一十二。[16]

[1]平章事：官名。全稱“同中書門下平章事”。唐高宗以後，凡實際任宰相之職者，常在其本官後加同平章事的職銜。後成爲宰相專稱。後晉天福五年（940），升中書門下平章事爲正二品。　就加平章事：《輯本舊史》卷一一○《周太祖紀一》廣順元年（951）正月辛巳（十九）條：“鎮州武行德、晉州王晏、相州張彥成、潞州常思、邠州侯章並加兼侍中。”據上段注釋，常思於乾祐元年

(948) 三月已加平章事。明本《册府》卷一六九《帝王部・納貢獻門》：“（廣順元年二月）己未，昭義常思貢錢三十萬，賀太子鎮澶州。又直進錢二千五百貫、布二千五百疋、粟七千石。”

[2]“初”至“其恩顧如是”：《新五代史》卷四九《常思傳》：“初，思微時，周太祖方少孤無依，食于思家，以思爲叔，後思與周太祖俱遭漢以取富貴。周太祖已即位，每呼思爲常叔，拜其妻，如家人禮。”《宋本册府》卷一七二《帝王部・求舊門二》：“（廣順元年）七月，昭義節度使常思上言曰：臣妻王氏入貢，蒙陛下致敬，臣惶恐無容自處。”

[3]廣順：五代後周太祖郭威年號（951—953）。 思來朝：明本《册府》卷一六九《帝王部・納貢獻門》：“（廣順二年）八月，昭義節度使常思來朝，獻絹三千疋、銀千兩、粟二萬斛、草三萬圍。”

[4]侍中：官名。秦始置。隋、唐前期爲門下省長官。唐後期多爲大臣加衔，不參與政務，實際職務由門下侍郎執行。正二品。

加兼侍中：據上文注釋，常思於廣順元年正月已加兼侍中，本傳繫於二年，誤。

[5]宋州：州名。治所在今河南商丘市睢陽區。 移鎮宋州：《輯本舊史》卷一一二《周太祖紀三》廣順二年（952）八月庚子條：“潞州節度使常思移鎮宋州，相州節度使李筠移鎮潞州。”

[6]詔赴闕：明本《册府》卷一六九《帝王部・納貢獻門》：“（廣順三年）四月丙寅（十七），宋州節度使常思入朝，獻縑、銀匹兩各二千五百，大絁綾五百疋。”

[7]平盧軍：方鎮名。治所在青州（今山東青州市）。 改授平盧軍節度使：《輯本舊史》卷一一三《周太祖紀四》廣順三年四月戊辰（十九）條：“宋州節度使常思移鎮青州，鳳翔節度使趙暉移鎮宋州。”青州爲平盧軍節度使治所。明本《册府》卷一六九《帝王部・納貢獻門》：“（廣順三年）五月甲申（初六），宴于廣政殿。宋州常思獻上壽金酒器。”

［8］出放得絲十餘萬兩：中華書局本有校勘記："'出放'，原作'出鎮'，據本書卷一一三《周太祖紀四》、《册府》卷四五五改。"

［9］謹以券上進：中華書局本有校勘記："'券'字原闕，據《册府》卷四五五、《新五代史》卷四九《常思傳》補。按本卷下文：'尋詔本州折券以諭其民。'"

［10］太祖頷之：《輯本舊史》之影庫本粘籤："頷之，原本作'領之'，今從《歐陽史》改正。"見《新五代史》卷四九《常思傳》。

［11］尋詔本州折券以諭其民：《輯本舊史》卷一一三《周太祖紀四》廣順三年五月丁亥（初九）條："新授青州節度使常思在宋州日出放，得絲四萬一千四百兩，請徵入官。詔宋州給還人户契券，其絲不徵。"《新五代史》卷四九《常思傳》："又徙平盧，思因啓曰：'臣居宋，宋民負臣絲息十萬兩，願以券上進。'太祖頷之，即焚其券，詔宋州悉蠲除之。"《通鑑》卷二九一廣順三年四月條："丙寅，歸德節度使兼侍中常思入朝。戊辰，徙平盧節度使。將行，奏曰：'臣在宋州，舉絲四萬餘兩在民間，謹以上進，請徵之。'帝頷之。"所記各有異同，兹並録之。

［12］及到鎮：《輯本舊史》卷一一三《周太祖紀四》顯德元年（954）正月甲申條："青州常思進封萊國公。"本傳未載其事。

［13］洛：地名。即洛陽。今河南洛陽市。 既而卧疾歸洛：明本《册府》卷四八《帝王部·從人欲門》："顯德元年正月，青州節度使常思言被病，請罷鎮歸京尋醫，從之。"

［14］顯德：五代後周太祖郭威年號（954）。世宗柴榮、恭帝柴宗訓沿用（954—960）。 顯德元年春卒：《輯本舊史》卷一一四《周世宗紀一》顯德元年三月戊戌條："河南府上言，前青州節度使常思卒。"

［15］中書令：官名。漢武帝時始置，以宦官主中書，掌傳宣詔命等。隋、唐前期爲中書省長官，屬宰相之職；唐後期多爲授予元勳大臣的虛銜。正二品。

[16]《大典》卷六八一二"王"字韻"釋書"事目，誤。

翟光鄴

翟光鄴，字化基，濮州鄄城人。[1]父景珂，[2]倜儻有膽氣。梁貞明初，[3]唐莊宗始駐軍於河上，景珂率聚邑人守永定驛，[4]固守踰年，後爲北軍所攻，景珂戰歿，衆潰。光鄴時年十歲，爲明宗軍所俘，[5]以其穎悟，俾侍左右，字之曰永定。既冠，沈毅有謀，莅事寡過。

[1]濮州：州名。治所在今山東鄄城縣。　鄄城：縣名。治所在今山東鄄城縣。

[2]景珂：人名。即翟景珂。尋陽（今江西九江市）人，後家於鄄城（今山東鄄城縣）。唐末將領。傳見《册府》卷七六三《總錄部·死節門》。

[3]貞明：五代後梁末帝朱友貞年號（915—921）。

[4]永定驛：地名。當位於今山東鄄城縣。

[5]明宗：即李嗣源。沙陀部人，應州金城（今山西應縣）人。李克用養子，逼宮李存勗後自立爲後唐皇帝。紀見本書卷三五至卷四四、《新五代史》卷六。

明宗即位，特深委遇，[1]累遷至皇城使、檢校司空。[2]長興中，樞密使安重誨得罪，[3]時光鄴與中官孟小僧頗有力焉。[4]居無何，出爲耀州團練使。[5]清泰初，入爲左監門衛大將軍。[6]晋天福中，歷棣、沂二州刺史，西京副留守。[7]開運初，授宣徽使。[8]楊光遠叛滅，青州平，除爲防禦使。[9]朝廷以兵亂之後，人物彫弊，故命光鄴理之。光鄴好聚書，重儒者，虛齋論議，唯求理道。時郡民喪亡十之六七，而招懷撫諭，視之如傷，故期月之間，流亡載輯。契丹入汴，偽命權知曹州。[10]李從益假號，[11]以光鄴明宗舊臣，署爲樞密使。[12]漢祖至汴，改左領衛大將軍。乾祐初，遷右金吾衛大將軍、充街使、檢校太保。[13]太祖踐阼，復授宣徽使、左千牛衛上將軍、檢校太傅。[14]數月，兼樞密副使。[15]會永興李洪信入朝，代知軍府事。[16]廣順二年十月，卒於長安，[17]時年四十六。

[1]特深委遇：中華書局本有校勘記："'特'，原作'時'，據殿本、《册府》卷九九改。"

[2]皇城使：官名。唐末始置，爲皇城司長官，一般由君主的親信充任，以拱衛皇城。　檢校司空：官名。爲散官或加官，以示恩寵，無實際執掌。

[3]長興：五代後唐明宗李嗣源年號（930—933）。　樞密使：官名。樞密院長官。唐代宗時始以宦官掌機密，至昭宗時借朱温之力盡誅宦官，始改以士人任樞密使。備顧問，參謀議，出納詔奏，權侔宰相。參見李全德《唐宋變革期樞密院研究》，國家圖書館出版社2009年版。　安重誨：人名。應州（今山西應縣）人。五代後唐大臣。傳見本書卷六六、《新五代史》卷二四。

[4]中官：即宦官。　孟小僧：人名。籍貫不詳。本書僅此一見。　時光鄴與中官孟小僧頗有力焉：《通鑑》卷二七七長興二年（931）五月條："皇城使翟光鄴素惡重誨，帝遣詣河中察之，曰：'重誨果有異志則誅之。'光鄴至河中，李從璋以甲士圍其第，自入見重誨，拜于庭下。重誨驚，降階答拜，從璋奮檛擊其首，妻張氏驚救，亦檛殺之。"

[5]耀州：州名。治所在今陝西銅川市耀州區。　團練使：官名。唐代中期以後，於不設節度使的地區設團練使，掌本區各州軍事。

[6]清泰：五代後唐末帝李從珂年號（934—936）。　左監門衛大將軍：官名。唐置，掌宮禁宿衛。唐代置十六衛，即左右衛、左右驍衛、左右武衛、左右威衛、左右領軍衛、左右金吾衛、左右監門衛、左右千牛衛，各置上將軍，從二品；大將軍，正三品；將軍，從三品。

[7]天福：五代後晉高祖石敬瑭年號（936—942）。出帝石重貴沿用至九年（944）。後漢高祖劉知遠繼位後沿用一年，稱天福十二年（947）。　棣：州名。治所在今山東惠民縣。　沂：州名。治所在今山東臨沂市。　刺史：官名。州一級行政長官。漢武帝時始置，總掌考核官吏、勸課農桑、地方教化等事。唐中期以後，節度使、觀察使轄州而設，刺史爲其屬官，職任漸輕。從三品至正四品下。　西京副留守：官名。西京留守副官。

[8]開運：後晉出帝年號（944—946）。　宣徽使：官名。唐始置。宣徽南院使、北院使通稱宣徽使。初用宦官，五代以後改用士人。通掌內諸司及三班內侍之名籍，郊祀、朝會、宴享供帳之儀，檢視內外進奉名物。詳見王永平《論唐代宣徽使》，《中國史研究》1995 年第 1 期；王孫盈政《再論唐代的宣徽使》，《中華文史論叢》2018 年第 3 期。　授宣徽使：《輯本舊史》卷八三《晉少帝紀三》開運元年（944）九月癸巳條：“以前隴州防禦使翟光鄴爲宣徽北院使。”

[9]楊光遠：人名。沙陀部人。五代後唐、後晉將領。傳見本書卷九七、《新五代史》卷五一。　青州：州名。治所在今山東青州市。　防禦使：官名。唐代始置，設有都防禦使、州防禦使兩種。常由刺史或觀察使兼任，實際上爲唐代後期州或方鎮的軍政長官。　除爲防禦使：《輯本舊史》卷八三《晉少帝紀三》開運元年閏十二月癸巳條：“以宣徽使翟光鄴爲青州防禦使。”

[10]契丹：古部族、政權名。公元 4 世紀中葉宇文部爲前燕攻破，始分離而成單獨的部落，自號契丹。唐貞觀中，置松漠都督府，以其首領爲都督。唐末强盛，916 年迭剌部耶律阿保機建立契丹國（遼）。先後與五代、北宋並立，保大五年（1125）爲金所滅。參見張正明《契丹史略》，中華書局 1979 年版。　汴：州名。治所在今河南開封市。　曹州：州名。治所在今山東曹縣西北。

[11]李從益：人名。沙陀部人。五代後唐明宗李嗣源幼子。契丹蕭翰北歸，以其爲傀儡統治中原地區。傳見本書卷五一。《輯本舊史》之影庫本粘籤："從益，原本作'從蓋'，今從《通鑑》改正。"見《通鑑》卷二八七天福十二年（947）五月條。

[12]署爲樞密使：《宋本册府》卷七六六《總錄部·攀附門二》："翟光鄴，晋末爲宣徽使。時虜犯闕，以後唐明宗少子許王從益爲曹州節度使，從益母淑妃王氏白於虜長，以從益未諳政術，請以光鄴代知州事，虜從之。及蕭翰推從益僭位，以光鄴爲樞密使。虜去，光鄴以高祖進兵汾水，請從益去號，稱梁王，仍馳表稱臣，論者賞之。"《通鑑》卷二八七天福十二年五月條："（李從益）乃用趙遠、翟光鄴策，稱梁王，知軍國事。遣使奉表稱臣迎帝（漢高祖），請早赴京師，仍出居私第。"胡注："從益本爵許王，以稱號於大梁，自稱梁王，是已建國更號矣。今既奉表迎漢，何爲又更國號！是當時議者禍之也。"

[13]左領衛大將軍：官名。唐置，掌宮禁宿衛。唐代十六衛之一。正三品。　右金吾衛大將軍：官名。唐置，掌宮禁宿衛。唐代十六衛之一。正三品。　街使：官名。分左、右職。掌京城街道治安，以及修橋種樹等事，常以金吾將軍充任，故亦稱金吾街使。"漢祖至汴"至"檢校太保"：《宋本册府》卷七六六《總錄部·攀附門二》："高祖入汴，加右領衛大將軍。"《新五代史》卷四九《翟光鄴傳》："漢高祖入京師，改右領軍衛大將軍、左金吾大將軍，充街使。"皆與本傳異。

[14]左千牛衛上將軍：官名。唐置，掌宮禁宿衛。唐代十六衛

之一。從二品。　檢校太傅：官名。爲散官或加官，以示恩寵，無實際執掌。　“太祖踐阼”至“檢校太傅”：《輯本舊史》卷一一一《周太祖紀二》廣順元年（951）二月癸巳條：“以右金吾大將軍、充街使翟光鄴爲左千牛衛上將軍，充宣徽北院使。”

　[15]樞密副使：官名。樞密院副長官。　兼樞密副使：《輯本舊史》卷一一一《周太祖紀二》廣順元年六月丁巳條：“以宣徽北院使翟光鄴兼樞密副使。”

　[16]永興：即永興軍。方鎮名。治所在京兆府（今陝西西安市）。　李洪信：人名。并州晉陽（今山西太原市）人。五代、宋初將領。傳見《宋史》卷二五二。　代知軍府事：《輯本舊史》卷一一二《周太祖紀三》廣順二年三月戊辰條：“詔宣徽北院使翟光鄴權知永興軍府事。”

　[17]長安：地名。即今陝西西安市。　卒於長安：《輯本舊史》卷一一二《周太祖紀三》廣順二年十月乙未條：“永興軍奏，宣徽北院使、知軍府事翟光鄴卒。”《宋本冊府》卷一四一《帝王部·念良臣門》：“周太祖時，翟光鄴權知京兆尹。光鄴卒，帝初聞訃至，慘然驚歎曰：‘天不助余爲治！賢良之臣，遽此奄忽，非獨余之不幸，亦民之不幸也，傷哉！’”京兆府爲永興軍節度使治所。

　　光鄴有器度，慎密敦厚，出於天然，喜愠不形於色。事繼母以孝聞，兄弟皆雍睦。雖食禄日久，家無餘財，任金吾日，假官屋數間，以蔽風雨，親族累重，糲食纔給，人不堪其憂，光鄴處之晏如也。賓朋至，則貰酒延之，談説終日，略無厭倦，士大夫多之。及權知京兆，[1]以寬静爲治，前政有煩苛之事，一切停罷，百姓便之。及病甚，召親隨於卧内，戒之曰：“氣絶之後，以屍歸洛，不得於此停留，慮煩軍府。”言訖而終。[2]京兆吏民如喪所親，[3]或有以漿酒遙奠者。[4]樞密使王峻素重光鄴，[5]且欲厚卹其家，爲之上請，故自終及葬，所賜賵賻幾數千計。詔贈太子少師。[6]光鄴膚革肥晢，善於攝養，故司天監趙延乂有袁、許之術，[7]嘗謂人曰："翟君外厚而内薄，雖貴而無壽。"果如其言。《永樂大典》卷二萬二千二百四十。[8]

[1]京兆：府名。治所在今陝西西安市。

[2]"及病甚"至"言訖而終"：《宋本册府》卷八九八《總錄部·治命門》："周翟光鄴權知京兆尹，病甚，召判官張粲及巡檢使臣，以軍府事囑付之。又召親隨於卧内，誡之曰：'氣絕之後，以屍歸洛，不得於此停留，慮煩軍府。'言訖而終。"

[3]京兆吏民如喪所親：中華書局本有校勘記："'民'字原闕，據《册府》卷六八三補。"

[4]或有以漿酒遙奠者：《宋本册府》卷六八三《牧守部·遺愛門二》："周翟光鄴，廣順中，權知京兆府。既卒，吏民如喪所親，街衢父老相逢垂涕，或以漿酒遙奠者。將葬，部民詣府，乞留神柩，葬於雍土，仍請立祠，以時祭釀。府司以聞朝廷，不允其請。"

[5]王峻：人名。相州安陽（今河南安陽市）人。五代將領，後周時任樞密使兼宰相。傳見本書卷一三〇、《新五代史》卷五〇。

[6]太子少師：官名。與太子少傅、太子少保合稱"三少"，唐後期、五代多爲大臣、勳貴加官。從二品。

[7]司天監：官署名。其長官亦稱司天監，掌天文、曆法以及占候等事。參見趙貞《唐宋天文星占與帝王政治》，北京師範大學出版社 2016 年版。　趙延乂：人名。一作"趙延義"。秦州（今甘肅秦安縣）人。五代十國時前蜀大臣趙温珪之子。通術數。傳見本書卷一三一、《新五代史》卷五七。　袁、許：漢許負和唐袁天綱

的並稱。二人皆精相人之術。

[8]《大典》卷二二二四〇"翟"字韻"姓氏（二）"事目。

曹英

曹英，字德秀，舊名犯太祖廟諱，[1] 故改焉。本常山真定人也。[2] 父全武，事趙王王鎔爲列校，[3] 英因得隸於鎔之帳下。及張文禮之亂，[4] 唐莊宗奄有其地，乃録鎔之左右，署爲散指揮使。[5] 明宗即位，英侍於仗下，問其祖考，英以實對，明宗曰："乃朕之舊也。" 擢爲本班行首，每加顧遇。晉天福中，遷弩手軍使。[6] 平張從賓於汜水，[7] 以功授本軍都校。[8] 漢初，改奉國軍主，加檢校司徒，兼康州刺史。[9] 乾祐初，李守貞據河中叛，授行營步軍都校。[10] 河中平，遷本軍廂主，領岳州防禦使。[11] 隨太祖在魏，爲北面行營步軍都校，從平內難。[12]

[1]舊名犯太祖廟諱：中華書局本有校勘記："'太祖廟諱'，殿本作'今上御名'。"《通鑑》卷二九〇廣順元年（951）正月條："郭崇威更名崇，曹威更名英。"

[2]常山：即鎮州，治所在今河北正定縣。 真定：縣名。治所在今河北正定縣。爲鎮州州治。 本常山真定人也：中華書局本有校勘記："'真定'，原作'鎮定'，據《册府》卷一七二改。"《通鑑》卷二八九乾祐三年（950）十一月條亦作"真定曹威"。常山爲鎮州舊稱，真定縣爲鎮州治所，史書凡稱"鎮定"者，乃指鎮州、定州而言。

[3]全武：人名。即曹全武。事迹不詳。 王鎔：人名。回鶻

人。唐末、五代軍閥，朱温後封趙王。傳見本書卷五四、《新五代史》卷三九。 列校：指代諸校或校尉。

[4]張文禮：人名。燕（今河北北部、北京、天津一帶）人。五代後唐將領。傳見本書卷六二。

[5]散指揮使：殿前諸班之一。

[6]弩手軍使：官名。所部統兵將領。"弩手"爲部隊番號。

[7]張從賓：人名。籍貫不詳。五代後唐、後晉將領。傳見本書卷九七。《輯本舊史》之影庫本粘籤："從賓，原本作'從寶'，今從《通鑑》改正。"檢《通鑑》原書，無曹英平張從賓之記載。

氾水：縣名。治所在今河南滎陽市氾水鎮。

[8]都校：官名。禁軍統兵官。

[9]奉國：部隊番號。五代中央禁軍之一。 檢校司徒：官名。爲散官或加官，以示恩寵，無實際執掌。 康州：州名。治所在今廣東德慶縣。 兼康州刺史：《宋本冊府》卷三八七《將帥部·褒異門一三》"兼"作"假"。

[10]行營步軍都校：官名。五代時設此官，爲步兵統兵官。

[11]厢主：官名。五代至北宋期間，對厢都指揮使的簡稱。岳州：州名。治所在今湖南岳陽市。

[12]魏：州名。治所在今河北大名縣。 北面行營步軍都校：官名。部隊統兵官。 從平內難：《輯本舊史》卷一〇三《漢隱帝紀下》乾祐三年十一月丙子條："是日，帝遣腹心齎密詔往澶州、鄴都，令澶州節度使李洪義誅侍衛步軍都指揮使王殷，令鄴都屯駐護聖左厢都指揮使郭崇、奉國左厢都指揮使曹英害樞密使郭威及宣徽使王峻。"同月丁丑條："殷與洪義遣本州副使陳光穗齎所受密詔，馳至鄴都。郭威得之，即召王峻、郭崇、曹英及諸軍將校，至牙署視詔，兼告楊、史諸公冤枉之狀。於是將校等請威入朝，以除君側之惡，共安天下。"同月丙戌條："奉國左厢都指揮使曹英爲侍衛步軍都指揮使。"

　　國初，以翊戴功授昭武節度使、檢校太傅、侍衛步軍都指揮使。[1]二年春，總兵討慕容彥超於兗州，[2]梯衝塹壘，頗有力焉。[3]夏五月，太祖親征，因併兵攻陷其城。及凱旋，領彰信軍節度使，典軍如故。[4]世宗嗣位，加同平章事，授成德軍節度使。[5]車駕自太原迴，加兼侍中。[6]顯德元年冬，卒於鎮，[7]時年四十九。制贈中書令。

　　[1]昭武：方鎮名。即昭武軍。治所在利州（今四川廣元市）。侍衛步軍都指揮使：官名。皇帝侍衛親軍步軍司最高長官。“國初”至“侍衛步軍都指揮使”：《輯本舊史》卷一一〇《周太祖紀一》廣順元年（951）正月辛巳條：“以侍衛步軍都指揮使、岳州防禦使曹英爲利州節度使、檢校太傅，典軍如故。”《通鑑》卷二九〇廣順二年正月條胡注：“昭武軍，利州，屬蜀，曹英遥領耳。”

　　[2]慕容彥超：人名。吐谷渾部人。五代後漢將領，後漢高祖劉知遠同母弟。傳見本書卷一三〇、《新五代史》卷五三。　兗州：州名。治所在今山東濟寧市兗州區。　總兵討慕容彥超於兗州：《輯本舊史》之影庫本粘籤：“兗州，原本作‘袞州’，今從《通鑑》改正。”見《通鑑》卷二九〇廣順二年正月條。

　　[3]頗有力焉：《輯本舊史》卷一一二《周太祖紀三》廣順二年正月甲子條：“以侍衛步軍都指揮使曹英爲兗州行營都部署，以齊州防禦使史延轁爲副部署，以皇城使向訓爲兵馬都監，陳州防禦使藥元福爲馬步都虞候，率兵討慕容彥超。”《通鑑》卷二九〇廣順二年正月條：“曹英等至兗州，設長圍。慕容彥超屢出戰，藥元福皆擊敗之，彥超不敢出。十餘日，長圍合，遂進攻。”同年四月條：“帝以曹英等攻兗州久未克，乙卯，下詔親征。”

　　[4]彰信軍：方鎮名。治所在曹州（今山東曹縣西北）。“及凱旋”至“典軍如故”：《輯本舊史》卷一一二《周太祖紀三》

廣順二年七月丁卯條："詔復升陳州、曹州爲節鎮。以侍衛馬軍都指揮使、洋州節度使郭崇爲陳州節度使，以侍衛步軍都指揮使曹英爲曹州節度使，並典軍如故。"廣順三年二月癸丑條："安州節度使李洪義、侍衛馬軍都指揮使郭崇、侍衛步軍都指揮使曹英，並加檢校太尉。"

[5]成德軍：方鎮名。治所在恒州（今河北正定縣）。"世宗嗣位"至"授成德軍節度使"：《輯本舊史》卷一一三《周太祖紀四》廣順三年十一月庚寅條："鎮州節度使何福進奏乞朝覲，三奏，允之。詔侍衛步軍都指揮使曹英權知鎮州軍府事。"顯德元年（954）正月丙戌（十一）條："以曹州節度使兼侍衛步軍都指揮使曹英爲鎮州節度使，加同平章事。"鎮州爲成德軍節度使治所。周太祖崩於是月壬辰（十七），曹英獲任鎮州節度使，仍在太祖朝，本傳繫於世宗朝，誤。《宋本册府》卷八二〇《總錄部·立祠門》："曹英爲成德軍節度使，英本貫鎮州，詔真定縣宜改台輔鄉爲衣錦鄉、鴻儒坊爲勳德里。"

[6]加兼侍中：《輯本舊史》卷一一四《周世宗紀一》顯德元年七月乙酉條："滄州李暉、貝州王饒、鎮州曹英，並加兼侍中。"

[7]卒於鎮：《輯本舊史》卷一一四《周世宗紀一》顯德元年十一月壬午條："鎮州節度使曹英卒。"

英性沈厚，謙恭有禮，雖衽席之際，[1]接對賓客，亦未嘗造次。及卒，搢紳之士亦皆惜之。《永樂大典》卷四千六百四十。[2]

[1]衽席：卧席。借指太平安居的生活。

[2]《大典》卷四六四〇"天"字韻"應天府（一一〇）"事目，誤。

李彥頵

李彥頵，字德循，[1]太原人也。本以商賈爲業，太祖鎮鄴，[2]置之左右，及即位，歷綾錦副使、権易使。[3]世宗嗣位，以彥頵有舊，超授内客省使。[4]未幾，知相州軍府事，尋改延州兵馬留後。[5]到鎮，頗以殖貨爲意，窺圖賸利，侵漁蕃漢部人，群情大擾。會世宗南征，蕃部結聚，圍迫州城，彥頵閉壁自守，求援於鄰道，賴救兵至，乃解。[6]世宗不悦，徵赴京師，[7]然猶委曲庇護，竟不之責。尋爲西京水南巡檢使，[8]居無何，命権知泗州軍州事，[9]改滄州兩使留後。[10]彥頵到任，處置乖方，大爲物情所鄙。顯德六年秋，受代歸闕，遇疾而卒，[11]時年五十二。《永樂大典》卷一萬三百九十。[12]

[1]字德循：中華書局本有校勘記："'德循'，《册府》卷七六六'德脩'。"

[2]鄴：地名。即鄴都。治所在今河北大名縣。五代後唐同光元年（923），改魏州爲興唐府，建號東京，三年改東京爲鄴都。

[3]綾錦副使：官名。綾錦使副職。協助負責綾錦事務。　権易使：官名。負責権易事務。

[4]内客省使：官名。中書省所屬内客省長官。唐始置，五代沿置。

[5]相州：州名。治所在今河南安陽市。　延州：州名。治所在今陝西延安市。　兵馬留後：官名。唐、五代時，代行方鎮長官之職者稱留後。代行州兵馬使之職者，即爲兵馬留後。掌本州兵馬。　尋改延州兵馬留後：《輯本舊史》卷一一五《周世宗紀二》顯德二年（955）四月庚戌條："以内客省使李彥頵爲延州留後。"

[6]"到鎮"至"乃解"：《輯本舊史》卷一一六《周世宗紀三》顯德三年三月庚戌條："延州留後李彥頵奏，蕃衆與部民爲亂，尋與兵司都監閻絹掩殺，獲其酋帥高鬧兒等十人，磔於市。彥頵本賈人也，貪而好利，蕃漢之民怨其侵刻，故至於是。"《通鑑》卷二九三顯德三年三月條："彰武留後李彥頵，性貪虐，部民與羌、胡作亂，攻之。上召彥頵還朝。"延州爲彰武軍節度使治所。

[7]京師：即後周都城開封（今河南開封市）。

[8]西京：地名。治所在今河南洛陽市。　巡檢使：官名。五代始設巡檢於京師、陪都、重要的州及邊防重鎮。　尋爲西京水南巡檢使：《輯本舊史》之影庫本粘籤："巡檢使，原本脱'巡'字，今據文增入。"

[9]泗州：州名。治所在今江蘇泗洪縣東南，今已没入洪澤湖中。

[10]滄州：州名。治所在今河北滄縣舊州鎮。　留後：官名。原非正式命官，唐朝節度使入朝或宰相、親王遥領節度使不臨鎮則置。安史之亂後，節度使多以子弟或親信爲留後，以代行節度使職務，亦有軍士、叛將自立爲留後者。掌一州或數州軍政。北宋始爲朝廷正式命官。　改滄州兩使留後：《輯本舊史》卷一一八《周世宗紀五》顯德五年四月戊午條："以前延州留後李彥頵爲滄州留後。"

[11]遇疾而卒：《輯本舊史》卷一二〇《周恭帝紀》顯德六年九月壬子條："前滄州留後李彥頵卒。"

[12]《大典》卷一〇三九〇"李"字韻"姓氏（三五）"事目。

李暉

李暉，字順光，瀛州束城人。[1]弱冠，應募于龍驤軍。[2]漢祖領河東，暉請從，因得署爲河東牙將。漢有天下，授檢校司徒、大内皇城使。[3]未幾，遷宣徽南院使。[4]乾祐初，拜河陽節度使、檢校太傅。[5]

　　[1]瀛州：州名。治所在今河北河間市。　束城：縣名。治所在今河北河間市東北束城。
　　[2]龍驤軍：禁軍名。五代後梁置左右龍驤軍，後唐沿置。
　　[3]“漢有天下”至“大内皇城使”：《輯本舊史》卷一〇〇《漢高祖紀下》天福十二年（947）五月甲午條：“以判太原府事劉崇爲北京留守，命皇子承訓、武德使李暉大内巡檢。”
　　[4]宣徽南院使：官名。唐始置。宣徽南院長官。初用宦官，五代以後改用士人。與宣徽北院使通掌内諸司及三班内侍之名籍，郊祀、朝會、宴享供帳之儀，檢視内外進奉名物。參見王永平《論唐代宣徽使》，《中國史研究》1995年第1期；王孫盈政《再論唐代的宣徽使》，《中華文史論叢》2018年第3期。　遷宣徽南院使：《輯本舊史》卷一〇一《漢隱帝紀上》乾祐元年（948）四月甲辰條：“以宣徽北院使薛可言爲右金吾上將軍，以皇城使李暉爲宣徽南院使。”李暉任宣徽南院使，在漢隱帝朝，本傳繫於“乾祐初”之前，誤。
　　[5]河陽：方鎮名。全稱“河陽三城”。治所在孟州（今河南孟州市）。　拜河陽節度使、檢校太傅：《輯本舊史》卷一〇一《漢隱帝紀上》乾祐元年六月戊戌條：“以河陽節度使武行德爲鎮州節度使，以宣徽南院使李暉爲河陽節度使。”同書卷一〇二《漢隱帝紀中》乾祐二年十月庚辰條：“安州楊信、鄧州劉重進加檢校太師，河陽李暉加檢校太傅。”同書卷一〇三《漢隱帝紀下》乾祐三年四月戊辰條：“相州郭謹、河陽李暉並進邑封。”

　　太祖登極，[1]加同平章事，尋移鎮滄州。[2]顯德元年，就加兼侍中。[3]二年秋，以世宗誕慶節來朝，改邠州節度使。[4]五年，移鎮鳳翔。[5]歲餘，卒於鎮。[6]優詔贈中書令。

[1]太祖登極：明本《册府》卷一二四《帝王部·修武備門》："（廣順元年）五月戊子，河陽李暉言：'奉詔，置水軍五百。'詔：'諸州於州兵內選勇壯，并家屬赴京師。'"

[2]尋移鎮滄州：《輯本舊史》卷一一一《周太祖紀二》廣順元年（951）八月壬子條："李暉移鎮滄州。"《宋本册府》卷九七七《外臣部·降附門》："是月（廣順三年七月），滄州李暉送契丹降人盧臺軍使張藏英等二百二十二人、馬二十三疋。"《輯本舊史》卷一一三《周太祖紀四》顯德元年（954）正月丙戌條："滄州李暉加檢校太尉。"

[3]就加兼侍中：《輯本舊史》卷一一四《周世宗紀一》顯德元年七月乙酉條："滄州李暉、貝州王饒、鎮州曹英，並加兼侍中。"

[4]邠州：州名。治所在今陝西彬縣。 改邠州節度使：《輯本舊史》卷一一五《周世宗紀二》顯德二年十一月辛亥條："以前滄州節度使李暉爲邠州節度使。"

[5]鳳翔：方鎮名。治所在鳳翔府（今陝西鳳翔縣）。 移鎮鳳翔：《輯本舊史》卷一一八《周世宗紀五》顯德五年十月丙戌條："邠州李暉移鎮鳳翔。"

[6]卒於鎮：《輯本舊史》卷一一九《周世宗紀六》顯德六年（959）六月戊寅條："鳳翔奏，節度使李暉卒。"李暉自顯德五年十月移鎮鳳翔，至次年六月卒，前後不足一年，本傳稱"歲餘"，不確。

暉之儀貌不及於常人，而位極將相，年登耳順，袁、許之術，夫何恃哉！然性貪鄙，而好小惠，以邀虛譽，故在河陽及滄州日，民皆詣闕請立碑以頌其美，[1]識者亦未之許也。《永樂大典》卷一萬三百九十。[2]

[1]民皆詣闕請立碑以頌其美：《宋本冊府》卷八二〇《總錄部·立祠門》：“李暉，廣順初，爲滄州節度使。州民張鑒明等於黎陽山採石，欲爲暉立德政碑。暉出於軍校，前鎮河陽，部人已刊碑頌，及涖浮陽，又聞其政，不亦善乎。”

[2]《大典》卷一〇三九〇“李”字韻“姓氏（三五）”事目。

李建崇

李建崇，潞州人。[1]少從軍，善騎射。初事唐武皇，[2]爲鐵林都將，轉突騎、飛騎二軍使。[3]從莊宗攻常山，阿保機來援，[4]莊宗率親軍千騎，遇於滿城，[5]兵少，爲契丹所圍。時建崇爲親將，與契丹格鬥，自午至申，會李嗣昭騎至，[6]契丹乃解去。同光中，自龍武、捧聖都指揮使，出歷襄、秦、徐、雍都指揮使。[7]建崇性純厚，處身任遇，不能巧宦，以致久滯偏裨。明宗嘗掌牙兵，[8]與建崇共事，及即位，甚愍之，連授磁、沁二郡。[9]入晋，爲申州刺史。[10]天福七年冬，襄州安從進搆逆，率衆寇南陽。[11]時建崇領步騎千餘屯於葉縣，開封尹鄭王遣宣徽使張從恩、皇城使焦繼勳率在京諸軍，[12]會建崇軍拒賊。至湖陽縣之花山，[13]遇從進軍，建崇接戰，大敗之，以功授亳州團練使。[14]襄陽平，遷安州防禦使。[15]歷河陽、邢州兵馬留後。[16]漢初，入爲右衛大將軍。[17]年逾七十，神氣不衰。建崇始自代北事後唐武皇，[18]至是四十餘年，前後所掌兵，麾下部曲多至節鉞，零落殆盡，唯建崇雖位不及藩屏，而康强自適，以至期耄。太祖即位，授左監門衛上將軍。[19]廣順三年春，卒。[20]贈黔南節度使。[21]《永樂大典》卷一萬三百九十。[22]

[1]潞州：州名。治所在今山西長治市。

[2]唐武皇：人名。即李克用。沙陀族，生於神武川新城（一説今山西朔州市朔城區之梵王寺村，一説今山西應縣縣城，一説今山西懷仁縣之日中城）。五代後唐奠基者。紀見本書卷二五至卷二六、《新五代史》卷四。

[3]鐵林都將：官名。所部統兵將領。“鐵林”爲部隊番號。突騎、飛騎二軍使：官名。所部統兵將領。“突騎”“飛騎”均爲部隊番號。

[4]阿保機：人名。姓耶律，契丹迭剌部人。唐末契丹族首領、遼開國太祖。紀見《遼史》卷一、卷二。

[5]滿城：縣名。治所在今河北保定市滿城區。

[6]李嗣昭：人名。汾州（今山西汾陽市）人。唐末、五代李克用義子、部將。傳見本書卷五二、《新五代史》卷三六。

[7]同光：後唐莊宗李存勗年號（923—926）。龍武、捧聖都指揮使：官名。所部統兵將領。“龍武”“捧聖”均爲部隊番號。襄：州名。治所在今湖北襄陽市。秦：州名。治所在今甘肅秦安縣。徐：州名。治所在今江蘇徐州市。雍：地名。即京兆府，治所在今陝西西安市。都指揮使：官名。唐末、五代藩鎮皆置都指揮使、指揮使，爲統兵將領。

[8]牙兵：五代時期藩鎮親兵，爲藩鎮軍隊中的精鋭部隊。參

見來可泓《五代十國牙兵制度初探》，《學術月刊》1995 年第 11 期。

[9]磁：州名。治所在今河北磁縣。　沁：州名。治所在今山西沁源縣。

[10]申州：州名。治所在今河南信陽市。

[11]安從進：人名。索葛部人。五代後唐、後晉將領。傳見本書卷九八、《新五代史》卷五一。　南陽：縣名。治所在今河南南陽市。　“天福七年冬”至“率衆寇南陽”：《輯本舊史》卷八〇《晉高祖紀六》天福六年（941）十一月丁丑條：“襄州安從進舉兵叛。”安從進實叛於天福六年冬，本傳作“天福七年冬”，誤。

[12]葉縣：縣名。治所在今河南葉縣。　開封尹：官名。即開封府尹。五代除後唐外均都汴州，升汴州爲開封府，置開封尹或知開封府事。執掌京師政務。從三品。　鄭王：即後晉出帝石重貴。石敬瑭從子。紀見本書卷八一至卷八五、《新五代史》卷九。　張從恩：人名。太原人。五代後晉外戚、將領。仕至宋初。傳見《宋史》卷二五四。　焦繼勳：人名。許州長社（今河南許昌市）人。五代、宋初將領。傳見《宋史》卷二六一。　皇城使焦繼勳率在京諸軍：《輯本舊史》之影庫本粘籤：“焦繼勳，原本作‘繼塤’，今從《通鑑》及《歐陽史》改正。”見《通鑑》卷二八二天福六年十一月條、《新五代史》卷五六《和凝傳》。

[13]湖陽縣：縣名。治所在今河南唐河縣南。　花山：地名。位於今河南唐河縣南六十里。

[14]亳州：州名。治所在今安徽亳州市。　以功授亳州團練使：中華書局本有校勘記：“‘使’字原闕，據殿本、劉本、孔本校、《册府》卷三六〇、卷三八七補。”

[15]安州：州名。治所在今湖北安陸市。

[16]邢州：州名。治所在今河北邢臺市。　歷河陽、邢州兵馬留後：《輯本舊史》卷八三《晉少帝紀三》開運元年（944）閏十二月癸巳條：“以前安州防禦使李建崇爲河陽兵馬留後。”開運二年正月甲寅條：“以河陽留後李建崇爲邢州留後。”

[17]右衛大將軍：官名。唐置，掌宮禁宿衛。唐代十六衛之一。正三品。

[18]代北：方鎮名。治所在代州（今山西代縣）。 建崇始自代北事後唐武皇：“後唐”二字，據《宋本册府》卷七八四《總録部·壽考門》補。

[19]左監門衛上將軍：官名。唐置，掌宮禁宿衛。唐代十六衛之一。從二品。 授左監門衛上將軍：明本《册府》卷五五《帝王部·養老門》：“周太祖廣順二年十一月，左監門衛上將軍李建崇、右神武大將軍安伸、左領軍將軍慕容業、右領衛將軍劉彦章，各賜紫敛正錦袍、金塗銀束帶。建崇等皆年七十餘，太祖以舊將累爲刺史、留後，老居班列，故有是賜。仍令每日内殿起居，退就公食。”

[20]廣順三年春，卒：《輯本舊史》卷一一二《周太祖紀三》廣順三年（951）二月戊辰條：“左監門上將軍李建崇卒。”

[21]黔南：方鎮名。治所在黔州（今重慶彭水縣）。

[22]《大典》卷一〇三九〇“李”字韻“姓氏（三五）”事目。

王重裔

王重裔，[1]陳州宛丘人。[2]父遘，[3]歷安、均、洺三州刺史，[4]因家於洺。重裔幼沈厚有勇，善騎射。年未及冠，事莊宗爲廳直，管契丹直。[5]從安汴、洛，累爲禁軍指揮使。[6]

[1]王重裔：《新五代史》卷五二《杜重威傳》、《通鑑》卷二八二天福六年（941）十二月條作“王重胤”，然《大典》卷六八五一引五代《薛史》列傳，《宋本册府》卷三七四《將帥部·忠門

五》、卷三八七《將帥部·褒異門一三》皆作"王重裔", 當爲《薛史》原本之舊, 今不改。

[2] 陳州: 州名。治所在今河南淮陽縣。 宛丘: 縣名。治所在今河南淮陽縣。

[3] 逵: 人名。即王逵。事迹不詳。中華書局本有校勘記: "'逵', 原作'達', 據《永樂大典》卷六八五一引五代《薛史》改。"

[4] 均: 州名。治所在今湖北丹江口市。 洺: 州名。治所在今河北邯鄲市永年區。

[5] 廳直: 五代、北宋時, 將領出入戰陣的隨身護衛, 謂之廳直。 管契丹直:《宋本册府》卷三七四《將帥部·忠門五》: "周王重裔初仕後唐莊宗, 爲廳直將, 從征河上, 管契丹直, 帝有急難, 力救解之。"

[6] 從安汴、洛: 中華書局本據邵本校改"安"爲"定", 因孤證, 今改回。 禁軍指揮使: 官名。唐後期、五代禁軍長官。

晋天福中, 鎮州安重榮謀叛,[1] 稱兵指闕, 朝廷命杜重威率師拒之, 賊陣於宗城東, 晋之騎軍擊之,[2] 再合不動。杜重威懼, 謀欲抽退, 重裔曰: "兵家忌退, 但請公分麾下兵擊其兩翼, 重裔爲公陷陣, 當其中軍, 彼必狼狽矣。"重威從之, 重榮即時退蹙, 遂敗。[3] 以功遷護聖右厢都指揮使, 領費州刺史。[4]

[1] 鎮州: 州名。治所在今河北正定縣。 安重榮: 人名。朔州 (今山西朔州市朔城區) 人。五代後唐、後晋將領。傳見本書卷九八、《新五代史》卷五一。

[2] 杜重威: 人名。其先朔州 (今山西朔州市朔城區) 人, 後徙居太原 (今山西太原市)。五代後晋、後漢將領。傳見本書卷

一〇九、《新五代史》卷五二。　宗城：縣名。治所在今河北威縣。

晋之騎軍擊之：中華書局本有校勘記："原作'晋軍進擊之'，據孔本、《永樂大典》卷六八五一引五代《薛史》改。殿本作'晋遣騎軍擊之'。"

[3]"再合不動"至"遂敗"：《通鑑》卷二八二天福六年（941）十二月戊戌條："杜重威與安重榮遇於宗城西南，重榮爲偃月陳，官軍再擊之，不動，重威懼，欲退。指揮使宛丘王重胤曰：'兵家忌退。鎮之精兵盡在中軍，請公分銳士擊其左右翼，重胤爲公以契丹直衝其中軍，彼必狼狽。'重威從之。鎮人陳稍却，趙彦之卷旗策馬來降。"

[4]護聖右廂都指揮使：官名。後晋天福六年七月，改奉德兩軍爲"護聖左右軍"。以都指揮使爲該軍首長，隸屬侍衛親軍。費州：州名。治所在今貴州思南縣。

漢初，仍典禁軍。從征鄴都，爲先鋒都校，鄴都平，[1]遷深州刺史。[2]淮夷以李守貞故，數侵邊地，以重裔爲亳州防禦使，又令於徐州巡檢，兼知軍州，就加檢校太傅。太祖踐阼，加爵邑，改功臣。廣順元年夏，以疾卒，[3]年五十三。贈武信軍節度使。[4]《永樂大典》卷六千八百五十一。[5]

[1]先鋒都校：官名。所部統兵將領。先鋒，即先鋒部隊。從征鄴都，爲先鋒都校，鄴都平：原本作"從征鄴都平"，缺文據《宋本册府》卷三八七《將帥部·襃異門一三》補。

[2]深州：州名。治所在今河北深州市。

[3]以疾卒：《輯本舊史》卷一一一《周太祖紀二》廣順元年（951）四月丙午條："亳州防禦使王重裔卒。"

[4]武信軍：方鎮名。治所在遂州（今四川遂寧市）。

[5]《大典》卷六八五一"王"字韻"姓氏（三六）"事目。此卷現存。

孫漢英

孫漢英，太原人也。父重進，事唐武皇、莊宗爲大將，賜姓，名存進，[1]《唐書》有傳。漢英少事戎伍，稍至都將，遷東面馬步軍都指揮使。[2]清泰初，興元節度使張虔釗失律於岐下，[3]遂以其地西臣於蜀，漢英兄漢韶，時爲洋州節度使，[4]因兹阻隔，亦送款於蜀，由是漢英與弟漢筠久之不調。[5]漢乾祐中，太祖西征蒲、雍，[6]以漢英戚里之分，奏於軍中指使。蒲、雍平，班師，隱帝以漢英爲絳州刺史、檢校司徒。[7]廣順元年冬，卒於都。[8]《永樂大典》卷一萬八千一百三十三。[9]

[1]重進：人名。即李存進。振武（今内蒙古和林格爾縣）人。本姓孫，名重進，李克用以之爲義兒軍使，賜姓名。五代後唐將領。傳見本書卷五三、《新五代史》卷三六。

[2]東面馬步軍都指揮使：官名。五代時藩鎮馬步軍之長官。五代軍隊編制，五百人爲一指揮，設指揮使、副指揮使；十指揮爲一軍，設都指揮使、副都指揮使。

[3]興元：府名。治所在今陝西漢中市。　張虔釗：人名。遼州（今山西左權縣）人。五代後唐、後蜀將領。傳見本書卷七四。《輯本舊史》之影庫本粘簽："張虔釗，原本作'虔佺'，今從《歐陽史》改正。"見《新五代史》卷六四《後蜀世家》。　岐下：岐山以下。此指鳳翔。

[4]漢韶：人名。即孫漢韶，太原（今山西太原市）人。後

唐、後蜀將領。事見本書卷五三、《新五代史》卷三六。又傳見孫
漢韶墓誌（拓片刊《成都出土歷代墓銘券文圖錄綜釋》，文物出版
社 2012 年版）。　洋州：州名。治所在今陝西洋縣。

[5]漢筠：人名。即孫漢筠，太原（今山西太原市）人。事迹
不詳。

[6]蒲：州名。唐開元八年（720）改蒲州爲河中府，因地處
黃河中游而得名，其後名稱屢有改易。治所在今山西永濟市。

[7]隱帝：即後漢隱帝劉承祐。後漢高祖劉知遠次子。紀見本
書卷一〇一至一〇三、《新五代史》卷一〇。　絳州：州名。治所
在今山西新絳縣。

[8]卒於都：《輯本舊史》卷一一二《周太祖紀三》廣順元年
（951）十月甲午條：“絳州防禦使孫漢英卒。”

[9]《大典》卷一八一三三“將”字韻“後周將（二）”事目。

許遷

許遷，[1]鄆州人也。[2]初爲本州牙將，性剛褊。漢乾
祐初，爲左屯衛將軍。[3]與少府監馬從斌同監造漢祖山
陵法物，[4]節財省用，減數萬計。改左監門大將軍，[5]又
加檢校司空。漢末，權知隰州。[6]

[1]許遷：《宋本册府》卷一六〇《帝王部·革弊門二》、《太
平廣記》卷四七九《昆蟲七·蛹化》皆作“許敬遷”。

[2]鄆州：州名。治所在今山東東平縣。

[3]左屯衛將軍：官名。唐代置十六衛，至五代後周避郭威諱，
左右威衛改左右屯衛。掌宮禁宿衛。從三品。　爲左屯衛將軍：
《宋本册府》卷一六〇《帝王部·革弊門二》：“天福十二年，左衛
將軍許敬遷奏：‘臣伏見天下鞍轡、器械，並取契丹樣裝飾，以爲

美好。安有中國之人，反效戎虜之俗？請下明詔毀棄，須依漢境舊儀。'敕曰：'近年中華兆人浮薄，不依漢禮，却慕胡風，果致狂戎來侵諸夏。應有契丹樣鞍轡、器械、服裝等，並令逐處禁斷。'"《輯本舊史》卷一〇〇《漢高祖紀下》天福十二年（947）閏七月乙丑條："禁造契丹樣鞍轡、器械、服裝。"可知許遷於乾祐前一年已爲左衛將軍，本傳不確。

[4]少府監：官名。少府監長官。隋初置，唐初廢，太宗時復置。掌百工技巧之事。從三品。　馬從斌：人名。籍貫不詳。五代後晉官員。事見本書卷七七。

[5]左監門大將軍：官名。即左監門衛大將軍。唐置，掌宮禁宿衛。正三品。　改左監門大將軍：《輯本舊史》卷一〇二《漢隱帝紀中》乾祐二年（949）五月己未條："右監門大將軍許遷上言，奉使至博州博平縣界，覩蝝生彌亘數里，一夕並化爲蝶飛去。"言許遷"右監門大將軍"，與本傳異。《太平廣記》卷四七九《昆蟲七·蝻化》引《玉堂閒話》："己酉年（即乾祐二年），將軍許敬遷奉命於東洲按夏苗，上言稱於陂野間，見有蝻生十數里，纔欲打捕，其蟲化爲白蛺蝶飛去。"

[6]隰州：州名。治所在今山西隰縣。

太祖踐阼，劉崇遣子鈞率兵寇平陽，路由於隰，賊衆攻城，城中兵少，遷感激指諭，士鬭兼倍，賊衆傷夷，尋自退去。[1]太祖降詔撫諭，正授隰州刺史。[2]遷切於除盜，嫉惡過當，或釘磔賊人，令部下臠割。誤斷不合死罪人，其家詣闕致訟，詔下開封府獄。[3]時陳觀爲知府，[4]素與遷不協，深劾其事，欲追遷對訟，太祖以事狀可原，但罷郡而已。遷既奉朝請，[5]因大詬陳觀，謂王峻曰："相公執政，所與參議，宜求賢德。如陳觀者，爲儒無家行，[6]爲官多任情，苟知其微，屠沽兒耻與爲侶，況明公乎！"峻無以沮之。既而嬰疾，請告歸汶上而卒。[7]《永樂大典》卷一萬八千一百三十三。[8]

[1]劉崇：人名。即劉旻。太原（今山西太原市）人。後漢高祖劉知遠從弟。後漢時任太原尹，專制一方。後周代漢，他稱帝於太原，國號漢，史稱北漢。傳見本書卷一三五、《新五代史》卷七〇。　鈞：人名。即劉鈞，原名劉承鈞，太原（今山西太原市）人。沙陀族。五代十國北漢世祖劉旻次子，北漢第二任君主。傳見《新五代史》卷七〇。　平陽：地名。位於今山西臨汾市。　"太祖踐阼"至"尋自退去"：《通鑑》卷二九〇廣順元年（951）二月條："戊戌，北漢兵五道攻晉州，節度使王晏閉城不出。劉承鈞以爲怯，蟻附登城，晏伏兵奮擊，北漢兵死傷者千餘人。承鈞遣副兵馬使安元寶焚晉州西城，元寶來降。承鈞乃移軍攻隰州，癸卯，隰州刺史許遷遣步軍都指揮使孫繼業迎擊北漢兵於長壽村，執其將程筠等，殺之。未幾，北漢兵攻州城，數日不克，死傷甚衆，乃引去。"《輯本舊史》卷一一一《周太祖紀二》廣順元年二月辛亥條："隰州刺史許遷奏，河東賊軍劉筠自晉州引兵來攻州城，尋以州兵拒之，賊軍傷死者五百人，信宿遁去。"　"劉筠"當爲"程筠"之訛。

[2]正授隰州刺史：《宋本册府》卷六九四《牧守部·武功門二》："周許遷爲隰州刺史，以太祖廣順元年十二月朝見，賜襲衣、金帶、銀鞍馬，奬守城之功也。"

[3]"遷切於除盜"至"詔下開封府獄"：《宋本册府》卷六九七《牧守部·酷虐門》："許遷爲單州刺史，切於除盜，嫉惡過當，或釘磔賊人，令部下臠割。"同書卷九二〇《總録部·讎怨門二》："周許遷爲單州刺史，誤斷不合死罪人，其家詣闕致訟，下開封府。"隰州在今山西隰縣，單州在今山東單縣。然本傳無許遷任單

州刺史之記載，疑有脱文。

[4]陳觀：人名，籍貫不詳。五代後晉至後周官員，仕後周爲知開封府事。事見本書本卷、卷一一二。《歐陽史》避私諱作“陳同”。中華書局本引影庫本粘籤：“陳觀，原本作‘陳覯’，今從《宋史》改正。”檢《宋史》原書，未見其事。《宋本册府》卷九二〇載其事甚詳。　知府：即知開封府事。主持開封府政務。

[5]奉朝請：奉朝廷召請參加朝會。通常爲皇帝賜予致仕官員、勳貴的榮寵。

[6]爲儒無家行：中華書局本有校勘記：“‘家行’，《册府》卷九二〇作‘士行’。”

[7]汶上：地名。位於今山東汶上縣。

[8]《大典》卷一八一三三“將”字韻“後周將（二）”事目。

趙鳳

趙鳳，[1]冀州棗強縣人，[2]幼讀書，舉童子。既長，遇亂，[3]凶豪多力，以殺人暴掠爲事，吏不能禁。安重榮鎮常山，招聚叛亡，鳳乃應募，[4]既而犯法當死，即破械踰獄，遁而獲免。天福中，趙延壽爲契丹鄉導，歲侵深、冀，鳳往依焉。[5]契丹主素聞其桀黠，署爲羽林軍使，累遷羽林都指揮使，常令將兵在邊，[6]貝、冀之民，[7]日罹其患。晋末，契丹入洛，鳳從至東京，授宿州防禦使。[8]漢祖即位，受代歸闕，尋授河陽行軍司馬。[9]乾祐初，入爲龍武將軍。[10]丁父憂，起復授右千牛衛大將軍。[11]漢末，都城變起，兵集之夜，無不剽之室，唯鳳里間，兵不敢犯，人皆服其膽勇。[12]

　　[1]趙鳳：據劉德潤撰《大周故金紫光禄大夫檢校司徒使持節單州諸軍事單州刺史兼御史大夫上柱國天水郡開國侯食邑一千户趙公墓誌銘》（以下簡稱《趙鳳墓誌銘》），趙鳳字國祥，曾祖貞，祖素，父彦章。

　　[2]冀州：州名。治所在今河北衡水市冀州區。　棗强：縣名。治所在今河北棗强縣。

　　[3]遇亂：據《宋本册府》卷九四一《總録部·殘虐門》補。

　　[4]鳳乃應募：《趙鳳墓誌銘》：“有晋闢統之年，去事鎮州節度使安鐵胡。”安重榮小字鐵胡，常山爲鎮州古稱。

　　[5]趙延壽：人名。常山（今河北正定縣）人。本姓劉，爲後唐將領趙德鈞養子。仕至後唐樞密使、遼朝幽州節度使、燕王。傳見本書卷九八。　“天福中”至“鳳往依焉”：中華書局本引《舊五代史考異》：“案《宋史·荆罕儒傳》：罕儒少無賴，與趙鳳、張輦爲群盜，晋天福中，相率詣范陽，委贄燕王趙延壽，得掌兵權。”

　　[6]羽林軍使：官名。所部統兵將領。“羽林”爲部隊番號。“契丹主素聞其桀黠”至“常令將兵在邊”：《趙鳳墓誌銘》：“公早藴沉機，未蒙録用，無以申其志，無以立其功，遂潜奔投北朝皇帝。起家銀青光禄大夫、檢校尚書右僕射兼御史大夫、柱國，充幽州關南巡檢都指揮使，量其材，當其任。因警巡有功，轉招收都指揮使。又加金紫光禄大夫、檢校司徒，餘如故。改充右羽林都指揮使，既遣管軍，將謀大用。”皆契丹所授官職。

　　[7]貝：州名。治所在今河北清河縣。　貝、冀之民：《輯本舊史》之影庫本粘籤：“貝冀，原本作‘俱冀’，今據文改正。”

　　[8]東京：地名。即今河南開封市。　宿州：州名。治所在今安徽宿州市。　“晋末”至“授宿州防禦使”：《趙鳳墓誌銘》：“有晋負義，法駕南巡，爲東都部署使。至南朝，因除授宿州團練使，食邑三百户。”

　　[9]行軍司馬：官名。出征將領及節度使的屬官。掌軍籍符伍、號令印信，是藩鎮重要的軍政官員。

　　[10]龍武將軍：官名。即龍武軍統軍。唐代龍武軍統兵官。唐置六軍，分左、右羽林，左、右龍武，左、右神武等，即“北衙六軍”。興元元年（784），六軍各置統軍，以寵功勳臣。其品秩，《唐會要》卷七一、《舊唐書》卷一二記載爲“從二品”，《通鑑》卷二二九記載爲“從三品”。《趙鳳墓誌銘》：“月限已滿，得替還京，又授右龍武軍將軍，加食邑至七百户。”

　　[11]右千牛衛大將軍：官名。唐置，掌宮禁宿衛。正三品。丁父憂，起復授右千牛衛大將軍：《趙鳳墓誌銘》：“方居顯列，俄鐘外艱。相次又丁内艱，雖居苫塊之儀，可勝金革之事。奪情除授，起復雲麾將軍，餘如故，轉右千牛衛大將軍，加天水縣開國男。”父喪稱外艱，母喪稱内艱，趙鳳以丁母憂起復，本傳所言不確。

　　[12]“漢末”至“人皆服其膽勇”：《通鑑》卷二八九乾祐三年（950）十一月乙酉條：“諸軍大掠，通夕煙火四發……右千牛衛大將軍棗强趙鳳曰：‘郭侍中舉兵，欲誅君側之惡以安國家耳，而鼠輩敢爾，乃賊也，豈侍中意邪！’執弓矢，踞胡床，坐於巷首，掠者至，輒射殺之，里中皆賴以全。”

　　廣順初，用爲宋、亳、宿三州巡檢使。[1]鳳出於伏莽，尤知盜之隱伏，乃誘致盜魁於麾下，厚待之，每桴鼓之發，[2]無不擒捕，衆以爲能，然平民因捕盜而破家者多矣。鳳善事人，或使臣經由，靡不傾財厚奉，故得延譽而掩其醜迹。太祖聞其幹事，用爲單州刺史，既剛忿不仁，得位逾熾，刑獄之間，尤爲不道。[3]嘗抑奪人之妻女，又以進奉南郊爲名，率斂部民財貨，爲人所訟。[4]廣順三年十二月，詔削奪鳳在身官爵，尋令賜死。[5]《永樂大典》卷一萬六千九百九十一。[6]

[1]用爲宋、亳、宿三州巡檢使：《趙鳳墓誌銘》：“奉宣差充宋、亳、宿、單、穎五州巡檢使，旋加天水縣開國侯，食邑一千戶。”與本傳異。

[2]桴鼓：戰鼓或警鼓。

[3]單州：州名。治所在今山東單縣。　“用爲單州刺史”至“尤爲不道”：《宋本册府》卷六九九《牧守部·枉濫門》：“周趙鳳爲單州刺史，鳳既剛忿不仁，得位逾熾，刑獄之間，猶爲不道。嘗斷殺賊丁鷟，而納其室。又民家女趙哥者，許嫁李誨，未成婚，鳳逼納之。母楊辭以女許嫁，不可。鳳叱之，與三縑，携之入第。楊號泣告訴，鳳怒，召李誨及行媒崔氏，并楊氏三人，俱決杖十五。經兩月餘，楊氏又號於州門，鳳出趙哥見楊，子母俱鞭臀十七，仍配趙哥爲州妓。又鳳妻兄劉遷納州民馮氏女爲妾，馮氏母詣州訟遷，鳳召遷與馮氏母，俱杖之。馮氏訴有娠，鳳鞭背十七，遞之外鎮。又成武縣僧智源弟子智佺竊智源錢十八千，告官勘鞫伏罪，其弟子誣師與尼姦，械繫智源六十餘日，須令伏姦，鞭脊十七，盡没其資財。又單州民張翰、張珪、姚誨等訴男張弘滋等被趙鳳巡捕時拷捶，令伏與賊通，納賂方免。”

[4]爲人所訟：《宋本册府》卷六九八《牧守部·失政門》：“周趙鳳爲單州刺史，廣順三年十一月入朝。有本州民張州、僧智溫等十餘人，捉鳳馬於皇城門，訟鳳在郡不道。敕遣通事舍人劉言、控鶴官二人監鳳下御史臺收繫。”

[5]尋令賜死：《輯本舊史》卷一一三《周太祖紀四》廣順三年（953）十二月壬子（初六）條：“前單州刺史趙鳳賜死，坐爲民所訟故也。”《趙鳳墓誌銘》：“於廣順三年十二月五日終於旅館，享年四十有一。有男五人：長曰咸雍，次曰咸明，並是左番殿直。次曰小字二十五，次曰霸孫，幼曰姪喜哥。”諱言趙鳳賜死事，然所記卒日，當得其實。

[6]《大典》卷一六九一“趙”字韻“姓氏（七）”事目。

齊藏珍

齊藏珍，少歷內職，累遷諸衛將軍。[1]前後監押兵師在外，頗稱幹事，然險詖無行，殘忍辯給，無不畏其利口。廣順中，奉命滑州界巡護河隄，以弛慢致河決，除名，配沙門島。[2]

[1]內職：晚唐、五代時期皇帝試圖越過現有機構和機制，依靠自己身邊的謀士和辦事人員，直接處理政務軍機。這批謀士和辦事人員即“內職”，其中較有代表性的群體是諸使和“使臣”。詳見趙冬梅《文武之間：北宋武選官研究》，北京大學出版社 2010 年版，第 9 頁。　累遷諸衛將軍：《通鑑》卷二八七乾祐元年（948）正月條：“帝以趙匡贊、侯益與蜀兵共爲寇，患之。會回鶻入貢，訴稱爲党項所阻，乞兵應接。詔左衛大將軍王景崇、將軍齊藏珍將禁軍數千赴之，因使之經略關西……王景崇等至長安，聞蜀兵已入秦川，以兵少，發本道及趙匡贊牙兵千餘人同拒之。景崇恐匡贊牙兵亡逸，欲文其面，微露風旨，軍校趙思綰首請自文其面以帥下，景崇悅。齊藏珍竊言曰：‘思綰凶暴難制，不如殺之。’景崇不聽。”

[2]滑州：州名。治所在今河南滑縣。　奉命滑州界巡護河隄：明本《册府》卷四九七《邦計部·河渠門二》：“（廣順三年）五月，遣客省副使齊藏珍等三人簡視魚池、常樂驛、原武河堤。”沙門島：地名。在今山東長島縣西北廟島，一説大黑山島。　“廣順中”至“配沙門島”：《輯本舊史》卷一一三《周太祖紀四》廣順三年（953）八月丙辰條：“內衣庫使齊藏珍除名，配沙門島。藏珍奉詔脩河，不於役所部轄，私至近縣止宿，及報隄防危急，安寢不動，遂致橫流，故有是責。”

世宗在西班時,[1]與藏珍同列, 每聆其談論, 或剖判世務, 似有可採。及即位, 自流所徵還。[2]秦、鳳之役,[3]令監偏師。及淮上用兵, 復委監護, 與軍校何超領兵降下光州。[4]藏珍欺隱官物甚多, 超以爲不可, 藏珍曰:"沙門島已有屋數間, 不妨再去矣。"[5]其不畏法也如此。世宗既破紫金山砦, 追吳寇至渦口,[6]因與藏珍言及克捷之狀。對曰:"陛下神武之功, 近代無比, 於文德則未光。"世宗頷之。又問以揚州之事, 對曰:"揚州地實卑濕, 食物例多腥腐, 臣去歲在彼, 人以鱓魚饋臣者, 視其盤中虬屈, 一如蚰蜒之狀,[7]假使鸛雀有知, 亦應不食, 豈況於人哉!"其敷奏大率多此類, 聞者無不悚然。一日, 又奏云:"唐景思已爲刺史,[8]臣猶未蒙聖澤。"世宗俛而從之, 時濠梁未下, 即命爲濠州行州刺史。[9]及張永德與李重進有間言, 藏珍嘗游説重進,[10]洎壽陽兵迴,[11]諸將中有以藏珍之言上奏者。世宗怒, 急召赴闕。四年夏, 以其冒稱檢校官罪, 按其事而斃之,[12]蓋不欲暴其惡迹也。《永樂大典》卷一萬八千一百三十三。[13]

[1]西班:禁軍名。騎兵。隷殿前司。

[2]自流所徵還:《通鑑》卷二九二顯德二年(955)正月條:"定難節度使李彝興以折德扆亦爲節度使, 與己並列, 恥之, 塞路不通周使……乃遣供奉官齊藏珍齎詔書責之, 彝興惶恐謝罪。"

[3]鳳:州名。治所在今陝西鳳縣。

[4]軍校:即牙校, 爲低級武職。　何超:人名。籍貫不詳。後周將領。歷任光州刺史、軍校。事見本書本卷、卷一一六。　光

州：州名。治所在今河南潢川縣。　與軍校何超領兵降下光州：《通鑑》卷二九三顯德三年三月條：“光、舒、黄招安巡檢使，行光州刺史何超，以安、隨、申、蔡四州兵數萬攻光州。丙申，超奏唐光州刺史張紹棄城走，都監張承翰以城降。丁酉，行舒州刺史郭令圖拔舒州，唐蘄州將李福殺其知州王承儁，舉州來降。遣六宅使齊藏珍攻黄州。”

[5]不妨再去矣：中華書局本有校勘記：“‘妨’，原作‘失’，據殿本、孔本校改。影庫本批校：‘妨’訛‘失’。”

[6]紫金山：山名。又名八公山，位於今安徽壽縣東北，淮河南岸。　渦口：地名。渦水入淮河之處。位於今安徽懷遠縣東北。

追吴寇至渦口：《輯本舊史》之影庫本粘籤：“渦口，原本作‘桐口’，今從《通鑑》改正。”《通鑑》卷二九三顯德四年三月壬辰條：“旦，帝軍于趙步，諸將擊唐紫金山寨，大破之，殺獲萬餘人，擒許文稹、邊鎬、楊守忠……是夜，宿鎮淮軍。（胡注：鎮淮軍，時置於渦口。）”

[7]揚州：州名。治所在今江蘇揚州市。　鱣魚：鱔魚。　虵虺：指蛇類。

[8]唐景思：人名。秦州（今甘肅天水市）人。五代藩鎮軍閥。傳見本書卷一二四、《新五代史》卷四九。

[9]濠梁：水名。又名石梁河，在今安徽鳳陽縣境内，東北流至臨淮關入淮河。　濠州：州名。治所在今安徽鳳陽縣。

[10]張永德：人名。并州陽曲（今山西陽曲縣）人。五代、宋初大將，頗受宋太祖、宋太宗信用。傳見《宋史》卷二五五。李重進：人名。滄州（今河北滄縣舊州鎮）人。五代將領，後周太祖郭威外甥。傳見《宋史》卷四八四。　藏珍嘗游説重進：《宋史》卷四八四《李重進傳》：“張永德屯下蔡，與重進不協，永德每宴將吏，多暴重進短，後乘醉謂重進有奸謀，將吏無不驚駭……李景知之，密令人齎蠟書誘重進，啗以厚利，重進表其事。時行濠州刺史齊藏珍亦説重進。”

[11]壽陽：縣名。治所在今山西壽陽縣。

[12]按其事而斃之：《輯本舊史》卷一一七《周世宗紀四》顯德四年六月丁巳條："前濠州刺史齊藏珍以罪棄市。"

[13]《大典》卷一八一三三"將"字韻"後周將（二）"事目。

王環

王環，本真定人。唐天成初，孟知祥鎮西川，[1]環往事之。[2]及知祥建號，環累典軍衛。[3]孟昶嗣位，環兼領左、右衛。[4]顯德二年秋，王師西伐，時環爲鳳州節度使。初，偏師傅其城下，爲環所敗，裨將胡立爲環所擒。[5]是冬，王師大集，急攻其城，蜀之援兵相次敗走。環聞之，守備愈堅，王師攻擊數月方克。城陷，環就擒。[6]及到闕，世宗以忠於所事，釋其罪，授右驍衛大將軍。[7]四年冬，世宗南征，環隨駕至泗州，遇疾而卒。[8]《永樂大典》卷一萬八千一百三十三。[9]

[1]天成：後唐明宗李嗣源年號（926—930）。　孟知祥：人名。邢州龍岡（今河北邢臺市）人。李克用女婿，五代十國後蜀開國皇帝。傳見本書卷一三六、《新五代史》卷六四。　西川：方鎮名。劍南西川的簡稱。治所在成都府（今四川成都市）。　孟知祥鎮西川：中華書局本有校勘記："'西川'，原作'西州'，據劉本、孔本、邵本、彭本改。"

[2]環往事之：《新五代史》卷五〇《王環傳》："以勇力事孟知祥爲御者。"

[3]環累典軍衛：中華書局本有校勘記："'累'字原厥，據殿

本、孔本補。"

[4]孟昶：人名。邢州龍岡（今河北邢臺市）人。孟知祥之
子。五代後蜀皇帝，934年至965年在位。傳見本書卷一三八、《新
五代史》卷六四。　左、右衛：禁軍名。唐置，掌宮禁宿衛。唐代
置十六衛，即左右衛、左右驍衛、左右武衛、左右威衛、左右領軍
衛、左右金吾衛、左右監門衛、左右千牛衛。各置上將軍，從二
品；大將軍，正三品；將軍，從三品。　環兼領左、右衛：中華書
局本有校勘記："殿本作'環常宿衛于中'，孔本作'環當衛於其
中'。"

[5]裨將：指副將。　胡立：人名。五代後周將領。本書僅此
一見。

[6]環就擒：《輯本舊史》卷一一五《周世宗紀二》顯德二年
（955）十一月癸丑條："西南面行營都部署王景奏，收復鳳州，獲
僞命節度使王環。"《通鑑》卷二九二作"十一月戊申"。

[7]右驍衛大將軍：官名。唐置，掌宮禁宿衛。正三品。
"及到闕"至"授右驍衛大將軍"：《輯本舊史》卷一一五《周世宗
紀二》顯德二年十二月辛卯條："西南面行營都部署王景，差人部
送所獲僞鳳翔節度使王環至闕。詔釋之，仍賜鞍馬衣服，尋授右驍
衛大將軍。"《通鑑》卷二九二顯德三年正月丙午條："以王環爲右
驍衛大將軍，賞其不降也。"《新五代史》卷五〇《王環傳》："世
宗召見環，歎曰：'三州已降，環獨堅守，吾數以書招之，而環不
答，至於力屈就擒，雖不能死，亦忠其所事也，用之可勸事君者。'
乃拜環右驍衛將軍。"明本《册府》卷一一八《帝王部·親征門
三》："（顯德三年正月）壬寅，帝南幸。丙辰，至壽州城下。帝親
率六師，圍其城數匝，號令之聲，振于原野……（二月）戊寅，命
鄧州節度使侯章爲攻取賊水砦都部署，右驍衛大將軍王環副之。"
《輯本舊史》卷一一六《周世宗紀三》顯德三年四月甲子條："以
前鄧州節度使侯章爲壽州城下水砦都部署。"兩書所載月日不同。
《通鑑》卷二九三顯德四年二月乙亥條："帝發大梁……命右驍衛大

將軍王環將水軍數千，自閔河沿潁入淮，唐人見之大驚。"《新五代史》卷五〇《王環傳》："環居軍中，未嘗有戰功。蜀卒與環俱擒者，世宗不殺，悉以從軍，後多南奔於（李）景，世宗待環益不疑。已而景將許文縝、邊鎬等皆被擒，世宗悉以爲將軍，與環等列第京師，歲時賜與甚厚。"明本《册府》卷一六七《帝王部·招懷門五》："（顯德四年）五月，賜許文縝、邊鎬、王環、周廷構、馮延魯、鄭牧、孫羽等宅地各數畝，又以材植緡錢等賜之，俾搆居第。八月，又賜許文縝等各絹三百疋、綿五百兩，俾備時服。"《輯本舊史》卷一一七《周世宗紀四》顯德四年八月甲戌條："賜左監門上將軍許文縝、右千牛上將軍邊鎬、右衛大將軍王環、衛尉卿周延構、太府卿馮延魯、太僕卿鄭牧、鴻臚卿孫羽、衛尉少卿鍾謨、工部郎中何幼沖各冬服絹二百匹，綿五百兩。文縝已下，皆吳、蜀之士也。"

[8]"四年冬"至"遇疾而卒"：《輯本舊史》卷一一七《周世宗紀四》顯德四年十一月乙巳條："至泗州。"同年十二月戊午條："帝自泗州率衆東下，命今上領兵行於南岸，與帝夾淮而進。"同書卷一一八《周世宗紀五》顯德五年正月癸未（初一）條："帝在楚州城下，從臣詣行宮稱賀。"同月乙酉（初三）條："降同州爲郡。右驍衛將軍王環卒。"《新五代史》卷五〇《王環傳》："遇疾，卒于泗州。"今合諸書所載觀之，環於顯德四年冬隨周世宗南征，遇疾，至次年元月，卒於泗州。

[9]《大典》卷一八一三三"將"字韻"後周將（二）"事目。

張彥超

張彥超，本沙陀部人也。素有郤克之疾，[1]時號爲"跛子"。初，以騎射事唐莊宗爲馬直軍使，[2]莊宗入汴，授神武指揮使。[3]明宗嘗以爲養子。天成中，擢授蔚州刺史。[4]素與晋高祖不協，屬其總戎於太原，遂舉其城投於契丹，即以爲雲州節度使。[5]契丹之南侵也，彦超率部衆，頗爲鎮、魏之患。及契丹入汴，遷侍衛馬軍都校，[6]尋授晋昌軍節度使。[7]漢高祖入洛，彦超飛表輸誠，移授保大軍節度使。[8]乾祐初，奉詔歸闕，止奉朝請而已。太祖自鄴入平内難，隱帝令彦超董騎軍爲拒。[9]劉子陂兵亂，彦超先謁見太祖。[10]廣順中，授神武統軍。[11]顯德三年冬，以疾終於第。[12]制贈太子太師。《永樂大典》卷五千三百六十。[13]

[1]郤克：人名。郤缺之子。春秋晋國大夫。奉命使齊，因跛脚被恥笑，後率兵聯魯國、衛國伐齊。

[2]馬直軍使：官名。所部統兵將領。"馬直"爲部隊番號。

[3]神武指揮使：官名。唐代神武軍統兵官。唐置六軍，分左、右羽林，左、右龍武，左、右神武等，即"北衙六軍"。多置都指揮使、指揮使，爲統兵將領。 授神武指揮使：《輯本舊史》之影庫本粘籤："神武，原本作'仲武'，今從《通鑑》改正。"檢《通鑑》原書，無張彦超任神武指揮使之記載。

[4]蔚州：州名。治所在今河北蔚縣。

[5]晋高祖：即後晋高祖石敬瑭。五代後晋建立者。紀見本書卷七五至卷八一、《新五代史》卷八。 雲州：州名。治所在今山西大同市。 "素與晋高祖不協"至"即以爲雲州節度使"：《通鑑》卷二七八長興三年（932）十一月條："蔚州刺史張彦超本沙陀部人，嘗爲帝養子，與石敬瑭有隙，聞敬瑭爲總管，舉城附於契丹，契丹以爲大同節度使。"雲州爲大同軍節度使治所。

[6]侍衛馬軍都校：官名。所部統兵將領。

[7]晋昌軍：方鎮名。治所在京兆府（今陝西西安市）。五代

後晉改永平軍置晉昌軍，後漢改爲永興軍。　尋授晉昌軍節度使：《通鑑》卷二八六天福十二年（947）正月條："契丹主以前燕京留守劉晞爲西京留守……漢將張彥超爲雄武節度使。"又曰："晉昌節度使趙在禮入朝。"據《通鑑》，契丹以張彥超爲雄武軍節度使，此時之晉昌軍節度使乃趙在禮，與本傳異。

[8]保大軍：方鎮名。治所在鄜州（今陝西富縣）。　移授保大軍節度使：《輯本舊史》卷一〇〇《漢高祖紀下》天福十二年七月丙申條："以晉昌軍節度使張彥超爲鄜州節度使，加檢校太師。"鄜州爲保大軍節度使治所。

[9]隱帝令彥超董騎軍爲拒：《輯本舊史》卷一〇三《漢隱帝紀下》乾祐三年（950）十一月庚辰條："詔前開封尹侯益、前鄜州節度使張彥超、權侍衛馬軍都指揮使閻晉卿、鄭州防禦使吳虔裕等，率禁軍赴澶州守捉。"

[10]劉子陂：地名。位於今河南封丘縣南。　彥超先謁見太祖：《輯本舊史》卷一〇三《漢隱帝紀下》乾祐三年十一月甲申條："車駕復出，幸七里店軍營。王師陣於劉子陂，與鄴軍相望……（慕容）彥超輕脫，先擊北軍，郭威命何福進、王彥超、李筠等大合騎以乘之。彥超退却，死者百餘人，於是諸軍奪氣，稍稍奔於北軍。吳虔裕、張彥超等相繼而去，慕容彥超以部下十數騎奔兗州。"

[11]神武統軍：官名。唐代神武軍統兵官。唐置六軍，分左、右羽林，左、右龍武，左、右神武等，即"北衙六軍"。興元元年（784），六軍各置統軍，以寵功勳臣。其品秩，《唐會要》卷七一、《舊唐書》卷一二記載爲"從二品"，《通鑑》卷二二九記載爲"從三品"。　授神武統軍：《宋史》卷二五五《宋偓傳》："世宗征淮南，令偓與左龍武統軍趙贊、右神武統軍張彥超、前景州刺史劉建於壽州四面巡檢。"

[12]以疾終於第：《輯本舊史》卷一一六《周世宗紀三》顯德三年（956）十月戊子條："右神武統軍張彥超卒。"

[13]中華書局本有校勘記:"檢《永樂大典目録》,卷五三六〇爲"朝"字韻"元朝儀(三)"事目,與本則内容不符,恐有誤記。疑出自卷六三五〇'張'字韻'姓氏二〇'。"當爲卷六三五〇。

張穎

張穎,太原人,[1]駙馬都尉永德之父也。[2]累爲藩郡列校,[3]由内職歷諸衛將軍。[4]國初,以戚里之故,[5]自華州行軍司馬歷鄆、懷二州刺史,[6]遷安州防禦使。[7]穎性卞急峻刻,不容人之小過,雖左右親信,亦皆怨之。部曲曹澄有處女,[8]穎逼而娶之,澄遂與不逞之徒數人,同謀害穎,中夜挾刃入於寢門,執穎而殺之,[9]遂奔於金陵。[10]

[1]太原人:《舊五代史考異》:"案:《東都事略·張永德傳》作并州陽曲人。"《宋史》卷二五五《張永德傳》同。

[2]駙馬都尉:漢武帝始置,魏、晋以後公主夫婿多加此稱號。從五品下。 駙馬都尉永德之父也:《舊五代史考異》:"案:《宋史》列傳云:家世饒財,曾祖丕,尚氣節。後唐武皇鎮太原,急於用度,多嚴選富家子掌帑庫,或調度不給,即坐誅,没入貲産。丕爲之滿歲,府財有餘。宗人政當次補其任,率族屬泣拜,請丕濟其急,丕又爲代掌一年,鄉里服其義。"見《宋史》卷二五五《張永德傳》,張丕乃穎之祖父,永德之曾祖。

[3]累爲藩郡列校:《宋史》卷二五五《張永德傳》:"周祖初爲侍衛吏,與穎善,乃以女妻永德。"

[4]由内職歷諸衛將軍:《輯本舊史》卷八七《石重乂傳》:

"（天福二年）冬十月，詔遣莊宅使張穎監護（重乂）喪事，葬於河南府萬安山。"

[5]以戚里之故：《舊五代史考異》："案《東都事略》：周太祖即位，除永德左衛將軍、駙馬都尉，妻爲晉國公主。"見《東都事略》卷二一《張永德傳》。

[6]華州：州名。治所在今陝西渭南市華州區。　郢：州名。治所在今湖北鍾祥市。　懷：州名。治所在今河南沁陽市。

[7]遷安州防禦使：《舊五代史考異》："案：《宋史》作事晉爲安州防禦使，與《薛史》異。"《宋史》卷二五五《張永德傳》："父穎，事晉，至安州防禦使。"謂穎官至安州防禦使，非謂後晉時居此官，《考異》所言不確。

[8]部曲：其義有三說：一是古代軍隊的編制單位，後借指軍隊；二是古代豪門大族的私人軍隊，帶有人身依附性質；三是部屬、部下。　曹澄：人名。籍貫、事迹不詳。本書僅此一見。

[9]執穎而殺之：《輯本舊史》卷一一五《周世宗紀二》顯德二年（955）十二月辛未條："安州奏，盜殺防禦使張穎。"

[10]金陵：地名。今江蘇南京市古稱。

世宗征淮南，以永德之故，命江南李景，令執澄等送行在。及至，世宗以澄等賜永德，俾甘心而戮之。[1]
《永樂大典》卷六千三百五十二。[2]

[1]李景：即南唐元宗李璟。徐州（今江蘇徐州市）人。南唐烈祖李昇長子，南唐第二位皇帝。後削去帝號，改稱國主。傳見本書卷一三四、《新五代史》卷六二。　"世宗征淮南"至"俾甘心而戮之"：《宋史》卷二五五《張永德傳》："（顯德）三年，世宗親征，至壽州城下，（劉）仁贍執澄等三人檻送行在，意求緩師，詔賜永德，俾其甘心。"謂曹澄等人乃劉仁贍所獻，與本傳異。

[2]《大典》卷六三五二“張”字韻“姓氏（二二）”事目。

劉仁贍

劉仁贍，[1]略通儒術，好兵書，在澤國甚有聲望。[2]吳主知之，累遷爲僞右監門衛將軍，[3]歷黃、袁二州刺史，[4]所至稱治。洎李景借襲僞位，俾掌親軍，遷鄂州節度使。[5]居數年，復以兵柄任之，改壽州節度使。[6]

[1]劉仁贍：《大典》卷八九八〇引五代薛史《太祖皇帝紀》作“劉仁瞻”。

[2]“略通儒術”至“在澤國甚有聲望”：《新五代史》卷三二《劉仁贍傳》：“仁贍字守惠，彭城人也。父金，事楊行密，爲濠、滁二州刺史，以驍勇知名。仁贍爲將，輕財重士，法令嚴肅，少略通兵書。”陸游《南唐書》卷十《劉仁贍傳》：“劉仁贍，字守惠。父金，事吳武忠王，至爲濠州團練使。長子仁規，娶忠武王女，貴于其國……徙仁贍清淮軍節度使。”

[3]右監門衛將軍：官名。唐置，掌宮禁宿衛。從三品。　累遷爲僞右監門衛將軍：中華書局本有校勘記：“‘右’，《新五代史》卷三二《劉仁贍傳》、馬令《南唐書》卷一六作‘左’。”

[4]黃：州名。治所在今湖北黃岡市黃州區。　袁：州名。治所在今江西宜春市袁州區。

[5]鄂州：州名。治所在今湖北武漢市武昌區。　遷鄂州節度使：《通鑑》卷二九〇顯德元年（954）十月癸丑（十二）條：“唐武昌節度使劉仁贍帥戰艦二百取岳州，撫納降附，人忘其亡。”鄂州爲武昌軍節度使治所。

[6]壽州：州名。治所在今安徽壽縣。　改壽州節度使：《通鑑》卷二九二顯德二年十月條：“先是，每冬淮水淺涸，唐人常發

兵戍守，謂之‘把淺’，壽州監軍吳廷紹以爲疆場無事，坐費資糧，悉罷之。清淮節度使劉仁贍上表固争，不能得。”壽州爲清淮軍節度使治所。

及王師渡淮，而仁贍固守甚堅。洎世宗駐蹕於其壘北，數道齊攻，填塹陷壁，晝夜不息，如是者累月。世宗臨城以諭之，而仁贍但遜詞以謝。[1]及車駕還京，命李重進總兵守之，復乘間陷我南砦。[2]自是圍之愈急，城中饑死者甚衆。三年冬，淮寇復來救援，列砦於紫金山，夾道相屬，纍然數十里，垂及壽壁，而重進兵幾不能支。[3]世宗患之，遂復議親征。車駕至壽春，命令上率師破紫金山之衆，擒其應援使陳承昭以獻。仁贍聞援兵既敗，計無所出，但扼吭浩歎而已。[4]會世宗以紫金山之捷，飛詔以諭之，時仁贍臥疾已亟，因翻然納款，而城內諸軍萬計，皆屏息以聽其命。[5]及見於行在，世宗撫之甚厚，賜與加等，復令入城養病，尋授天平軍節度使、兼中書令。制出之日，薨於其家，年五十八。世宗聞之，遣使弔祭，命內臣監護喪事，追封彭城郡王。[6]後以其子崇讚爲懷州刺史。[7]仁贍輕財重士，法令嚴肅，重圍之中，其子崇諫犯軍禁，[8]即令斬之，故能以一城之衆，連年拒守。逮其來降，而其下未敢竊議者，保其後嗣，抑有由焉。

[1]“及王師渡淮”至“而仁贍但遜詞以謝”：《通鑑》卷二九二顯德二年（955）十一月乙未條：“帝以李穀爲淮南道前軍行營都部署兼知廬、壽等行府事，以忠武節度使王彥超副之，督侍衞馬軍

都指揮使韓令坤等十二將以伐唐……唐人聞周兵將至而懼，劉仁贍神氣自若，部分守禦，無異平日，眾情稍安。唐主以神武統軍劉彥貞爲北面行營都部署，將兵二萬趣壽州，奉化節度使、同平章事皇甫暉爲應援使，常州團練使姚鳳爲應援都監，將兵三萬屯定遠。召鎮南節度使宋齊丘還金陵，謀國難，以翰林承旨、户部尚書殷崇義爲吏部尚書、知樞密院。"同書卷二九二顯德三年正月條："庚子（初六），帝下詔親征淮南……壬寅（初八），帝發大梁……丁未（十三），帝至陳州，亟遣李重進引兵趣淮上……劉彥貞素驕貴，無才略，不習兵……其裨將咸師朗等皆勇而無謀，聞李穀退，喜，引兵直抵正陽，旌旗輜重數百里，劉仁贍及池州刺史張全約固止之。仁贍曰：'公軍未至而敵人先遁，是畏公之威聲也，安用速戰！萬一失利，則大事去矣！'彥貞不從。既行，仁贍曰：'果遇，必敗。'乃益兵乘城爲備。李重進渡淮，逆戰於正陽東，大破之，斬彥貞，生擒咸師朗等，斬首萬餘級，伏尸三十里，收軍資器械三十餘萬。是時江、淮久安，民不習戰，彥貞既敗，唐人大恐，張全約收餘眾奔壽州，劉仁贍表全約爲馬步左厢都指揮使。"同書卷二九三顯德三年三月庚戌（十七）條："上遣中使以孫晟詣壽春城下，且招諭之。仁贍見晟，戎服拜於城上。晟謂仁贍曰：'君受國厚恩，不可開門納寇。'"

[2]復乘間陷我南砦：《通鑑》卷二九三顯德三年六月條："侍衛步軍都指揮使、彰信節度使李繼勳營於壽州城南，唐劉仁贍伺繼勳無備，出兵擊之，殺士卒數百人，焚其攻具。"

[3]"三年冬"至"而重進兵幾不能支"：《通鑑》卷二九三顯德四年正月條："周兵圍壽春，連年未下，城中食盡。齊王景達自濠州遣應援使永安節度使許文稹、都軍使邊鎬、北面招討使朱元將兵數萬，泝淮救之，軍於紫金山，列十餘寨如連珠，與城中烽火晨夕相應，又築甬道抵壽春，欲運糧以饋之，綿亘數十里。將及壽春，李重進邀擊，大破之，死者五千人，奪其二寨。丁未（十九），重進以聞。戊申（二十），詔以來月幸淮上。劉仁贍請以邊鎬守城，

自帥衆決戰。齊王景達不許，仁贍憒邑成疾。其幼子崇諫夜泛舟渡淮北，爲小校所執，仁贍命腰斬之，左右莫敢救，監軍使周廷構哭於中門以救之，仁贍不許。廷構復使求救於夫人，夫人曰：'妾於崇諫非不愛也，然軍法不可私，名節不可虧，若貸之，則劉氏爲不忠之門，妾與公何面目見將士乎！'趣命斬之，然後成喪。將士皆感泣。"

[4]壽春：縣名。治所在今安徽壽縣。 陳承昭：人名。江表（今長江以南地區）人。五代、宋初將領。長於水戰。傳見《宋史》卷二六一。 "車駕至壽春"至"但扼吭浩歎而已"：《通鑑》卷二九三顯德四年三月條："己丑（初二）夜，帝渡淮，抵壽春城下。庚寅（初三）旦，躬擐甲胄，軍於紫金山南，命太祖皇帝擊唐先鋒寨及山北一寨，皆破之，斬獲三千餘級，斷其甬道，由是唐兵首尾不能相救。至暮，帝分兵守諸寨，還下蔡……壬辰（初五）旦，帝軍于趙步，諸將擊唐紫金山寨，大破之，殺獲萬餘人，擒許文稹、邊鎬、楊守忠……劉仁贍聞援兵敗，扼吭歎息。"另，《輯本舊史》卷一一七《周世宗紀四》顯德四年十二月辛酉條："至楚州西北，大破賊衆，水陸俱奔，有賊船數艘，順流而逸。帝率驍騎與今上追之數十里，今上擒賊大將僞保義軍節度使、江北都應援使陳承昭以獻。"《通鑑》卷二九三同。可知宋太祖擒陳承昭，在顯德四年十二月，彼時壽州已破，仁贍已卒，本傳繫於壽州城破之前，誤。

[5]"會世宗以紫金山之捷"至"皆屏息以聽其命"：《輯本舊史》卷一一七《周世宗紀四》顯德四年三月條："丙午（十九），壽州劉仁贍上表乞降，帝遣閤門使張保續入城慰撫。翌日，仁贍復令子崇讓上表請罪。戊申（二一），幸壽州城北，劉仁贍與將佐已下及兵士萬餘人出降，帝慰勞久之，恩賜有差。"與本傳同。《通鑑》卷二九三顯德四年三月條："庚子（十三），賜劉仁贍詔，使自擇禍福……甲辰（十七），帝耀兵于壽春城北。唐清淮節度使兼侍中劉仁贍病甚，不知人。丙午（十九），監軍使周廷構、營田副使

孫羽等作仁贍表，遣使奉之來降。丁未（二十），帝賜仁贍詔，遣閤門使萬年張保續入城宣諭，仁贍子崇讓復出謝罪。戊申（二一），帝大陳甲兵，受降於壽春城北，廷構等舁仁贍出城，仁贍臥不能起，帝慰勞賜齎，復令入城養疾。”《考異》：“《實錄》：‘時仁贍臥疾已亟，遂翻然納款，而城內諸軍萬計，皆屏息以聽其命。’又曰：‘仁贍輕財重士，法令嚴肅，故能以一城之衆連年拒守。逮其來降，而其下無敢竊議者，斯亦一時之名將也。’《歐陽史》：‘三月，仁贍病甚，已不知人，其副使孫羽詐爲仁贍書，以城降。世宗命舁仁贍至帳前，嗟歎久之，賜以玉帶、御馬，復使入城養疾。是日，制曰：劉仁贍盡忠所事，抗節無虧，前代名臣，幾人可比，予之南伐，得爾爲多。乃拜仁贍檢校太尉兼中書令、天平軍節度使。仁贍不能受命而卒。世宗追封彭城郡王，以其子崇讚爲懷州刺史。李景聞仁贍卒，亦贈太師。’又曰：‘仁贍既殺其子以自明矣，豈有垂死而變節者乎？今《周世宗實錄》載仁贍降書，蓋其副使孫羽等所爲也。當世宗時，王環爲蜀守秦州，攻之久不下，其後力屈而降，世宗頗嗟其忠，然止以爲大將軍。視世宗待二人之薄厚而考其制書，乃知仁贍非降者也。’今從之。”《舊五代史考異》：“是仁贍未嘗親納款于周也。《薛史》作翻然納款，蓋仍周實錄原文，未及釐正。”仁贍未嘗降周，《新五代史》、《通鑑考異》諸書辨之甚明。

[6]天平軍：方鎮名。治所在鄆州（今山東東平縣）。 “及見於行在”至“追封彭城郡王”：《輯本舊史》卷一一七《周世宗紀四》顯德四年三月辛亥（二四）條：“以僞命清淮軍節度使、檢校太尉、兼侍中劉仁贍爲特進、檢校太尉、兼中書令、鄆州節度使，以右羽林統軍楊信爲壽州節度使。是日，劉仁贍卒。”《通鑑》卷二九三顯德四年三月辛亥條：“以劉仁贍爲天平節度使兼中書令，制辭略曰：‘盡忠所事，抗節無虧，前代名臣，幾人堪比！朕之伐叛，得爾爲多。’是日，卒，追賜爵彭城郡王。唐主聞之，亦贈太師。帝復以清淮軍爲忠正軍，以旌仁贍之節，以右羽林統軍楊信爲忠正節度使、同平章事。”《新五代史》卷六二《南唐世家二》交

泰元年（顯德五年，958）條：“周已罷兵，景乃贈劉仁贍太師。”據《新五代史》，李景追贈仁贍爲太師，當在顯德五年周罷兵以後，《通鑑》繫於追封彭城郡王之時，疑誤。

[7]崇讚：人名。即劉崇讚。五代後周官員，累爲郡守。事見本書本卷。

[8]崇諫：人名。即劉崇諫。事見本書本卷、《新五代史》卷三二。

　　崇讚仕周，累爲郡守。幼子崇諒，後自江南歸於本朝，亦位至省郎。[1]《永樂大典》卷九千九十六。[2]

[1]崇諒：人名。即劉崇諒。北宋官員。曾任江南進奉使、都官員外郎。《續資治通鑑長編》卷一三宋太祖開寶五年（972）二月壬戌條：“以江南進奉使劉崇諒爲都官員外郎。崇諒，仁贍之子也。”

[2]《大典》卷九〇九六“劉”字韻“姓氏（二四）”事目。

舊五代史　卷一三〇

周書二十一

列傳第十[1]

[1]按，本卷末無史論。

王峻

王峻，字秀峰，相州安陽人也。[1]父豐，本郡樂營使。[2]峻幼慧黠善歌，梁貞明初，張筠鎮相州，[3]憐峻敏惠，遂畜之。及莊宗入魏州，[4]筠棄鎮南渡，以峻自隨。時租庸使趙巖訪筠於其第，筠召峻聲歌以侑酒，[5]巖悅，筠因以贈之，頗得親愛。梁亡，趙氏族滅，峻流落無依，寄食於符離陳氏之家。[6]久之彌窘，乃事三司使張延朗，[7]所給甚薄。

[1]相州：州名。治所在今河南安陽市。　安陽：縣名。治所在今河南安陽市。

[2]豐：人名。即王豐。相州安陽（今河南安陽市）人。王峻

之父，唐末樂官。事見《新五代史》卷五〇。　樂營使：唐置，樂工的領班。

[3]貞明：後梁末帝朱友貞年號（915—921）。　張筠：人名。海州（今江蘇連雲港市海州區）人。唐末及五代後梁、後唐將領。傳見本書卷九〇、《新五代史》卷四七。

[4]莊宗：即李存勗，小字亞子。沙陀部人，太原（今山西太原市）人。李克用之子，五代後唐開國皇帝。紀見本書卷二七至卷三四及《新五代史》卷四、卷五。　魏州：州名。治所在今河北大名縣。

[5]租庸使：官名。唐代爲主持催徵租庸地稅的財政官員。五代後梁、後唐時，租庸使取代鹽鐵、度支、户部，爲中央財政長官。　趙巖：人名。陳州宛丘（今河南淮陽縣）人。唐忠武軍節度使趙犨之子。五代後梁大臣。事見本書卷一四、《新五代史》卷四二。

[6]符離：縣名。治所在今安徽宿州市埇橋區。

[7]三司使：官名。五代後唐明宗天成元年（926）將晚唐以來的户部、度支、鹽鐵三部合爲一職，設三司使統之。主管國家財政。　張延朗：人名。汴州（今河南開封市）人。五代後唐大臣，歷任三司使、宰相。傳見本書卷六九、《新五代史》卷二六。　乃事三司使張延朗：《輯本舊史》之影庫本粘籤："張延朗，原本脱'張'字，今從《通鑑》增入。"檢《通鑑》原書，未見王峻事張延朗之記載。《新五代史》卷五〇《王峻傳》："久之，事三司使張延朗，延朗不甚愛之。"

清泰末，[1]延朗誅，漢祖盡得延朗之資産僕從，[2]而峻在籍中，從歷數鎮，常爲典客。[3]漢祖踐阼，授客省使，[4]奉使荆南，留於襄、漢爲監軍，入爲内客省使。[5]及趙思綰作亂於永興，漢隱帝命郭從義討之，[6]以峻爲兵馬都監。[7]從義與峻不協，甚如水火。[8]未幾，改宣徽北院使。賊平，加檢校太傅，轉南院使。[9]

[1]清泰：五代後唐廢帝李從珂年號（934—936）。

[2]漢祖：即後漢開國皇帝劉知遠。太原（今山西太原市）人，沙陀族。紀見本書卷九九、卷一〇〇及《新五代史》卷一〇。

[3]典客：官名。亦稱客將。唐末、五代藩鎮負責接待使節、賓客、出使等外交職責的武官。詳見吳麗娛《試論晚唐五代的客將、客司與客省》，《中國史研究》2002 年第 4 期。 常爲典客：《輯本舊史》卷九九《漢高祖紀上》天福十二年（947）正月條："是月，帝遣牙將王峻奉表於契丹，契丹主賜詔褒美，呼帝爲兒。又賜木枴一。蕃法，貴重大臣方得此賜，亦猶漢儀賜几杖之比也。王峻持枴而歸，契丹望之皆避路。及峻至太原，帝知契丹政亂，乃議建號焉。"《新五代史》卷一〇《漢高祖本紀》："峻還，爲王言契丹必不能有中國，乃議建國。"

[4]客省使：官名。客省長官。唐代宗時始置，五代沿置。掌接待四方奏計及外族使者。

[5]荆南：方鎮名。治所在荆州（今湖北荆州市）。 襄：州名。治所在今湖北襄陽市。 漢：州名。治所在今四川廣漢市。監軍：官名。爲臨時差遣，代表朝廷協理軍務、督察將帥。唐、五代時常以宦官爲監軍。 内客省使：官名。中書省所屬内客省長官。唐始置，五代沿置。

[6]趙思綰：人名。魏州（今河北大名縣）人。五代將領。傳見本書卷一〇九、《新五代史》卷五三。 永興：方鎮名。治所在京兆府（今陝西西安市）。 漢隱帝：即劉承祐。沙陀族。五代後漢末代君主。紀見本書卷一〇一至卷一〇三、《新五代史》卷一〇。

郭從義：人名。沙陀部人。五代、宋初大臣。傳見《宋史》卷二五二。

[7] 兵馬都監：官名。唐代中葉命將出征，常以宦官爲監軍、都監。後爲臨時委任的統兵官，稱都監、兵馬都監。掌屯戍、邊防、訓練之政令。　以峻爲兵馬都監：《輯本舊史》卷一〇一《漢隱帝紀上》乾祐元年（948）四月甲午條：“以客省使王峻爲西南面行營兵馬都監。”

[8] 甚如水火：《通鑑》卷二八八乾祐元年八月條：“自河中、永興、鳳翔三鎮拒命以來，朝廷繼遣諸將討之。昭義節度使常思屯潼關，白文珂屯同州，趙暉屯咸陽。惟郭從義、王峻置栅近長安，而二人相惡如水火，自春徂秋，皆相仗莫肯攻戰。帝患之，欲遣重臣臨督。壬午（初六），以郭威爲西面軍前招慰安撫使，諸軍皆受威節度。”

[9] 宣徽北院使：官名。唐始置。宣徽北院的長官。初用宦官，五代以後改用士人。與宣徽南院使通掌内諸司及三班内侍之名籍，郊祀、朝會、宴享供帳之儀，檢視内外進奉名物。參見王永平《論唐代宣徽使》，《中國史研究》1995 年第 1 期；王孫盈政《再論唐代的宣徽使》，《中華文史論叢》2018 年第 3 期。　檢校太傅：官名。爲散官或加官，以示恩寵，無實際執掌。　南院使：官名。即宣徽南院長官。　“未幾”至“轉南院使”：《輯本舊史》卷一〇一《漢隱帝紀上》乾祐元年六月庚辰（初三）條：“以内客省使王峻爲宣徽北院使，依前永興城下兵馬都監。”同年七月乙丑（十八）條：“以宣徽北院使王峻爲宣徽南院使。”同書卷一〇二《漢隱帝紀中》乾祐二年七月丁巳（十六）條：“永興都部署郭從義奏：新除華州留後趙思綰，自今月三日授華州留後，準詔赴任，三移行期，仍要鎧甲以給牙兵，及與之，竟不遵路。至九日夕，有部曲曹彦進告，思綰欲於十一日夜與同惡五百人奔南山入蜀。是日詰旦，再促上路，云俟夜進途。臣尋與王峻入城，分兵守四門，其趙思綰部下軍，各已執帶，遂至牙署，令趙思綰至則執之，與一行徒黨，並處置訖。”同年八月乙未（二四）條：“宣徽南院使、永興行營兵馬都監王峻，宣徽北院使、河府行營兵馬都監吳虔裕，並加檢校太

傅。”王峻於乾祐元年七月已轉宣徽南院使，本傳繫於平叛之後，誤。

太祖鎮鄴，兼北面兵馬，[1]峻爲監軍，[2]留駐鄴城。隱帝蕭牆變起，峻亦爲群小所搆，舉家見害。[3]從太祖赴闕，綢繆帷幄，贊成大事，峻居首焉。[4]京師平定，受漢太后令，充樞密使。[5]太祖北征，至澶州，[6]爲諸軍擁迫，峻與王殷在京聞變，[7]乃遣侍衛馬軍都指揮使郭崇往宋州，[8]前申州刺史馬鐸往許州，[9]以防他變，二州安然，亦峻之謀也。[10]

[1]太祖：即後周太祖郭威。邢州堯山（今河北隆堯縣）人。五代後周王朝的建立者。紀見本書卷一一〇至卷一一三、《新五代史》卷一一。 鄴：地名。即鄴都。治所在今河北大名縣。五代後唐同光元年（923），改魏州爲興唐府，建號東京，三年改東京爲鄴都。

[2]峻爲監軍：《輯本舊史》卷一〇二《漢隱帝紀中》乾祐二年（949）十月丙戌條：“契丹陷貝州高老鎮，南至鄴都北境，又西北至南宮、堂陽，殺掠吏民。數州之地，大被其苦，藩郡守將，閉關自固。遣樞密使郭威率師巡邊，仍令宣徽使王峻參預軍事。”同書卷一一〇《周太祖紀一》：“（乾祐二年）十月，契丹入寇，前鋒至邢、洺、貝、魏，河北告急，帝受詔率師赴北邊，以宣徽南院使王峻爲監軍。其月十九日，帝至邢州，遣王峻前軍趨鎮、定。”

[3]舉家見害：《輯本舊史》卷一〇三《漢隱帝紀下》乾祐三年十一月丙子（十三）條：“帝遣腹心齎密詔往澶州、鄴都，令澶州節度使李洪義誅侍衛步軍都指揮使王殷，令鄴都屯駐護聖左廂都指揮使郭崇、奉國左廂都指揮使曹英害樞密使郭威及宣徽使王峻。”

同書卷一〇七《劉銖傳》：“尋以銖權知開封府事，周太祖親族及王峻家，並爲銖所害。”

[4]“從太祖赴闕”至“峻居首焉”：《輯本舊史》卷一一〇《周太祖紀一》：“（乾祐三年十一月十七日），既而王峻諭軍曰：‘我得公（郭威）處分，俟平定京城，許爾等旬日剽掠。’衆皆踊躍。”

[5]漢太后：即五代後漢高祖劉知遠皇后。隱帝之母。晉陽（今山西太原市）人。傳見《新五代史》卷一八。　樞密使：官名。樞密院長官。唐代宗時始以宦官掌機密，至昭宗時借朱溫之力盡誅宦官，始改以士人任樞密使。備顧問，參謀議，出納詔奏，權侔宰相。參見李全德《唐宋變革期樞密院研究》，國家圖書館出版社 2009 年版。

[6]澶州：州名。唐、五代初，治所在河南清豐縣。後晉天福四年（939），移治於今河南濮陽縣。

[7]王殷：人名。瀛州（今河北河間市）人。一作大名（今河北大名縣）人。五代將領。從郭威推翻後漢，後因功高震主爲郭威所殺。傳見本書卷一二四、《新五代史》卷五〇。

[8]侍衛馬軍都指揮使：官名。爲侍衛親軍馬軍司長官。後梁始置侍衛親軍，爲禁軍的一支，後唐沿置並成爲禁軍主力，下設馬軍、步軍。　郭崇：人名。應州金城（今山西應縣）人。五代、宋初將領。傳見《宋史》卷二五五。　宋州：州名。治所在今河南商丘市睢陽區。

[9]申州：州名。治所在今河南信陽市。　刺史：官名。州一級行政長官。漢武帝時始置，總掌考核官吏、勸課農桑、地方教化等事。唐中期以後，節度使、觀察使轄州而設，刺史爲其屬官，職任漸輕。從三品至正四品下。　馬鐸：人名。五代將領。事見《新五代史》卷一八。　許州：州名。治所在今河南許昌市。

[10]“京師平定”至“亦峻之謀也”：《輯本舊史》卷一〇三《漢隱帝紀下》乾祐三年十一月丙戌（二三）條：“以宣徽南院使王峻爲樞密使。”同月辛卯（二八）條：“河北諸州馳報，契丹深

入。太后誥曰……宜令樞密使郭威部署大軍，早謀掩擊，其軍國庶事，權委宰臣竇貞固、蘇禹珪、樞密使王峻等商量施行，在京馬步兵士，委王殷都大提舉。”同年十二月壬戌（二九）條：“奉太后誥，命樞密使、侍中郭威監國，中外庶事，並取監國處分。先是，樞密使王峻以湘陰公已在宋州，慮聞澶州之事，左右變生，遣侍衛馬軍指揮使郭崇率七百騎往衛之。”

太祖踐阼，加平章事，[1]尋兼右僕射、門下侍郎、平章事，監修國史。[2]時朝廷初建，四方多故，峻夙夜奉事，知無不爲，每侍太祖商榷軍事，未嘗不移時而退，甚有裨益。[3]然爲性輕躁，舉措率易，以天下之事爲己任，每有啓請，多自任情，太祖從而順之，則忻然而退；稍未允可，則應聲而愠，不遜之語隨事輒發。太祖素知其爲人，且以佐命之故，每優容之。峻年長於太祖二歲，太祖雖登大位，時以兄呼之，有時呼表字，不忘布衣之契也。峻以此益自負焉。

[1]平章事：官名。即“同中書門下平章事”。唐高宗以後，凡實際任宰相之職者，常在其本官後加同平章事的職銜。後成爲宰相專稱。後晉天福五年（940），升中書門下平章事爲正二品。　加平章事：《輯本舊史》卷一一〇《周太祖紀一》廣順元年（951）正月癸酉條：“樞密使、檢校太傅王峻加同平章事。”《通鑑》卷二九〇廣順元年正月條：“帝以蘇逢吉之第賜王峻，峻曰：‘是逢吉所以族李崧也！’辭而不處。”《宋本册府》卷五六《帝王部·節儉門》：“（廣順元年）二月，内出寶玉器數十，有茶籠、酒器、枕及金銀結鏤寶裝床几、飲食之具，碎之於殿庭。有一玉杯，累擲之不壞，樞密使王峻上請，太祖笑而賜之。”

　　[2]右僕射：官名。秦始置。隋、唐前期以左、右僕射佐尚書令總理六官，綱紀庶務，如不置尚書令，則總判省事，爲宰相之職。唐後期多爲大臣加銜。從二品。　門下侍郎：官名。門下省次官，常加“同中書門下平章事”銜爲宰相。正二品。　監修國史：官名。北齊始置史館，以宰相爲之。唐史館沿置，爲宰相兼職。“尋兼右僕射”至“監修國史”：《輯本舊史》卷一一一《周太祖紀二》廣順元年六月辛亥條：“以樞密使王峻爲尚書左僕射兼門下侍郎、同平章事，監修國史，充樞密使。”　《通鑑》卷二九〇亦作“以樞密使、同平章事王峻爲左僕射兼門下侍郎”。明本《册府》卷三三八《宰輔部·專恣門》亦言王峻爲左僕射、平章事。皆與本傳所言“右僕射”異。

　　[3]“時朝廷初建”至“甚有裨益”：《輯本舊史》卷一一一《周太祖紀二》廣順元年七月丙子條：“幸宰臣王峻第。”同書卷一一二《周太祖紀三》廣順元年十月己丑條：“宰臣王峻獻唐張藴古《大寶箴》、謝偃《惟皇誡德賦》二圖。詔報曰……卿有佐命立國之勳，居代天調鼎之任，恒慮眇德，未及古人。於是採掇箴規，弼諧寡昧，披文閱理，懌意怡神，究爲君治國之源，審修己御人之要。帝王之道，盡在於兹，辭翰俱高，珠寶何貴！再三省覽，深用愧嘉。其所進圖，已令於行坐處張懸，所冀出入看讀，用爲鑒戒。”

　　廣順元年冬，劉崇與契丹圍晉州，[1]峻請行應援，太祖用爲行營都部署，[2]以徐州節度使王彥超爲副。[3]詔諸軍並取峻節度，許峻以便宜從事，軍行資用，仰給於官，隨行將吏，得自選擇。[4]將發之前，召宴於滋德殿，[5]太祖出女樂以寵之。奉辭之日，恩賜優厚，不拘常制。及發，太祖幸西莊，親臨宴餞，別賜御馬玉帶，執手而別。[6]峻至陝，[7]駐留數夕。劉崇攻晉州甚急，太祖憂其不守，[8]及議親征，取澤州路入，與峻會合，先令諭峻。峻遣驛騎馳奏，請車駕不行幸。時已降御札，行有日矣，會峻奏至，乃止。[9]

[1]劉崇：人名。即劉旻。太原（今山西太原市）人。後漢高祖劉知遠從弟。後漢時任太原尹，專制一方。後周代漢，他稱帝於太原，國號漢，史稱北漢。傳見本書卷一三五、《新五代史》卷七〇。　契丹：古部族、政權名。公元4世紀中葉宇文部爲前燕攻破，始分離而成單獨的部落，自號契丹。唐貞觀中，置松漠都督府，以其首領爲都督。唐末强盛，916年迭剌部耶律阿保機建立契丹國（遼）。先後與五代、北宋並立，保大五年（1125）爲金所滅。參見張正明《契丹史略》，中華書局1979年版。　晋州：州名。治所在今山西臨汾市。

[2]行營都部署：官名。凡行軍征討，挂帥率軍戰鬥，總管行營事務。

[3]徐州：州名。治所在今江蘇徐州市。　節度使：官名。唐時在重要地區所設掌握一州或數州軍、民、財政的長官。　王彦超：人名。大名臨清（今河北臨西縣）人。五代、宋初將領。傳見《宋史》卷二五五。　以徐州節度使王彦超爲副：《輯本舊史》卷一一一《周太祖紀二》廣順元年（951）八月壬子條：“晋州王晏移鎮徐州……徐州王彦超移鎮晋州。”同書卷一一二《周太祖紀三》廣順元年十月丙午（十八）條：“晋州巡檢王萬敢奏，河東劉崇入寇，營於州北。”同月丙辰（二八）條：“詔樞密使王峻率兵援晋州。”同年十一月甲子條：“以新晋州節度使王彦超爲晋絳行營馬軍都虞候。”劉崇圍晋州時，王彦超已任晋州節度使。

[4]隨行將吏，得自選擇：《輯本舊史》卷一一二《周太祖紀三》廣順元年十月丁巳（二九）條：“以左衛將軍申師厚爲河西軍節度使、檢校太保。師厚素與王峻善，及峻貴，師厚羈旅無依，日

於峻馬前望塵而拜。會西涼請帥，帝令擇之，無欲去者，峻乃以師厚奏之，師厚亦欣然求往，尋自前鎮將授左衛將軍、檢校工部尚書。翌日，乃有涼州之命，賜旌節、駝馬、繒帛以遣之。”

[5]滋德殿：五代東京宮殿。位於今河南開封市。

[6]西莊：地名。其地不詳，疑位於開封城外。　“及發”至“執手而別”：《輯本舊史》卷一一二《周太祖紀三》廣順元年十一月乙丑（初七）條：“命王峻出征晉州，帝幸西莊以餞之。”

[7]陝：州名。治所在今河南三門峽市陝州區。

[8]太祖憂其不守：中華書局本有校勘記：“‘守’，原作‘可’，據邵本校、《册府》卷四三八改。”

[9]澤州：州名。治所在今山西澤州縣。　“及議親征”至“乃止”：《輯本舊史》卷一一二《周太祖紀三》廣順元年十二月戊子（初一）條：“詔以劉崇入寇，取當月三日暫幸西京。”同月庚寅（初三）條：“詔巡幸宜停。時王峻駐軍陝府，聞帝西巡，遣使馳奏，不勞車駕順動，帝乃止。”　《新五代史》卷五〇《王峻傳》：“峻至陝州，留不進。太祖遣使者翟守素馳至陝州，諭峻欲親征。峻屏左右謂守素曰：‘晉州城堅不可近，而劉旻（即劉崇）兵銳亦未可當，臣所以留此者，非怯也，蓋有待爾。且陛下新即位，四方藩鎮，未有威德以加之，豈宜輕舉！而兗州慕容彥超反迹已露，若陛下出氾水，則彥超入京師，陛下何以待之?’守素馳還，具道峻言。是時，太祖已下詔西幸，聞峻語，遽自提其耳曰：‘幾敗吾事！’乃止不行。”　《輯本舊史》於傳末引《五代史闕文》，亦載此事。

峻軍既過絳郡，距平陽一舍，賊軍燔營，狼狽而遁。[1]峻入晉州，或請追賊，必有大利，峻猶豫久之，翼日，方遣騎軍襲賊，信宿而還。[2]向使峻極力追躡，則并、汾之孽，[3]無噍類矣。峻亦深恥無功，因計度增修平陽故城而迴。[4]時永興軍節度使李洪信，[5]漢室之密戚也，自太祖踐阼，恒有憂沮之意，而本城軍不滿千，峻出征至陝州，以救援晉州爲辭，抽起數百人，及劉崇北遁，又遣禁兵千餘人，屯於京兆，[6]洪信懼，遂請入朝。峻軍迴，[7]太祖厚加優賜。

[1]絳郡：即絳州。治所在今山西新絳縣。　平陽：地名。位於今山西臨汾市。　"峻軍既過絳郡"至"狼狽而遁"：《新五代史》卷五〇《王峻傳》："峻軍出自絳州，前鋒報過蒙阬，峻喜，謂其屬曰：'蒙阬，晉、絳之險也，旻不分兵扼之，使吾過此，可知其必敗也。'峻軍去晉州一舍，旻聞周兵大至，即解去。"《輯本舊史》卷一一二《周太祖紀三》廣順元年（951）十二月己酉（二二）條："王峻奏，劉崇逃遁，王師已入晉州。"

[2]信宿：連宿兩夜。　"峻入晉州"至"信宿而還"：《通鑑》卷二九〇廣順元年十二月條："峻入晉州，諸將請亟追之，峻猶豫未決。明日，乃遣行營馬軍都指揮使仇弘超、都排陳使藥元福、左厢排陳使陳思讓、康延沼將騎兵追之，及於霍邑，縱兵奮擊，北漢兵墜崖谷死者甚衆。霍邑道隘，延沼畏懦不急追，由是北漢兵得渡。藥元福曰：'劉崇悉發其衆，挾胡騎而來，志吞晉、絳，今氣衰力憊，狼狽而遁，不乘此翦撲，必爲後患。'諸將不欲進，王峻復遣使止之，遂還。"

[3]并：州名。治所在今山西太原市。　汾：州名。治所在今山西汾陽市。

[4]因計度增修平陽故城而迴：《輯本舊史》卷一一二《周太祖紀三》廣順二年正月庚申（初三）條："王峻奏，起近鎮丁夫二萬城晉州。"

[5]李洪信：人名。并州晉陽（今山西太原市）人。五代、宋初將領。傳見《宋史》卷二五二。

[6]京兆：府名。治所在今陝西西安市。

[7]峻軍迴：《通鑑》卷二九〇廣順二年正月壬申（十五）條："王峻自晉州還，入見。"

時慕容彥超叛於兗州，[1]已遣侍衛步軍都指揮使曹英、客省使向訓率兵攻之。[2]峻意欲自將兵討賊，累言於太祖曰："慕容劇賊，曹英不易與之敵耳。"太祖默然。[3]未幾親征，命峻爲隨駕一行都部署。破賊之日，峻督軍在城南，其衆先登，頗有得色。[4]從駕還京。[5]未幾，貢表乞解樞機，即時退歸私第。

[1]慕容彥超：人名。沙陀部人（一說"吐谷渾部人"）。五代後漢將領，後漢高祖劉知遠同母弟。傳見本書本卷、《新五代史》卷五三。《輯本舊史》之影庫本粘籤："彥超，原本作'彥紹'，今從《通鑑》改正。"　兗州：州名。治所在今山東濟寧市兗州區。

時慕容彥超叛於兗州：《通鑑》卷二九〇廣順二年（952）正月條："慕容彥超發鄉兵入城，引泗水注壕中，爲戰守之備；又多以旗幟授諸鎮將，令募群盜，剽掠鄰境，所在奏其反狀。甲子（初七），敕沂、密二州不復隸泰寧軍，以侍衛步軍都指揮使、昭武節度使曹英爲都部署，討彥超，齊州防禦使史延超爲副部署，皇城使河內向訓爲都監，陳州防禦使藥元福爲行營馬步都虞候。"

[2]侍衛步軍都指揮使：官名。五代時皇帝親軍侍衛步軍司之最高長官。　曹英：人名。常山真定（今河北正定縣）人。五代後唐至後周將領。傳見本書卷一二九。　向訓：人名。避後周恭帝諱，改名向拱。懷州河內（今河南沁陽市）人。五代、宋初將領。傳見《宋史》卷二五五。

[3]"峻意欲自將兵討賊"至"太祖默然"：《輯本舊史》卷一一四《周世宗紀一》："（廣順）二年正月，兗州慕容彥超反，帝累

表請征行，太祖嘉之。及曹英等東討，數月無功，太祖欲親征，召群臣議其事。宰臣馮道奏以方當盛夏，車駕不宜衝冒。太祖曰：'寇不可翫，如朕不可行，當使澶州兒子擊賊，方辦吾事。'時樞密王峻意不欲帝將兵，故太祖親征。"

〔4〕"未幾親征"至"頗有得色"：《輯本舊史》卷一一二《周太祖紀三》廣順二年五月條："庚申，車駕發京師。戊辰，至兗州城下。乙亥，收復兗州，斬慕容彥超，夷其族。"

〔5〕從駕還京：《宋史》卷二五四《趙晁傳》："慕容彥超據兗州叛，以晁爲行營步軍都監。兗州平，轉作坊使。晁自以逮事霸府，復有軍功，而遷拜不滿所望，居常怏怏。時樞密使王峻秉政，晁疑其軋己。一日，使酒詣其第，毀峻，峻不之責。"

峻貪權利，多機數，好施小惠，喜人附己。太祖登極之初，務存謙抑，潛龍將佐，未甚進用。其後鄭仁誨、李重進、向訓等稍遷要職，[1]峻心忌之，至是求退，蓋偵太祖之意也。未陳請之前，多發外諸侯書以求保證，旬浹之內，諸道馳騎進納峻書，聞者驚駭其事。峻連貢三章，中使宣諭無虛日。[2]太祖嚴駕將幸其第，峻聞之，即馳馬入見，太祖慰勞久之，復令視事。[3]

〔1〕鄭仁誨：人名。晋陽（今山西太原市）人。後周太祖時樞密使、宰相。傳見本書卷一二三、《新五代史》卷三一。　李重進：人名。滄州（今河北滄縣舊州鎮）人。五代將領，後周太祖郭威外甥。傳見《宋史》卷四八四。

〔2〕中使：指宮中派出的使者，多爲宦官。　峻連貢三章，中使宣諭無虛日：《輯本舊史》卷一一二《周太祖紀三》廣順二年（952）八月乙酉條："樞密使王峻上章，請解樞衡，凡三上章，詔

不允。"

[3]"太祖嚴駕將幸其第"至"復令視事"：《新五代史》卷
五○《王峻傳》："峻連章求解，因不視事，太祖遣近臣召之曰：
'卿若不出，吾當自往候卿。'峻曰：'車駕若來，是致臣有不測
也。'然殊無出意。樞密直學士陳同（《通鑑》卷二九○作陳觀）
與峻相善，太祖即遣同召峻。同還奏曰：'峻意少解，然請陛下聲
言嚴駕若將幸之，則峻必出矣。'太祖僶俛從之。峻聞太祖且來，
遂馳入謁。"

　　峻又於本院之東，別建公署，廊廡聽事，高廣華
侈。及土木之功畢，請太祖臨幸，[1]恩賜甚厚。其後內
園新起小殿，峻視之，奏曰："宮室已多，何用於此？"
太祖曰："樞密院舍宇不少，公更自興造何也？"峻慚默
而退。

[1]請太祖臨幸：《輯本舊史》卷一一二《周太祖紀三》廣順
二年（952）十月庚子條："幸樞密院，王峻請之也。"另，《宋本册
府》卷九五五《總錄部·知舊門》："張義爲監察御史，廣順二年十
月，賜緋魚笏，王峻之奏也。義，唐三司使延朗之子也，峻嘗事延
朗，故有是請。"《輯本舊史》卷一一二《周太祖紀三》廣順二年
十一月壬戌條："樞密使王峻亡妻崔氏追封趙國夫人，非故事也。"
《通鑑》卷二九一廣順二年十二月條："翰林學士徐台符請誅誣告李
崧者葛延遇及李澄，馮道以爲屢更赦，不許。王峻嘉台符之義，白
於帝，癸卯，收延遇、澄，誅之。"

　　時峻以前事趙巖，頗承寵愛，至是欲希贈官立碑。
或謂峻曰："趙巖以諂佞事君，破壞梁室，至今言者，

無不切齒，苟如所欲，必貽物議。"乃止。巖姪崇勳，[1]
居於陳郡，峻爲求官田宅以賜之，太祖亦從之。[2]

[1]崇勳：人名。即趙崇勳。事見明本《册府》卷八六五《總
録部·報恩門》。《輯本舊史》之影庫本粘籤："崇勳，原本作'重
勳'，今從《周太祖紀》改正。"見《輯本舊史》卷一一二《周太
祖紀三》廣順三年（953）閏正月丙戌條。《大典》卷六八五一引
《舊五代史·王峻傳》亦作"崇勳"。

[2]陳郡：即陳州。治所在今河南淮陽縣。　太祖亦從之：
《輯本舊史》卷一一二《周太祖紀三》廣順三年閏正月丙戌條：
"詔故梁租庸使趙巖姪崇勳，見居陳州，量賜繫官店宅，從王峻之
請也。"

　　三年春，修利河堤，大興土功，峻受詔檢校。[1]既
而世宗自澶州入覲，峻素憚世宗之聰明英果，聞其赴
闕，即自河次歸朝。[2]居無何，邀求兼領青州，太祖不
得已而授之。既受命，求暫赴任，奏借左藏綾絹萬匹，
從之。[3]

[1]"三年春"至"峻受詔檢校"：《輯本舊史》卷一一二
《周太祖紀三》廣順三年（953）正月辛未（二十）條："詔樞密使
王峻巡視河堤。峻請行，故從之。"

[2]世宗：即柴榮。邢州龍岡（今河北邢臺市）人。後周太祖
郭威養子，顯德元年（954）繼郭威爲帝，廟號世宗。紀見本書卷
一一四至卷一一九、《新五代史》卷一二。　"既而世宗自澶州入
覲"至"即自河次歸朝"：《通鑑》卷二九一廣順三年閏正月條：
"鎮寧節度使榮屢求入朝，峻忌其英烈，每沮止之。閏月，榮復求

入朝，會峻在河上，帝乃許之……丙申（十五），鎮寧節度使榮入朝。王峻聞榮入朝……遽自河上歸，戊戌（十七），至大梁。"《新五代史》卷一二《周世宗本紀》："榮素爲樞密使王峻所忌，廣順三年正月來朝，不得留。"

[3]青州：州名。治所在今山東青州市。　左藏：官署名。即左藏庫。負責收納各地所輸財賦，以供官吏、軍兵俸給及賞賜等費用。　"居無何"至"從之"：《輯本舊史》卷一一二《周太祖紀三》廣順三年閏正月壬寅（二一）條："以樞密使、尚書左僕射、同平章事、監修國史王峻兼青州節度使，餘如故。"

　　是歲，戶部侍郎趙上交權知貢舉。[1]上交嘗詣峻，峻言及一童子，上交不達其旨，牓出之日，童子不第，峻銜之。及貢院申中書門下，取日過堂，[2]峻知印，判定過日。及上交引新及第人至中書，峻在政事堂厲聲曰：[3]"今歲選士不公，當須覆試。"諸相曰："但緣已行指揮引過，[4]臨事不欲改移，況未敕下，覆試非晚。"峻愈怒，詬責上交，聲聞於外。少頃，竟令引過。及罷，上交詣本廳謝峻，峻又延之飲酌從容。翼日，峻奏上交知舉不公，請致之於法，太祖頷之而已。[5]

　　[1]戶部侍郎：官名。尚書省戶部次官。協助戶部尚書掌天下田戶、均輸、錢穀之政令。正四品下。　趙上交：人名。涿州范陽（今河北涿州市）人。五代、宋初大臣。本名遠，字上交，避後漢高祖劉知遠諱，遂以字爲名。傳見《宋史》卷二六二。　知貢舉：官名。唐始置，爲主持禮部會試的考官。　戶部侍郎趙上交權知貢舉：《輯本舊史》之影庫本粘籤："趙上交，原本作'尚支'，今從《五代會要》及《通鑑》改正。"《大典》卷六八五一作"上交"。

[2] 貢院：科舉考試的機構和場所。唐開元二十四年（736）始置禮部貢院，爲禮部主管省試的機構和場所。 中書門下：官署名。唐代以來爲宰相處理政務的機構。參見劉後濱《唐代中書門下體制研究——公文形態·政務運行與制度變遷》，齊魯書社 2004 年版。 過堂：唐代科舉考試後的一種謁見制度。禮部放榜後，及第進士須赴都堂謁見宰相，謂之過堂。

[3] 政事堂：唐宋時宰相議事處。

[4] 但緣已行指揮引過：中華書局本有校勘記：“‘引過’，原作‘行過’，據《永樂大典》卷六八五一引五代《薛史》改。”

[5] “翌日”至“太祖頷之而已”：《舊五代史考異》：“案《宋史·趙上交傳》：峻奏上交選士失實，貶商州司馬，朝議以爲太重，會峻貶乃止。”《輯本舊史》卷一一二《周太祖紀三》廣順三年（953）二月癸酉條：“以户部侍郎、知貢舉趙上交爲太子詹事。是歲，新進士中有李覯者，不當策名，物議諠然。中書門下以覯所試詩賦失韻勾落姓名，故上交移官。”又，《宋本册府》卷一五四《帝王部·明罰門三》：“（廣順三年）二月，敕鳳翔少尹桑能責授鄧州長史。能，故開封尹維翰之庶弟也……能幼稚流落，長於他族，不識文字，性格鄙俗。及維翰薨，諸子幼弱，能以維翰舊第得錢千緡，典貼與人。其宅本辛氏之業也，辛氏定年限，典貼與維翰。及年限滿，能出爲鳳翔少尹，辛氏乃詣維翰子坦贖之，坦辭以候取能旨，辛氏訴於官。樞密使王峻素知其事，深所不平，即追能證問，能具伏其罪，故貶逐之。”

又奏請以顏衎、陳觀代范質、李穀爲相。[1]太祖曰：“進退宰輔，未可倉卒，待徐思之。”峻論列其事，奏對不遜。太祖未食，日將亭午，諍之不已。太祖曰：“節假之內，未欲便行，已俟開假，即依所奏。”峻退至中書。是月，吏部選人過門下，[2]峻當其事，頗疑選部不公，其擬官選人落下者三十餘人。次日寒食時節，臣僚各歸私第。午時，宣召宰臣、樞密使，及入，幽峻於別所。太祖見馮道已下，[3]泣曰："峻凌朕頗甚，無禮太過，擬欲盡去左右臣僚，翦朕羽翼。朕兒在外，專意阻隔，暫令到闕，即懷怨望。豈有既總樞機，又兼宰相，堅求重鎮，尋亦授之，任其襟懷，尚未厭足，如此無君，誰能甘忍！"[4]即召翰林學士徐台符等草制。[5]其日，退朝宣制，[6]貶授商州司馬，[7]差供奉官蔣光遠援送赴商州。[8]未幾，死於貶所，[9]時廣順三年三月也。[10]

[1]顏衎：人名。曲阜（今山東曲阜市）人。五代、宋初大臣。傳見《宋史》卷二七〇。　陳觀：人名。籍貫不詳。五代後晉至後周官員，仕後周爲知開封府事。事見本書卷一一二、卷一二九。　范質：人名。大名宗城（今河北威縣）人。五代後周至北宋初年宰相。傳見《宋史》卷二四九。　李穀：人名。潁州汝陰（今安徽阜陽市）。五代後周宰相。傳見《宋史》卷二六二。　又奏請以顏衎、陳觀代范質、李穀爲相："顏衎"，中華書局本有校勘記："原作'顏愆'，據劉本、邵本校、《新五代史》卷五〇《王峻傳》、《通鑑》卷二九一、《宋史》卷二七〇《顏衎傳》改。"《舊五代史考異》："案：《歐陽史》作'顏衎、陳同'。"中華書局本有校勘記："'陳同'，原作'陳周'，據《新五代史》卷五〇《王峻傳》改。"《輯本舊史》卷一一三《周太祖紀四》、《通鑑》卷二九一皆作"陳觀"。本名陳觀，《新五代史》避私諱改爲陳同，《舊五代史考異》又誤爲陳周。

[2]選人：候選官員。唐制，凡以科舉、門蔭、雜色入流等資格參加吏部銓選官吏的人，通稱爲選人。

[3]馮道：人名。瀛州景城（今河北滄縣）人。五代時官拜宰

相，歷仕後唐、後晉、後漢、後周，亦曾臣事契丹。傳見本書卷一二六、《新五代史》卷五四。

[4]"泣曰"至"誰能甘忍"：《輯本舊史》之影庫本粘籤："《通鑑》載責王峻詞云：孩撫朕躬，肉視群后。《薛史》不載，今附識于此。"見《通鑑》卷二九一廣順三年（953）二月甲子條。

[5]翰林學士：官名。由南北朝始設之學士發展而來，唐玄宗改翰林供奉爲翰林學士，備顧問，代王言，掌拜免將相、號令征伐等詔令的起草。　徐台符：人名。鎮州獲鹿（今河北石家莊市鹿泉區）人。五代大臣。傳見本書附録。

[6]退朝宣制：中華書局本有校勘記："'退'，原作'追'，據殿本、劉本、邵本校改。"

[7]商州：州名。治所在今陝西商洛市商州區。　司馬：官名。州郡佐官，名義上紀綱衆務，通判列曹，品高俸厚，實際上無具體職事，多用以安置貶謫官員，或用作遷轉官階。上州從五品下，中州正六品下，下州從六品上。　貶授商州司馬：《通鑑》卷二九一廣順三年二月癸亥（十三）條："帝亟召宰相、樞密使入，幽峻於別所。"同月甲子（十四）條："貶峻商州司馬，制辭略曰：肉視群后，孩撫朕躬。"本傳將兩事繫於一日，與《通鑑》異。

[8]供奉官：官名。泛指侍奉皇帝左右的臣僚，亦爲東、西頭供奉官通稱。　蔣光遠：人名。籍貫不詳。本書僅此一見。

[9]死於貶所：《舊五代史考異》："案：《通鑑》云：峻至商州，得腹疾，帝猶愍之，命其妻往視之，未幾而卒。"見《通鑑》卷二九一廣順三年二月甲子條。

[10]廣順：五代後周太祖郭威年號（951—953）。　時廣順三年三月也：《舊五代史考異》："案：《五代春秋》作'三月，誅王峻'，與《薛史》異。"檢《五代春秋》原書，諸本各異，或作"二月"，或作"三月"。又，《輯本舊史》卷一一三《周太祖紀四》廣順三年三月庚寅（十一）條："端明殿學士、尚書兵部侍郎顏衍落職守本官……祕書監陳觀責授左贊善大夫，留司西京，坐王峻

黨也。"

初，峻降制除青州，有司製造旌節，[1]以備迎授。前一夕，其旄有聲甚異，[2]聞者駭之。主者曰："昔安重誨授河中節，[3]亦有此異焉。"又所居堂陛，忽然隱起如堆。又夢被官府追攝入司簿院，既寤，[4]心惡之，以是尤加狂躁。[5]

[1]旌節：皇帝賜給節度使的儀仗。唐代節度使給雙旌雙節，旌以專賞，節以專殺。

[2]旄：旄牛或旗杆頭上用旄牛尾做的裝飾。

[3]安重誨：人名。應州（今山西應縣）人。五代後唐大臣。傳見本書卷六六、《新五代史》卷二四。 河中：方鎮名。治所在河中府（今山西永濟市）。

[4]既寤：中華書局本有校勘記："'既'字原闕，據殿本、劉本、《永樂大典》卷六八五一引五代《薛史》、《册府》卷九五一補。"

[5]以是尤加狂躁：《宋本册府》卷九五一《總録部·咎徵門二》其後有"尋被誅死"四字。

峻才疏位重，輕躁寡謀，聽人穿鼻，既國權在手，而射利者曲爲指畫，乃啗餌虎臣，離間親舊，加以善則稱己，無禮於君，欲求無罪，其可得乎！[1]《永樂大典》卷一萬八千一百三十三。[2]

[1]"峻才疏位重"至"其可得乎"：《通鑑》卷二九四顯德六年（959）六月條："（周世宗）常言太祖養成王峻、王殷之惡，致

君臣之分不終，故群臣有過則面質責之，服則赦之，有功則厚賞之。”又，《宋史》卷二七〇《劇可久傳》：“周廣順初，改太僕卿，復爲大理卿。會鄭州民李思美妻詣御史臺，訴夫私鬻鹽，罪不至死，判官楊瑛置以大辟。有司攝治瑛，瑛具伏。可久斷瑛失入，減三等，徒二年半。宰相王峻欲殺瑛，召可久謂之曰：‘死者不可復生，瑛枉殺人，其可恕耶？’可久執議益堅，瑛得免死。”《宋本册府》卷六〇八《學校部·讎嫉門》：“周樊倫爲國子司業。太祖廣順末，尚書左丞田敏判國子監，獻印板九經書流行。而儒官素多是非，倫乃掇拾舛誤，訟於執政。又言敏擅用賣書錢千萬，請下吏訊詰。樞密使王峻素聞敏大儒，佐佑之，密訊其事，搆致無狀。然其書至今是非未息。”《新五代史》卷五〇《王峻傳》：“峻已被黜，太祖以峻監修國史，意其所書不實，因召史官取日曆讀之，史官以禁中事非外所知，懼以漏落得罪。峻貶後，李穀監修，因請命近臣錄禁中事付史館，乃命樞密直學士就樞密院錄送史館，自此始。”此三事難考具體時日，兹録之於傳末。

[2]《大典》卷一八一三三“將”字韻“後周將（二）”事目。又，“以前事趙巖”至“太祖頷之而已”及“初峻降制除青州”至“其可得乎”兩段，載於《大典》卷六八五一“王”字韻“姓氏（三六）”事目，此卷現存。

慕容彦超[1]　附閻弘魯　崔周度

[1]《輯本舊史》之案語：“案：《慕容彦超傳》，《永樂大典》僅存三條，今補録《册府元龜》一條，以存大概。”《輯本舊史》所録《大典》三條，其中一條疑出自《册府》，另兩條當係《舊史》原文；今另據《御覽》《折獄龜鑑》所引輯録三條《舊史》原文，並以《册府》《新五代史》《通鑑》諸書補其殘缺。

慕容彦超，吐渾部人也。父亮，以彦超貴，累贈至三師。彦超即漢高祖之同産弟也，嘗冒姓閻氏，體黑面胡，故謂之閻崑崙。[1]

[1]吐渾部：亦稱吐谷渾部。部族名。源出鮮卑，後游牧於今甘肅、青海一帶。參見周偉洲編著《吐谷渾資料輯錄》（增訂本），商務印書館 2017 年版。　亮：人名。即慕容亮。事迹不詳。“慕容彦超”至“故謂之閻崑崙”：《御覽》卷三八二《人事部·醜丈夫門》引《周史》。“面胡”，《宋本册府》卷八三五《總錄部·醜陋門》作“胡面”。《通鑑》卷二八四開運二年（945）正月壬子條：“彦超本吐谷渾也，與劉知遠同母。”

起家事唐明宗爲小豎，明宗即位，補供奉官。幼習騎射，既居近職，監臨奉使，熟於軍旅，稍遷軍職，漸至列校。[1]

[1]唐明宗：即五代後唐明宗李嗣源。沙陀部人。原名邈佶烈，李克用養子。926 年至 933 年在位。紀見本書卷三五至卷四四、《新五代史》卷六。　列校：指代諸校或校尉。　“起家事唐明宗爲小豎”至“漸至列校”：《宋本册府》卷八四六《總錄部·善射門》。《新五代史》卷五三《慕容彦超傳》：“少事唐明宗爲軍校，累遷刺史。”

晋天福中，累授磁、單、濮、棣等州刺史。[1]志性輕脱，人面獸心，沿法爲姦，是爲常態。用酷虐爲氣勢，以陰狡爲聰明，故所至以貪苛聞，執事者不勝其苦。然搜摘盗賊，必窮隱伏，凶黠之輩，竄奔他境；而良善之民，橫遭詿誤，破家陷獄者，不可勝紀。[2]爲濮州刺史，違法配斂，貸官麥造麴，俵配部民。及移典棣州，爲濮民所訟。詔下御史臺獄，彥超伏罪。漢祖鎮并門，[3]上章救解，朝廷不得已，曲法減死，配流房州。[4]

[1]天福：五代後晉高祖石敬瑭年號（936—942）。出帝石重貴沿用至九年（944）。後漢高祖劉知遠繼位後沿用一年，稱天福十二年（947）。　磁：州名。治所在今河北磁縣。　單：州名。治所在今山東單縣。　濮：州名。治所在今山東鄄城縣。　棣：州名。治所在今山東惠民縣。

[2]“晉天福中”至“不可勝紀”：《宋本册府》卷六九七《牧守部·酷虐門》。《新五代史》卷五三《慕容彥超傳》：“唐、晉之間，歷磁、單、濮、棣四州。”《宋本册府》卷六七八《牧守部·興利門》：“慕容彥超爲磁州刺史，地饒水田，則西門豹、史起所理漳滏十二磴之遺跡也。時以郡邑薦饑，溝渠堙塞，彥超日引己之親僕及郡衙散卒，出俸錢以給其食，自旦及夕，親令開鑿，期歲之間，民獲其惠。及以政聞於朝，遷領單州，百姓遮留於路。彥超始以代者未至，營渠不息。左右勸而止之，彥超曰：‘有未成功處與成之，何頓輟而不終其志也。’聞者嘉之。”《通鑑》卷二八四開運二年（945）正月壬子條：“契丹寇邢、洺、磁三州，殺掠殆盡，入鄴都境。壬子，張從恩、馬全節、安審琦悉以行營兵數萬，陳於相州安陽水之南。皇甫遇與濮州刺史慕容彥超將數千騎前覘契丹，至鄴縣，將渡漳水，遇契丹數萬，遇等且戰且却；至榆林店，契丹大至，二將謀曰：‘吾屬今走，死無遺矣！’乃止，布陳，自午至未，力戰百餘合，相殺傷甚衆……俄而契丹繼出新兵來戰，二將曰：‘吾屬勢不可走，以死報國耳。’日且暮，安陽諸將怪覘兵不還……有一騎白遇等爲虜數萬所圍；審琦即引騎兵出……蹂水而進。契丹望見塵起，即解去。遇等乃得還，與諸將俱歸相州，軍中

皆服二將之勇。"

　　[3]并門：指并州。位於今山西太原市。

　　[4]房州：州名。治所在今湖北房縣。　　"爲濮州刺史"至"配流房州"：《宋本册府》卷六九九《牧守部·譴讓門》。《輯本舊史》卷八四《晋少帝紀四》開運三年八月甲戌條："棣州刺史慕容彦超削奪在身官爵，房州安置，坐前任濮州擅出省倉麥及私賣官麴，準法處死，太原節度使劉知遠上表救之，故貸其死。"《通鑑》卷二八五開運三年八月甲戌條："濮州刺史慕容彦超坐違法科斂，擅取官麥五百斛造麴，賦與部民。李彦韜素與彦超有隙，發其事，罪應死。彦韜趣馮玉使殺之，劉知遠上表論救。李崧曰：'如彦超之罪，今天下藩侯皆有之。若盡其法，恐人人不自安。'甲戌，敕免彦超死，削官爵，流房州。"

　　漢祖即位，授澶州節度使、檢校太尉。[1]杜重威叛於鄴下，以鄆州節度使高行周爲行營都部署，[2]彦超爲副。兵至城下，二帥不協，杜重威之子婦即行周之息女也，行周用兵持重，彦超舉措輕躁，彦超欲速於攻城，行周以爲未可。彦超乃揚言，稱行周以愛女之故惜賊而不攻，行周忿之。漢祖聞其事，懼有他變，以是親征。及車駕至鄴，彦超數因事凌迫行周。行周不勝其憾，嘗一日至於行宮幕次，雨泣告於執政，又自掬糞茹於口中，聲氣甚厲，聞於御座。漢祖深知彦超之曲，遣近臣和解行周，亦召彦超於帳中責之，兼令首過於行周，行周稍解。[3]時彦超獨排群議，累請攻城。漢祖信之，乃親督諸軍四面齊進，損傷者萬餘人，死者千餘人。衆議無不歸罪於彦超，自是不復敢言攻城矣。[4]

[1]檢校太尉：官名。爲散官或加官，以示恩寵，無實際執掌。

[2]杜重威：人名。朔州（今山西朔州市朔城區）人。五代後晉重要軍政官員。傳見本書卷一〇九、《新五代史》卷五二。 鄴下：地名。鄴城的別稱。位於今河北臨漳縣西南鄴鎮。 鄆州：州名。治所在今山東東平縣。 高行周：人名。嬀州懷戎（今河北懷來縣）人。五代後唐至後周將領。傳見本書卷一二三、《新五代史》卷四八。

[3]"漢祖即位"至"行周稍解"：《御覽》卷三一八《兵部·攻圍門下》引《五代周史》。亦見《宋本册府》卷四五六《將帥部·不和門》。"又自掬糞茹於口中"，"茹"原作"茄"，據《宋本册府》卷四五六改。另，《册府》所引文字稍詳，且"杜重威"作"杜重暉"（當係避周太祖郭威諱改），"聞於御座"作"聞於至尊"，知其出自《周太祖實録》；而《御覽》所引，應爲《舊史》原文。《新五代史》卷五三《慕容彦超傳》："契丹滅晉，漢高祖起太原，彦超自流所逃歸漢，拜鎮寧軍節度使。"《輯本舊史》卷九九《漢高祖紀上》天福十二年（947）四月甲戌條："以前棣州刺史慕容彦超爲澶州節度使、檢校太保。"澶州爲鎮寧軍節度使治所。

[4]"時彦超獨排群議"至"自是不復敢言攻城矣"：《御覽》卷三一八《兵部·攻圍門下》引《五代周史》。亦見《宋本册府》卷四四五《將帥部·無謀門》，文字頗有異同，且《册府》有"從高祖圍杜重暉於鄴下"之語，益證《御覽》所引爲《舊史》原文。

後重威出降，高祖以行周爲天雄軍節度使，行周辭不敢受，高祖遣蘇逢吉諭之曰："吾當爲爾徙彦超。"行周乃受。[1]徙彦超爲天平節度使。[2]

[1]天雄軍：方鎮名。治所在魏州（今河北大名縣）。 蘇逢吉：人名。長安（今陝西西安市）人。五代後漢宰相。傳見本書卷

一〇八、《新五代史》卷三〇。 "後重威出降"至"行周乃受"：《新五代史》卷五三《慕容彦超傳》。

[2]天平：方鎮名。治所在鄆州（今山東東平縣）。 徙彦超爲天平節度使：《通鑑》卷二八七天福十二年（947）十一月己卯條。《新五代史》卷五三《慕容彦超傳》誤作"而彦超徙鎮泰寧"。《輯本舊史》卷一〇〇《漢高祖紀下》天福十二年十一月己卯條："以澶州節度使慕容彦超爲鄆州節度使、同平章事。"鄆州爲天平軍節度使治所。

彦超爲鄆帥日，置庫質錢。有姦民以僞銀二鋌質錢十萬，主吏久之乃覺。彦超陰教主吏夜穴庫牆，盡徙其金帛於他所，而以盜告。彦超即牓于市，使民自占所質以償之，民皆爭以所質物自言。已而得質僞銀者，執之服罪。[1]

[1]"彦超爲鄆帥日"至"執之服罪"：《折獄龜鑑》卷七《譎盜門》引《五代書》本傳。

乾祐中，以關中平，加侍中。[1]遇隱帝誕辰，入朝。以在鎮不法，爲執政所責，尋授兗州節度使。[2]

[1]乾祐：後漢高祖劉知遠、隱帝劉承祐年號（948—950）。北漢亦用此年號。 關中：秦都咸陽（今陝西咸陽市東北），漢都長安（今陝西西安市西北），均在函谷關以西，因稱函谷關以西爲關中。 侍中：官名。秦始置。係列侯以下至郎中之加官，無定員，本丞相史（屬員），以其往來東廂奏事，故名。隋、唐前期爲門下省長官。唐後期多爲大臣加銜，不參與政務，實際職務由門下

侍郎執行。正二品。

[2]“乾祐中”至“尋授兗州節度使”：明本《冊府》卷四五〇《將帥部·譴讓門》。《輯本舊史》卷一〇三《漢隱帝紀下》乾祐三年（950）三月甲子條：“鄆州慕容彥超移鎮兗州。”《輯本舊史》於傳末引《五代史補》：“慕容彥超素有鉤距。兗州有盜者，詐爲大官從人，跨驢于衢中，市羅十餘疋，價值既定，引物主詣一宅門，以驢付之，曰：‘此本宅使，汝且在此，吾爲汝上白于主以請值。’物主許之。既而聲跡悄然，物主怒其不出，叩門呼之，則空宅也。於是連叫‘賊’，巡司至，疑其詐，兼以驢收之詣府。彥超憫之，且曰：‘勿憂，吾爲汝擒此賊。’乃留物主府中，復戒厰卒高繫其驢，通宵不與水草，然後密召親信者，牽於通衢中放之，且曰：‘此盜者之驢耳，自昨日不與水草，其饑渴者甚矣，放之必奔歸家，但可躡蹤而觀之，盜無不獲也。’親信者如其言隨之，其驢果入一小巷，轉數曲，忽有兒戲於門側，視其驢，連呼曰：‘驢歸，驢歸。’盜者聞之，欣然出視，遂擒之。”見《五代史補》卷四慕容彥超擒盜條。

彥超鎮兗州，漢隱帝欲殺周太祖，召彥超，方食，釋匕箸而就道。周兵犯京師，隱帝出勞軍，太后使彥超衛帝，彥超曰：“北兵何能爲，當於陣上唱坐使歸營。”彥超敗，奔兗，隱帝遇弒。[1]《永樂大典》卷一萬七千三百八十三。[2]

[1]太后：即五代後漢高祖劉知遠皇后。隱帝之母。晉陽（今山西太原市）人。傳見《新五代史》卷一八。　“彥超鎮兗州”至“隱帝遇弒”：《新五代史》卷五三《慕容彥超傳》：“隱帝已殺史弘肇等，又遣人之魏殺周太祖及王峻等，懼事不果，召諸將入衛京師。使者至兗，彥超方食，釋匕箸而就道。周兵犯京師，開封尹

侯益謂隱帝曰：‘北兵之來，其家屬皆在京師，宜閉門以挫其銳，遣其妻子登陴以招北兵，可使解甲。’彥超誚益曰：‘益老矣！此懦夫之計也。’隱帝乃遣彥超副益，將兵于北郊。”《御覽》卷九四五《蟲豸部·蠛蠓門》引《漢實錄》：“周太祖軍至北郊，時慕容彥超自負沉勇，謂上曰：‘北來都將臣盡諳知，以臣觀之，蜉蝣蠛蠓耳。’”《輯本舊史》卷一〇三《漢隱帝紀下》乾祐三年（950）十一月條：“壬午，鄴軍至封丘。慕容彥超自鎮馳至，帝遂以軍旅之事委之。彥超謂帝曰：‘陛下勿憂，臣當生致其魁首。’彥超退，見聶文進，詢北來兵數及將校名氏，文進告之。彥超懼，曰：‘大是劇賊，不宜輕耳！’又遣袁羲、劉重進、王知則等出師，以繼前軍。慕容彥超以大軍駐於七里郊，掘塹以自衛，都下率坊市出酒食以餉軍。癸未，車駕勞軍，即日還宮。翌日，慕容彥超揚言曰：‘官家宮中無事，明日再出，觀臣破賊。’甲申，車駕復出，幸七里店軍營。王師陣於劉子陂，與鄴軍相望……彥超輕脫，先擊北軍，郭威命何福進、王彥超、李筠等大合騎以乘之。彥超退却，死者百餘人，於是諸軍奪氣，稍稍奔於北軍。吳虔裕、張彥超等相繼而去，慕容彥超以部下十數騎奔兗州。”

[2]《大典》卷一七三八三“道”字韻“地理事韻（二）”事目。按，《輯本舊史》卷一五〇《郡縣志》據《大典》卷一七三八二輯錄一則文字，其內容爲十道區劃，《大典》該卷係“道”字韻“地理事韻（一）”事目，可推知“地理事韻”下所錄內容應與地理郡縣有關。本傳“彥超鎮兗州”至“隱帝遇弒”一則，其內容與地理郡縣無涉，疑清輯本所注《大典》出處有誤。

　　周太祖入立，彥超不自安。[1]遣使入貢，帝慮其疑懼，賜詔慰安之，曰：“令兄事已至此，言不欲繁，望弟扶持，同安億兆。”[2]又遣翰林學士魚崇諒往慰諭之，彥超心益疑懼。[3]聞徐州平，疑懼愈甚。乃招納亡命，

畜聚薪糧，潛以書結北漢，吏獲其書以聞。又遣人詐爲
商人求援於唐。帝遣通事舍人鄭好謙就中慰諭，與之爲
誓。彥超益不自安，屢遣都押牙鄭麟詣闕，僞輸誠款，
實覘機事。[4]

[1]周太祖入立，彥超不自安：《新五代史》卷五三《慕容彥
超傳》。

[2]"遣使入貢"至"同安億兆"：《通鑑》卷二九〇廣順元年
正月條。"令兄"，原作"令兄"，據胡注引《薛史》改。胡注：
"漢祖，慕容彥超之兄也。'令兄'，《薛史》作'令兄'，當從之。"
可知《舊史》本傳有周太祖賜詔事，且原文有"令兄"二字。《新
五代史》卷五三《慕容彥超傳》："數有所獻，太祖報以玉帶，又賜
詔書安慰之，呼彥超爲弟而不名。"

[3]魚崇諒：人名。其先楚州山陽（今江蘇淮安市淮安區）
人，後徙於陝。五代、宋初官員。傳見《宋史》卷二六九。《新五
代史》作"魯崇諒"。　又遣翰林學士魚崇諒往慰諭之，彥超心益
疑懼：《新五代史》卷五三《慕容彥超傳》。《輯本舊史》卷一一〇
《周太祖紀一》廣順元年（951）正月己卯條："兗州慕容彥超加兼
中書令。"《通鑑》卷二九〇廣順元年三月壬戌條："詔加泰寧節度
使慕容彥超中書令，遣翰林學士魚崇諒詣兗州諭指。崇諒，即崇遠
也。彥超上表謝。三月，壬戌朔，詔報之曰：'向以前朝失德，少
主用讒，倉猝之間，召卿赴闕，卿即奔馳應命，信宿至京，救國難
而不顧身，聞君召而不俟駕；以至天亡漢祚，兵散梁郊，降將敗
軍，相繼而至，卿即便回馬首，徑反龜陰；爲主爲時，有終有始。
所謂危亂見忠臣之節，疾風知勁草之心，若使爲臣者皆能如兹，則
有國者誰不欲用！所言朕潛龍河朔之際，平難浚郊之時，緣不奉示
喻之言，亦不得差人至行闕。且事主之道，何必如斯！若或二三於
漢朝，又安肯忠信於周室！以此爲懼，不亦過乎！卿但悉力推心，

安民體國，事朕之節，如事故君，不惟黎庶獲安，抑亦社稷是賴。但堅表率，未議替移。由衷之誠，言盡於此。'"

　　[4]通事舍人：官名。東晉始置。唐代爲中書省屬官，全稱中書通事舍人。掌殿前承宣通奏。從六品上。　鄭好謙：人名。籍貫不詳。事見《宋史》卷二五四。　都押牙：官名。"押牙"即"押衙"。唐、五代時期節度使辟署的屬官，有稱左、右都押衙或都押衙者。掌領方鎮儀仗侍衛、統率軍隊。參見劉安志《唐五代押牙（衙）考略》，武漢大學歷史系魏晉南北朝隋唐史研究室編《魏晉南北朝隋唐史資料》第 16 輯，武漢大學出版社 1998 年版。　鄭麟：人名。籍貫不詳。五代後唐方鎮官員。事見《新五代史》卷五三。　"聞徐州平"至"實覘機事"：《通鑑》卷二九〇廣順元年十二月丙申條。按，《新五代史》卷五三《慕容彦超傳》所述據兗叛周始末，前後次序多有錯亂，故相關事迹多採《通鑑》補輯，下同。《通鑑》卷二九〇廣順元年三月癸酉條："王彦超奏克徐州，殺鞏廷美等。"

　　彦超進呈鄆州節度使高行周來書，其書意即行周毀讟太祖結連彦超之意。帝覽之，笑曰："此必是彦超之詐也。"試令驗之，果然。其鄆州印元有缺，文不相接，其僞印即無闕處，帝尋令齎書示諭行周，行周上表謝恩。[1]《永樂大典》卷一萬八千四百十七。

　　[1]"彦超進呈鄆州節度使高行周來書"至"行周上表謝恩"：據《輯本舊史》所注，本條録自《大典》卷一八四一七，爲"謗"字韻，然文中無"謗"字。檢《宋本册府》，卷一四九《帝王部·辨謗門》亦録此條，文字全同。故此條當係《大典》録自《宋本册府》，清輯本誤以爲出自《舊史》，因《大典》卷一八四一七已佚，未詳其所注引書爲何，仍保留清輯本此條文字。"彦超進呈鄆

州節度使高行周來書”，其前原有“周太祖時”四字，係“條前語”性質，今删之。“其僞印即無闕處”，中華書局本有校勘記：“‘僞’，原作‘爲’，據彭校、《册府》卷一四九改。”《新五代史》卷五三《慕容彦超傳》：“又爲高行周所與書以進，其辭皆指斥周過失，若欲共反者。太祖驗其印文僞，以書示行周。”《通鑑》卷二九〇廣順元年（951）十二月丙申條：“又獻天平節度使高行周書，其言皆謗毀朝廷與彦超相結之意，帝笑曰：‘此彦超之詐也！’以書示行周，行周上表謝恩。既而彦超反跡益露，丙申，遣閤門使張凝將兵赴鄆州巡檢以備之。”

　　彦超奏請入朝，帝知其詐，即許之。既而復稱境内多盜，未敢離鎮。[1]發鄉兵入城，引泗水注壕中，爲戰守之備；又多以旗幟授諸鎮將，令募群盜，剽掠鄰境，所在奏其反狀。[2]太祖乃遣侍衛步軍指揮使曹英、客省使向訓討之，彦超閉城自守。[3]

　　[1]“彦超奏請入朝”至“未敢離鎮”：《通鑑》卷二九〇廣順元年（951）十二月條。《輯本舊史》卷一一二《周太祖紀三》廣順元年十二月乙未條：“兗州慕容彦超上言，乞朝覲，詔允之。尋稱部内草寇起，不敢離鎮。”

　　[2]泗水：水名。位於山東省中部。源出山東泗水縣東蒙山南麓，古入淮河，今入運河。爲淮河下游第一大支流。　　“發鄉兵入城”至“所在奏其反狀”：《通鑑》卷二九〇廣順二年正月甲子條。《輯本舊史》卷一一二周太祖紀三廣順元年十二月戊申條：“鄆州奏，慕容彦超據城反。”

　　[3]“太祖乃遣侍衛步軍指揮使曹英”至“彦超閉城自守”：《新五代史》卷五三《慕容彦超傳》。《輯本舊史》卷一一二《周太祖紀三》廣順二年正月甲子條：“以侍衛步軍都指揮使曹英爲兗州

行營都部署，以齊州防禦使史延韜爲副部署，以皇城使向訓爲兵馬都監，陳州防禦使藥元福爲馬步都虞候，率兵討慕容彥超。”向訓從討慕容彥超時之官職，《輯本舊史》卷一三〇《王峻傳》亦稱客省使，而《通鑑》卷二九〇廣順二年正月條、《宋史》卷二五五《向拱傳》稱皇城使。明本《册府》卷一六七《帝王部・招懷門五》：“廣順二年正月，賜兗州慕容彥超詔曰：‘朕與卿久敘兄弟，比無嫌隙，自前歲奔逃之後，尋時慰納如初，察憂疑則推以赤心，邀信誓則指之白日。留男不歸，大職欲己，只在舊藩，動必依從，斷無疑阻，何故執心不定，率意而行？聚草寇于城中，修戰具于衙內，發言不遜，舉事無嘗。差遣元隨主持鎮務，恣令殘害，任便誅求，率配之名，三四十件，搶拾事力，贍養姦兇，一境生靈，不勝其苦。南則結連淮寇，北則勾喚劉崇。早者差都押牙鄭麟口奏敷陳，乞移藩闑。朕推心嘉納，回詔允俞。昨上表請赴闕廷，朕亦一從卿意。復成欺侮，翻有指名。兼更僞詐鄆州書題，點染齊王勳德，且非奇計，何必如斯？近者東面諸侯相繼奏報，稱卿差點管內人户團並義營，欲議發軍攻取鄰道，衆情不服，闔境波逃，其百姓皆并力同心，殺却元隨鎮將，例各將家迴避，散投外界潛藏，或則保聚山林，就便構置寨栅，懼卿挾讎屠害，不保朝昏，懸望官軍救護爲主。朕爲人父母，能不痛心？弔伐之行，蓋不獲已。今差侍衛步軍都指揮使曹英等部領馬步大軍，問卿情狀。卿若能改心知過，束身歸朝，當許全生，待之如舊。朕或違信，是謂自欺；卿若拒張，便令攻取。今更飛此詔，始末指陳，冀卿静慮深思，庶幾轉禍爲福。言盡於此，卿其圖之！’”

明年五月，太祖親征。城破，彥超夫妻皆投井死。其子繼勳率其徒五百人出奔被擒，遂滅其族。[1]

[1]繼勳：人名。即慕容繼勳。慕容彥超之子。本書僅此一見。

"明年五月"至"遂滅其族"：《新五代史》卷五三《慕容彦超傳》。《輯本舊史》卷一一二《周太祖紀三》廣順二年（952）四月癸巳條："制削奪慕容彦超在身官爵。"同年五月："庚申，車駕發京師。戊辰，至兗州城下。乙亥，收復兗州，斬慕容彦超，夷其族。"明本《冊府》卷一一八《帝王部·親征門三》："五月乙亥旦，藥元福部下兵如羊馬城，遣奏帝。帝出宮督諸軍，綟是鼓譟而進，勇奮之勢不可遏。帝遣中使至南寨，促王峻進軍迫城。峻部下軍爭登城壘，賊衆奔潰。官軍遂入，直抵牙門。慕容彦超親率其黨來抵官軍，官軍退却，緣城而出。會城北大軍已攀堞而入，彦超復結隊死戰，虎捷都指揮使杜珣、東西班都虞候薄令遷死之。少頃，城南諸軍復入，彦超勢窘，乃與妻投井而死。彦超長子繼勳與徒黨五百餘自東門奔，帝遣騎兵追之，王峻亦領親騎追及，盡殺之，生擒繼勳以獻。六師大掠城中，死者萬人，兗州平。"《輯本舊史》於傳末引《五代史補》："慕容彦超之被圍也，乘城而望，見高祖親臨矢石，其勢不可當，退而憂之，因勉其麾下曰：'汝等宜爲吾盡命，吾庫中金銀如山積，若全此城，吾盡以爲賜，汝等勿患富貴。'頃之，有卒私言曰：'我知侍中銀皆鐵胎，得之何用？'於是諸軍聞之，稍稍解體，未幾城陷。及高祖之入也，有司閱其庫藏，其間銀鐵胎者果十有七八。初，彦超嘗令人開質庫，有以鐵胎銀質錢者，經年後，庫吏始覺，遂言之於彦超。初甚怒，頃之謂吏曰：'此易致耳，汝宜僞劃庫牆，凡金銀器用曁縑帛等，速皆藏匿，仍亂撒其餘以爲賊踐後申明，吾當擒此輩矣。'庫吏如其教，於是彦超下令曰：'吾爲使長典百姓，而又不謹，遭賊劃去，其過深矣。今恐百姓疑彦超隱其物，宜令三日内各投狀，明言質物色，自當倍償之，不爾者有過。'百姓以爲然，於是投狀相繼，翼日鐵胎銀主果出。於是擒之，置之深屋中，使教部曲晝夜造，用廣府庫，此銀是也。"見《五代史補》卷五慕容彦超鐵胎銀條。另引同書卷五高祖圍兗州夢文宣王條，因所記與慕容彦超關聯不大，茲删之。又，明本《冊府》卷一六九《帝王部·納貢獻門》：廣順元年七月甲申，

“慕容彦超上章謝賜西京興教坊第一區，長男衙内指揮使繼勳遙領明州刺史，次男繼雲轉官，進絹千疋，絲三千兩，別進永壽節祝壽絹二千疋”，知彦超有子繼勳、繼雲。

先是，填星初至角、亢，占者曰：“角、亢，鄭分，兗州屬焉。”彦超即率軍府賓佐，步出州西門三十里致祭，迎於開元寺，塑像以事之，謂之“菩薩”，日至祈禱，又令民家豎黃旛以禳之。及城陷，彦超方在土星院燃香，急，乃馳去。[1]《永樂大典》卷七千八百五十八。[2]

[1]填星：又名鎮星，即土星。　角：星宿名。二十八宿中東宮蒼龍七宿的首宿。共兩星。星次屬壽星，分野主鄭地兗州。亢：星宿名。二十八宿中東宮蒼龍七宿的第二宿。共四星。星次屬壽星，分野主鄭地兗州。　鄭分：鄭地分野。鄭指春秋戰國之鄭國。　開元寺：寺名。《唐會要》卷五〇載，開元“二十六年六月一日，敕每州各以郭下定形勝觀、寺，改以開元爲額”。此處爲位於兗州的開元寺。　“先是”至“乃馳去”：“角亢鄭分”，中華書局本有校勘記：“‘亢’字原闕，據《新五代史》卷五三《慕容彦超傳》及本卷上文補。按《開元占經》卷六四：‘角、亢，鄭之分野。’”《通鑑》卷二九〇廣順二年（952）五月乙亥條：“先是，術者給彦超云：‘鎮星行至角、亢，角、亢兗州之分，其下有福。’彦超乃立祠而禱之，令民間皆立黃幡……乙亥，官軍克城，彦超方禱鎮星祠，帥衆力戰，不勝，乃焚鎮星祠，與妻赴井死。”

[2]《大典》卷七八五八“星”字韻“填星”事目。

閻弘魯者，後唐邢州節度使寶之子也。[1]寶，《唐書》有傳。弘魯事唐明宗、晋高祖，累歷事任。[2]家本

魯中，泊告疾歸里。[3]慕容彥超初臨，禮待極厚。及謀
大逆，以弘魯子希俊爲鎮寧軍節度副使在世宗幕下而惡
之。[4]聞朝廷出兵隄防，即責弘魯曰："爾教兒捍我於
朝，將覆吾族耶！"故罹其禍。

[1]邢州：州名。治所在今河北邢臺市。　寶：人名。即閻寶。
鄆州（今山東東平縣）人。五代後梁、後唐將領。傳見本書卷五
九、《新五代史》卷四四。　後唐邢州節度使寶之子也：《輯本舊
史》卷二八《唐莊宗紀二》天祐十三年（916）八月條："邢州節
度使閻寶請以城降，以忻州刺史、蕃漢副總管李存審爲邢州節度
使，以閻寶爲西南面招討使，遙領天平軍節度使。"鄆州爲天平軍
節度使治所。同書卷二九《唐莊宗紀三》天祐十九年四月己卯條：
"天平節度使閻寶卒。"閻寶仕後梁爲邢州節度使，仕後唐爲鄆州節
度使（遙領），本傳所言不確。

[2]晉高祖：即後晉高祖石敬瑭。沙陀族。五代後唐將領，後
晉開國皇帝。紀見本書卷七五至卷八〇、《新五代史》卷八。

[3]泊告疾歸里：《宋本册府》卷九三一《總錄部‧枉橫門》：
"前陝州行軍司馬閻弘魯閑居在州。"可知弘魯歸家前，曾爲陝州行
軍司馬。

[4]希俊：人名。即閻希俊。事迹不詳。本書僅此一見。　鎮
寧軍：方鎮名。治所在澶州（今河南濮陽市）。　節度副使：官名。
唐、五代方鎮屬官。位於行軍司馬之下、判官之上。

崔周度者，父光表，舉進士甲科，盧質節制橫海，
辟爲支使。[1]周度有文學，起家長蘆令，[2]登朝歷監察御
史、右補闕，[3]以家在齊州，[4]欲謀葬事，懇求外任，除
泰寧軍節度判官。[5]而性剛烈，又以嘗爲諫官，覩凶帥

之不法，不忍坐視其弊，因極言以諫彥超，[6] 故及斯禍。[7]

[1]光表：人名。即崔光表。事迹不詳。 盧質：人名。河南（今河南洛陽市）人。五代大臣。傳見本書卷九三、《新五代史》卷五六。 橫海：方鎮名。治滄州（今河北滄縣舊州鎮）。 支使：官名。唐代節度使、觀察使等屬官，位副使、判官之下，推官之上。掌表奏書檄等。 "父光表" 至 "辟爲支使"：《安陽集》卷五○《故尚書工部侍郎致仕贈工部尚書崔公（立）行狀》："本貫開封府鄢陵縣儀鳳鄉鳳凰里……曾祖諱光表，清河大房休之後十二世孫也，後唐同光初舉進士，爲天下第一，終右補闕、直史館。"

[2]長蘆：縣名。治所在今河北滄州市。 令：官名。爲縣的行政長官，掌治本縣。唐代之縣，分赤（京）、次赤、畿、次畿、望、緊、上、中、中下、下十等。縣令分六等，正五品上至從七品下。 起家長蘆令：《輯本舊史》之影庫本粘籤："長蘆，原本作'中蘆'，今從《歐陽史》改正。"《新五代史》卷六○《職方考》："滄州長蘆，乾符，周廢入清池。"

[3]監察御史：官名。唐代屬御史臺之察院，掌監察中央機構、州縣長官及祭祀、庫藏、軍旅等事。唐中期以後，亦作爲外官所帶之銜。正八品下。 右補闕：官名。唐代諫官。武則天時始置。分爲左右，左補闕隸於門下省，右補闕隸於中書省。掌規諫諷諭，大事可以廷議，小事則上封奏。從七品上。

[4]齊州：州名。治所在今山東濟南市。

[5]泰寧軍：方鎮名。治所在兗州（今山東濟寧市兗州區）。節度判官：官名。唐末、五代藩鎮僚佐，位行軍司馬下。

[6]因極言以諫彥超：《通鑑》卷二九○廣順二年（952）正月條："初，彥超將反，判官崔周度諫曰：'魯，《詩》《書》之國，自伯禽以來，不能霸諸侯，然以禮義守之，可以長世。公於國家非有

私憾，胡爲自疑！況主上開諭勤至，苟撤備歸誠，則坐享太山之安矣。獨不見杜中令、安襄陽、李河中竟何所成乎！'彥超怒。"又，"公於國家非有私憾"至"則坐享太山之安矣"，《新五代史》卷五三《慕容彥超傳》作"今公英武，一代之豪傑也，若量力相時而動，可以保富貴終身"。

[7]故及斯禍：《宋本冊府》卷九三一《總録部·枉橫門》："周崔周度爲青州（當作'兗州'）慕容彥超判官，性儒緩而敢言事。彥超拒命，周度直言諫之，彥超大忿。及城中括率，械繫笞掠，比户銜冤。前陝州行軍司馬閻弘魯閑居在州，懼其鞭朴，盡以家財爲餉。彥超以弘魯所餉未盡，又欲崔周度得罪，乃令周度監括其家。周度謂弘魯曰：'公命之吉凶，繫財之豐約，願無所吝。'弘魯令家僮呂暉與周度搜索斸掘，無孑遺矣。彥超又令牙將鄭麟持刃訊之，弘魯惶迫，拜其妻妾曰：'願盡所有輸官。'家人告罄。周度白彥超曰：'閻行軍泣拜妻孥，恐輸財不盡，此情可恕。'彥超不之信，弘魯夫婦並繫於獄。乳母趙氏於泥土中得金纏臂輸之，望救弘魯。彥超怒周度阿私，令軍將趙質切責，便令自行杖笞弘魯夫婦，以至肉爛而死，即斬周度於市。"亦見明本《冊府》卷四四八《將帥部·殘酷門》、《新五代史》卷五三《慕容彥超傳》、《通鑑》卷二九〇廣順二年正月條。

太祖平兗州，詔曰："閻弘魯、崔周度，死義之臣，禮加二等，所以滲漏澤而賁黃泉也。爾等貞節昭彰，正容肅厲，以從順爲己任，以立義作身謀，履此禍機，併罹冤橫，宜伸贈典，以慰貞魂。弘魯可贈左驍衛大將軍，周度可贈祕書少監。"[1]《永樂大典》卷九千八百二。[2]

[1]左驍衛大將軍：官名。唐置，掌宮禁宿衛。唐代十六衛之一，正三品。　　祕書少監：官名。唐承隋制，置秘書省，設秘書少

監二人協助秘書監工作。從四品上。　周度可贈祕書少監：《安陽集》卷五〇《故尚書工部侍郎致仕贈工部尚書崔公（立）行狀》："（崔周度子）汝礪，以父死節，尚幼，朝廷欲優其廩給，乃以爲左班殿直。後以家世儒者，恥從武弁之列，遂棄官歸鄢陵，安處先廬，不以榮利爲意。"

［2］《大典》卷九八〇二"閻"字韻"姓氏（一）"事目。

舊五代史　卷一三一

周書二十二

列傳第十一[1]

[1] 按，本卷末無史論。

劉暉

劉暉，[1] 字克明，晋丞相譙國公昫之弟也。[2] 昫，《晋書》有傳。暉少離鄉里，唐天祐中，[3] 梁將劉鄩襲太原，[4] 軍至樂平，[5] 時暉客於縣舍，爲鄩軍所俘。謝彦章見之，[6] 知其儒者，待之以禮，謂其鄉人劉去非曰：“爲君得一宗人。”[7] 即令暉見之，去非詢其爵里，乃親族也，對泣久之，自是隨去非客於彦章門下。彦章得罪，去非爲鄆州刺史，[8] 暉隨之郡。

[1] 劉暉：中華書局本有校勘記：“原作‘劉暐’，據殿本、孔本改。影庫本批校：‘“暉”字疑應從日旁，與“昫”同。’梁漢顒墓誌（拓本刊洛陽市文物工作隊編《洛陽出土歷代墓誌輯繩》，中

國社會科學出版社 1991 年版）署‘門吏中大夫守秘書少監柱國賜紫金魚袋劉暐撰’。本書各處同。”《新五代史》卷五五《劉昫傳》：“昫爲人美風儀，與其兄暄、弟暐，皆以好學知名燕、薊之間。”正從日旁。下文均改“皞”爲“暐”，不一一出校。

［2］丞相：官名。秦漢始置，爲百官之長，輔佐皇帝綜理全國事務。　昫：人名。即劉昫。涿州歸義（今河北容城縣）人。五代大臣，曾任宰相、監修國史，領銜撰進《舊唐書》。傳見本書卷八九、《新五代史》卷五五。

［3］天祐：唐昭宗李曄開始使用的年號（904—907）。唐哀帝李柷沿用。唐亡後，河東李克用、李存勖仍稱天祐，沿用至天祐二十年（923）。五代十國其他政權亦有行此年號者，如南吳、吳越等。

［4］劉鄩：人名。密州安丘（今山東安丘市）人。唐末、五代將領。傳見本書卷二三、《新五代史》卷二二。　太原：府名。治所在今山西太原市。　梁將劉鄩襲太原：《輯本舊史》卷二八《唐莊宗紀二》天祐十二年（貞明元年，915）七月條：“是月，劉鄩潛師由黄澤西趨晉陽，至樂平而還，遂軍於宗城。”

［5］樂平：縣名。治所在今山西昔陽縣。

［6］謝彦章：人名。許州（今河南許昌市）人。後梁將領。傳見本書卷一六、《新五代史》卷二三。

［7］劉去非：人名。後改名“王保義”。幽州（今北京市）人。後梁將領。梁亡，歸附荆南高季興，遂改易姓名。爲荆南國主要謀臣，受到季興父子信任。事見本書卷一三三。

［8］郢州：州名。治所在今湖北鍾祥市。　刺史：官名。州一級行政長官。漢武帝時始置，總掌考核官吏、勸課農桑、地方教化等事。唐中期以後，節度使、觀察使轄州而設，刺史爲其屬官，職任漸輕。從三品至正四品下。　去非爲郢州刺史：《輯本舊史》之影庫本粘籤：“郢州，原本作‘因州’，今從《册府元龜》改正。”檢《册府》，未見劉去非爲郢州刺史之記載。《輯本舊史》卷九

《梁末帝紀中》貞明四年八月乙丑條："以左驍衛將軍劉去非爲郢州刺史。"劉去非即王保義，《輯本舊史》卷一三三《高從誨傳》中存其附傳。

莊宗平河洛,[1] 去非以嘗從劉守奇歸梁,[2] 深懼獲罪，乃棄郡投高季興於荊南,[3] 暆累爲荊州攝官。[4] 既而兄昫明宗朝爲學士,[5] 遣人召歸。梁漢顒鎮鄧州，辟爲從事,[6] 入爲監察御史，歷水部員外郎、史館修撰。[7] 長興末，宰臣趙鳳鎮邢臺，表爲節度判官。[8] 清泰初，入爲起居郎,[9] 改駕部員外郎，兼侍御史知雜事。[10] 移河南少尹、兵部郎中,[11] 轉太府卿。[12] 漢祖受命，用爲宗正卿。[13] 周初，改衛尉卿。[14]

[1]莊宗：即李存勗。小字亞子，沙陀族，太原（今山西太原市）人。李克用之子。紀見本書卷二七至卷三四、《新五代史》卷四及卷五。

[2]劉守奇：人名。深州樂壽（今河北獻縣）人。唐末幽州節度使、燕王劉仁恭之子，劉守光之弟。唐末、五代將領。事見本書卷一三三。

[3]高季興：人名。原名高季昌，陝州硤石（今河南三門峽市）人。五代十國南平（荊南）開國君主。傳見本書卷一三三、《新五代史》卷六九。　荊南：方鎮名。治所在荊州（今湖北荊州市）。

[4]荊州：州名。治所在今湖北荊州市。　攝官：即兼官。五代時，州縣官多屬攝官。

[5]明宗：即李嗣源。沙陀部人。原名邈佶烈，李克用養子。五代後唐明宗，926 年至 933 年在位。紀見本書卷三五至卷四四、《新五代史》卷六。

[6]梁漢顒：人名。太原（今山西太原市）人。五代後唐將領。傳見本書卷八八。　鄧州：州名。治所在今河南鄧州市。　從事：泛指一般屬官。

[7]監察御史：官名。唐代屬御史臺之察院，掌監察中央機構、州縣長官及祭祀、庫藏、軍旅等事。唐中期以後，亦作爲外官所帶之銜。正八品下。　水部員外郎：官名。水部郎中的副職。從六品上。　史館修撰：官名。唐天寶以後，他官兼領史職者，稱史館修撰。

[8]長興：後唐明宗李嗣源年號（930—933）。　趙鳳：人名。幽州（今北京市）人。後唐明宗朝宰相。傳見本書卷六七、《新五代史》卷二八。　邢臺：此處代指安國軍，治所在邢州（今河北邢臺市）。　節度判官：官名。唐末、五代藩鎮僚佐，位行軍司馬下。

[9]清泰：五代後唐廢帝李從珂年號（934—936）。　起居郎：官名。唐代始置，屬門下省。與中書省起居舍人同掌起居注，記皇帝言行。從六品上。

[10]駕部員外郎：官名。唐代駕部郎中的副職。協助長官掌輿輦、車乘、傳驛、厩牧等事。從六品上。　侍御史知雜事：官名。唐置，以資深御史充任，總管御史臺庶務。五代沿置。　改駕部員外郎，兼侍御史知雜事：《宋本冊府》卷五四七《諫諍部・直諫門一四》："周劉皞初仕後唐，爲駕部員外郎、知雜事。"明本《冊府》卷四七六《臺省部・奏議門七》："劉皞爲駕部員外郎、知雜事，天福三年三月，上言曰：'藩侯郡牧，仗鉞分符，繫千里之慘舒，行一方之威福。自古選任，須擇賢明，近代統臨，爲酬勳績。將邦域之生聚，展將領之人情，識分者附正營私，黷貨者嚴刑廣取，諸頭剝削，多贍爪牙。自黃巢已來，僞梁之後，公署例皆隳壞，編户悉是凋殘。或不近邊陲，不屯師旅，無城郭郡邑，非控扼藩垣，試任廉能，且權嘗理，逐年屬州錢物，每季申省區分，支解有餘，罄竭供進，府庫漸足，黎庶稍蘇。縱有過愆，亦施懲責。言雖鄙近，望賜施行。'疏留中不出。"《輯本舊史》卷七七《晋高祖紀三》天福

三年（938）七月丙午條：“差左諫議大夫薛融、祕書監呂琦、駕部員外郎兼侍御史知雜事劉暤、刑部郎中司徒詡、大理正張仁璲，同共詳定唐明宗朝編敕。”

[11]河南：府名。治所在今河南洛陽市。　少尹：官名。唐、五代於三京、鳳翔等府均置少尹，爲尹的副職。協助尹通判列曹諸務。從四品下。　兵部郎中：官名。唐高祖改兵曹郎置，二人，一掌武官階品、衛府名數、校考、給告身之事；一掌軍籍、軍隊調遣名數、朝集、祿賜、告假等事。高宗、武則天、玄宗時，一度隨本部改名司戎大夫、夏官郎中、武部郎中。五代因之。從五品上。移河南少尹、兵部郎中：《會要》卷一七侍御史條：“（天福四年三月御史臺奏）尋以尚書駕部員外郎、兼侍御史知雜事劉暤爲河南少尹，自是無尚書郎知雜事者。”《宋本冊府》卷五一七《憲官部·振舉門二》同。《輯本舊史》卷一四九《職官志》作“三年三月壬戌”。天福三年七月，劉暤尚兼侍御史知雜事（見上條注釋），其爲河南少尹，應在是月之後，故當以《會要》《冊府》所載爲得其實。

[12]太府卿：官名。南朝梁始置。太府寺長官。掌國家財帛庫藏出納、關市稅收等事。從三品。　轉太府卿：《輯本舊史》卷八四《晉少帝紀四》開運三年（946）五月庚寅條：“以兵部郎中劉暤爲太府卿。”

[13]宗正卿：官名。秦始置宗正，南朝梁始有宗正卿之官。由宗室充任。掌皇族外戚屬籍。正三品。　用爲宗正卿：《輯本舊史》卷一〇一《漢隱帝紀上》乾祐元年（948）十二月壬午條：“帝被袞冕御崇元殿，授六廟寶册，正使宰臣蘇禹珪及副使太府卿劉暤赴西京行禮。”《五代會要》卷一一蝗條：“（乾祐）二年五月，博州奏，有蝗生，化爲蝶飛去。宋州奏，蝗一夕抱草而死。差官祭之。復命尚書吏部侍郎段希堯祭東岳，太府卿劉暤祭中嶽，皆慮蝗螟故也。”《輯本舊史》卷一〇二《漢隱帝紀中》乾祐二年十一月乙卯條：“以大府卿劉暤爲宗正卿。”劉暤於漢隱帝朝方爲宗正卿，本傳繫於

高祖朝，誤。

[14]衛尉卿：官名。北魏置，隋、唐、五代爲衛尉寺長官。掌供宫廷、祭祀、朝會之儀仗帷幕，通判本寺事務。從三品。　改衛尉卿：《輯本舊史》卷一〇三《漢隱帝紀下》乾祐三年十一月乙酉條："於是詔擇日舉哀，命前宗正卿劉皥主喪。"同書卷一一一《周太祖紀二》廣順元年（951）二月己未條："以前宗正卿劉皥爲衛尉卿。"同年三月壬申條："以衛尉卿劉皥充漢隱帝山陵都部署。"同書卷一〇三《漢隱帝紀下》："以其年（廣順元年）八月二日，復遣前宗正卿劉皥護靈輀，備儀仗，葬于許州陽翟縣之潁陵，祔神主于高祖之寢宫。"

　　廣順元年冬十月，稅居於東京，[1]夜夢鬼詫之曰："公於我塚上安牀，深不奉益。"皥問鬼姓氏，曰李丕文。皥曰："君言殊誤，[2]都城內豈可塚耶？"曰："塚本在野，張十八郎展城時圍入。"忽寤。又半月，復夢前鬼曰："公不相信，屈觀吾舍可乎？"即以手掊地，豁然見華第，花木叢萃，房廊雕焕，立皥於西廡。久之，見一團火如電，前來漸近，即前鬼也。引皥深入，出其孥，泣拜如有所託。皥問丕文鬼事，曰："冥司各有部屬，外不知也。"皥曰："余官何至？"再三不對，苦訊之，曰："齊王判官。"[3]皥曰："張令公爲齊王，[4]去世久矣。今鄆州高令公爲齊王，余方爲列卿，[5]豈復爲賓佐乎？"鬼曰："不知也。"皥既寤，欲掘而視之。既又告人曰：[6]"鬼雖見訴，其如吾稅舍何？"乃止。

　　[1]廣順：五代後周太祖郭威年號（951—953）。　稅居：指租賃房屋。　東京：地名。即今河南開封市。

[2]君言殊誤：中華書局本有校勘記："劉本作'君言殊誣'，孔本作'君有五通'。"

[3]判官：官名。爲長官的佐吏，協理政事，或備差遣。

[4]張令公：即張全義。後因犯諱，改名張宗奭。亦作"張言"。濮州臨濮（今山東鄄城縣）人。唐末、五代後梁、後唐將領。傳見本書卷六三、《新五代史》卷四五。

[5]鄆州：州名。治所在今山東東平縣。　高令公：即高行周。媯州懷戎（今河北懷來縣）人。五代後唐至後周將領。傳見本書卷一二三、《新五代史》卷四八。

[6]既又告人曰：中華書局本有校勘記："'既'，殿本作'既而'。'人'，殿本、孔本作'同僚'。"

　　廣順二年春，朝廷以曄爲高麗册使。[1]三月，至鄆，節度使高行周以曄嗜酒，[2]留連累日，旦夕沉醉。其月二十三日，晨興櫛髮，狀如醉寐，男泳視之，[3]已卒矣。[4]時年六十一。其年八月，鄆帥齊王高行周亦夢鬼請齊王判官，得無是乎！曄從儒學，好聚書，嗜酒無儀檢，然衷抱無他，急於行義，士友以此多之。《永樂大典》卷九千九十八。[5]

　　[1]高麗：古國名。一爲高句麗。故地位於今中國東北地區及朝鮮半島北部。一爲王氏高麗。918 年，後三國（即朝鮮新羅、後百濟、泰封）之一泰封國武將王建推翻其統治者弓裔，稱王，改國號高麗，都開京（今朝鮮開城）。漸合併新羅、後百濟，重新統一朝鮮半島。參見〔朝〕鄭麟趾等《高麗史》，西南師範大學出版社 2014 年版；楊軍《高句麗民族與國家的形成和演變》，中國社會科學出版社 2006 年版。　册使：即册禮使。官名。舉行册封典禮時

臨時設置的官職，冊封儀式結束即罷。

［2］節度使：官名。唐時在重要地區所設掌握一州或數州軍事、民事、財政的長官。

［3］泳：人名。即劉泳。事迹不詳。

［4］“廣順二年春”至“已卒矣”：《舊五代史考異》：“案《太平廣記》云：銜命使吳越，路由鄆州，卒于郵亭。”見《太平廣記》卷三一四《神二四》劉暐條。《輯本舊史》卷一一二《周太祖紀三》廣順二年（952）四月甲午（初九）條：“高麗國冊使、衛尉卿劉暐卒。”與本傳異。

［5］《大典》卷九〇九八“劉”字韻“姓氏（二六）”事目。

張沇

張沇，字太元，徐州人。[1]父嚴，本州牙將。[2]沇少力學，攻詞賦，登進士第。[3]唐明宗子秦王好文，[4]然童年疏率，動不由禮。每賓僚大集，手自出題，令面前賦詩，少不如意，則壞裂抵棄。沇初以刺謁，秦王屬合座客各爲《南湖廳記》，[5]因謂沇曰：“聞生名久矣，請爲此文。”沇不獲已，從之。及群士《記》成，獨取沇所爲勒之於石，繇是署爲河南府巡官。[6]秦王敗，勒歸鄉里。[7]

［1］徐州：州名。治所在今江蘇徐州市。

［2］嚴：人名。即張嚴。事迹不詳。　牙將：官名。古代軍隊中的中低級軍官。

［3］登進士第：《宋本冊府》卷七一八《幕府部・才學門》：“周張沇，後唐明宗朝擢進士第。”

[4]秦王：即李從榮。沙陀部人。後唐明宗李嗣源次子。傳見本書卷五一、《新五代史》卷一五。

[5]秦王屬合座客各爲《南湖廳記》：《輯本舊史》之影庫本粘籤：“南湖，原本作‘南澗’，今從《册府元龜》改正。”見《宋本册府》卷七一八《幕府部·才學門》、卷七二九《幕府部·辟署門四》。

[6]巡官：官名。唐代節度使、觀察使、團練使、防禦使屬官，位判官、推官下。另有營田巡官、轉運巡官、館驛巡官等名目，皆因使而置。

[7]勒歸鄉里：《輯本舊史》卷四四《唐明宗紀十》長興四年（933）十一月丁酉條：“河南府推官尹譚，六軍巡官董裔、張九思，河南府巡官張沆、李瀚、江文蔚，並勒歸田里。”

晋初，桑維翰秉政，沆以文干進，用爲著作佐郎、集賢校理，遷右拾遺。[1]維翰出鎮，奏爲記室。[2]從維翰入朝，[3]授殿中侍御史。[4]歲餘，自侍御史改祠部員外郎、知制誥，[5]召入翰林爲學士。[6]維翰罷相，馮玉用事，[7]不欲沆居禁密，改右諫議大夫，[8]罷其職。漢祖至汴，轉右常侍，復用爲學士。[9]未幾，遷工部尚書充職。[10]明年，以營奉葬事求解職，改禮部尚書。及歸朝，復爲學士。[11]太祖以沆耳疾罷職，改刑部尚書。[12]廣順二年秋，命爲故齊王高行周册贈使，復命而卒。[13]贈太子少保。[14]

[1]桑維翰：人名。洛陽（今河南洛陽市）人。初爲石敬瑭節度掌書記，石敬瑭稱帝後出任翰林學士、知樞密院事等職。傳見本書卷八九、《新五代史》卷二九。　著作佐郎：官名。簡稱著作。

魏晉始置，爲著作郎之輔，掌編修國史。唐代隸秘書省著作局，置四人，協助著作郎撰擬文字，掌理局事。從六品上。　集賢校理：官名。唐玄宗時始置。掌校理集賢殿圖籍。　右拾遺：官名。唐武則天於垂拱元年（685）置拾遺，分左、右。左拾遺隸門下省，右拾遺隸中書省，與左、右補闕共掌諷諫，大事廷議，小事則上封事。從八品上。

[2]記室：官名。東漢置，三公府至郡縣皆設此官，掌章表書記文檄等。後世因之。

[3]從維翰入朝：中華書局本有校勘記："‘維翰’，原作‘維輸’，據殿本、劉本、孔本、邵本、彭本改。"此應爲形近之訛。

[4]殿中侍御史：官名。三國魏始置。唐前期屬御史臺之殿院，掌宮門、庫藏及糾察殿庭供奉朝會儀式，及分掌左、右巡，負責京師治安、京畿軍兵。唐後期常爲外官所帶憲銜。從七品下。

[5]祠部員外郎：官名。祠部郎中的副職。從六品上。　知制誥：官名。掌起草皇帝的詔、誥之事，原爲中書舍人之職。唐開元末置學士院，翰林學士入院一年，則加知制誥銜，專掌任免宰相、册立太子、宣布征伐等特殊詔令，稱爲内制。而中書舍人所撰擬的詔敕稱爲外制。兩種官員總稱兩制。

[6]召入翰林爲學士：《輯本舊史》卷八四《晋少帝紀四》開運二年（945）六月癸酉條："祠部員外郎、知制誥張沆本官充學士。"

[7]馮玉：人名。定州（今河北定州市）人。五代後晋外戚、宰相。傳見本書卷八九、《新五代史》卷五六。

[8]右諫議大夫：官名。唐置左右諫議大夫，左屬門下省，右屬中書省。掌諫諭得失、侍從贊相。正四品下。　改右諫議大夫：《輯本舊史》卷八五《晋少帝紀五》開運三年十月乙丑條："以翰林學士、祠部員外郎、知制誥張沆爲右諫議大夫。"

[9]漢祖：即後漢高祖劉知遠。太原（今山西太原市）人。其先西突厥沙陀部人。後唐、後晋將領，後漢開國皇帝。947年至

948 年在位。紀見本書卷九九至卷一〇〇、《新五代史》卷一〇。

　　汴：州名。治所在今河南開封市。　　右常侍：官名。即右散騎常侍。中書省屬官。掌侍奉規諷，備顧問應對。正三品下。　　"漢祖至汴"至"復用爲學士"：《輯本舊史》卷一〇〇《漢高祖紀下》天福十二年（947）六月壬申條："以右諫議大夫張沆爲左散騎常侍，充翰林學士。"此言"左散騎常侍"，與本傳異。

　　[10]工部尚書：官名。尚書省工部長官。掌百工、屯田、山澤之政令。正三品。　　遷工部尚書充職：《輯本舊史》卷一〇一《漢隱帝紀上》乾祐元年（948）四月甲午條："以翰林學士、左散騎常侍張沆爲工部尚書……依前充職。"

　　[11]禮部尚書：官名。尚書省禮部長官。掌禮儀、祭享、貢舉之政。正三品。　　"明年"至"復爲學士"：《輯本舊史》卷一〇二《漢隱帝紀中》乾祐二年八月條："癸巳，以翰林學士、工部尚書張沆爲禮部尚書。沆卜葬先人，以内署無例乞假，乃上章請解職，以赴葬事，遂落職以遣之。"同年十二月戊寅條："以禮部尚書張沆復爲翰林學士。"

　　[12]刑部尚書：官名。尚書省刑部長官。掌天下刑法及徒隸、勾覆、關禁之政令。正三品。　　改刑部尚書：《輯本舊史》卷一一一《周太祖紀二》廣順元年（951）二月辛亥條："以翰林學士、禮部尚書張沆爲刑部尚書充職。"同書卷一一二《周太祖紀三》廣順二年八月甲申條："翰林學士、刑部尚書張沆落職守本官。"據《周太祖紀》，張沆先改刑部尚書，後落職，本傳所載不確。

　　[13]復命而卒：《輯本舊史》卷一一二《周太祖紀三》廣順二年十一月乙丑條："刑部尚書張沆卒。"

　　[14]太子少保：官名。與太子少傅、太子少師合稱"三少"，唐後期、五代多爲大臣、勳貴加官。從二品。

　　　沆性儒雅，好釋氏，[1] 雖久居禄位，家無餘財，死之日，圖書之外，唯使鄆之貲耳。嗣子尚幼，親友慮其耗散，上言於太祖，[2]乃令三司差人主葬，[3]餘資市邸舍，以贍其孤焉。[4]沆記覽文史，好徵求僻事，公家應用，時出一聯以炫奇筆，故不爲馮玉所重。雖有瘖疾，猶出入金門，凡五六年。漢隱帝末年，楊、史遇害，[5]翼日，沆方知之，聽猶未審，忽問同僚曰："竊聞盜殺史公，其盜獲否？"是時京師恟懼之次，聞者笑之。有士人申光遜者，[6]與沆友善，沆未病時，夢沆手出小佛塔示光遜，視其上有詩十四字云："今生不見故人面，明月高高上翠樓。"光遜既寤，心惡之，俄聞沆卒。《永樂大典》卷六千三百五十。[7]

[1]釋氏：即佛教。

[2]太祖：即後周太祖郭威。邢州堯山（今河北隆堯縣）人。五代時後周王朝的建立者。紀見本書卷一一〇至卷一一三、《新五代史》卷一一。

[3]三司：官署名。五代後唐明宗天成元年（926）合鹽鐵、度支、户部爲一職，始稱三司，爲中央最高之理財機構。

[4]餘資市邸舍，以贍其孤焉：明本《册府》卷四六二《臺省部·清儉門》"餘資市邸舍"後有"僦税"二字。

[5]漢隱帝：即劉承祐。五代後漢高祖劉知遠次子。紀見本書卷一〇一至一〇三、《新五代史》卷一〇。　楊：即楊邠。魏州冠氏（今山東冠縣）人。五代後漢時任樞密使、宰相。傳見本書卷一〇七、《新五代史》卷三〇。　史：即史弘肇。人名。鄭州滎澤（今河南鄭州市）人。五代時後漢將領。傳見本書卷一〇七、《新五代史》卷三〇。

[6]申光遜：人名。籍貫不詳。本書僅此一見。

[7]《大典》卷六三五〇"張"字韻"姓氏（二〇）"事目。

張可復

張可復，字伯恭，德州平原人也。[1]父達，累贈户部侍郎。[2]可復略通儒術，少習吏事。梁末，薄遊於魏，鄴王羅紹威表爲安陽簿。[3]唐天成初，依晋公霍彦威於青州，[4]爲從事。晋公以其滑稽好避事，目爲"姦兔兒"。長興中入朝，拜監察御史，[5]六遷至兵部郎中，賜金紫。晋天福中，自西京留守判官入爲祕書少監，改左司郎中。[6]開運中，遷左諫議大夫。[7]漢乾祐初，湘陰公鎮徐方，[8]朝行中選可以倅戎者，[9]因授武寧軍節度副使、檢校禮部尚書。[10]及世宗鎮澶淵，改鎮寧軍節度行軍司馬。[11]三年，徵拜給事中。[12]世宗嗣位，以澶淵幕府之舊，拜右散騎常侍。顯德元年秋，以疾卒，[13]年七十三。制贈户部尚書。[14]

[1]德州：州名。治所在今山東德州市陵城區。　平原：縣名。治所在今山東平原縣。

[2]達：人名。即張達。事迹不詳。　户部侍郎：官名。尚書省户部次官。協助户部尚書掌天下田户、均輸、錢穀之政令。正四品下。

[3]魏：州名。又稱鄴都。治所在今河北大名縣。　羅紹威：人名。魏州貴鄉（今河北大名縣）人。唐末軍閥。傳見本書卷一四、《新五代史》卷三九。　安陽：縣名。治所在今河南安陽市。　簿：官名。漢代以後歷朝均置。唐代京城百司和地方官署，均設主簿。管理文書簿籍，參議本署政事，爲官署中重要佐官。其官階

品秩，因官署而不同。

[4]天成：後唐明宗李嗣源年號（926—930）。 霍彥威：人名。洺州曲周（今河北曲周縣）人。五代後梁將領霍存養子。後梁、後唐將領。傳見本書卷六四、《新五代史》卷四六。 青州：州名。治所在今山東青州市。 依晉公霍彥威於青州：《輯本舊史》之影庫本粘籤：“霍彥威封晉國公，傳中稱爲‘晉公’，殊失史體，今附識於此。” 《輯本舊史》卷三七《唐明宗紀三》天成元年（926）八月乙酉條：“鄆州節度使霍彥威移鎮青州。”同書卷六四《霍彥威傳》：“册贈太師、晉國公，謚曰忠武。”

[5]拜監察御史：《宋本册府》卷六一三《刑法部·定律令門五》：“（長興二年）十二月，敕：國祚中興，皇綱再整，合頒公事，徧委群臣。先勑抄録六典法書，分爲二百四十卷，從朝至夕，自夏徂冬，御史臺官員等，或同切催驅，或遞專勘讀，校前王之舊制，布當代之明規。宜有獎酬，以勵勤恪……徐禹卿、張可復、王曉並賜緋魚袋。”

[6]天福：五代後晉高祖石敬瑭年號（936—942）。出帝石重貴沿用至九年（944）。後漢高祖劉知遠繼位後沿用一年，稱天福十二年（947）。 西京：地名。即今河南洛陽市。 留守判官：官名。留守司僚屬，分掌留守司各曹事，並協助留守通判陪都事。祕書少監：官名。唐承隋制，置秘書省，設秘書少監二人協助秘書監工作。從四品上。 左司郎中：官名。爲尚書左丞副貳，協掌尚書都省事務，監管吏、戶、禮部諸司政務。位在諸司郎中上。從五品上。

[7]開運：後晉出帝石重貴年號（944—946）。 左諫議大夫：官名。隸門下省。唐代置左、右諫議大夫各四人，分隸門下省、中書省。掌諫諭得失、侍從贊相。正四品下。

[8]乾祐：後漢高祖劉知遠、隱帝劉承祐年號（948—950）。北漢亦用此年號。 湘陰公：即劉贇。後漢宗室。後漢高祖劉知遠之姪，北漢世祖劉崇之子。傳見本書卷一〇五。 徐方：指徐州。

[9]朝行中選可以倅戎者：中華書局本有校勘記：“‘倅’，原作‘從’，據《册府》卷七一六改。”見明本《册府》卷七一六《幕府部·選任門》。

[10]武寧軍：方鎮名。治所在徐州（今江蘇徐州市）。 節度副使：官名。唐、五代方鎮屬官。位於行軍司馬之下、判官之上。

檢校禮部尚書：官名。爲散官或加官，以示恩寵，無實際執掌。

因授武寧軍節度副使、檢校禮部尚書：明本《册府》卷七一六《幕府部·選任門》。

[11]世宗：即柴榮。邢州龍岡（今河北邢臺市）人。後周太祖郭威養子，顯德元年（954）繼郭威爲帝，廟號世宗。紀見本書卷一一四至卷一一九、《新五代史》卷一二。 澶淵：地名。位於今河南濮陽市西北。 鎮寧軍：方鎮名。治所在澶州（今河南濮陽市）。 行軍司馬：官名。出征將領及節度使的屬官。掌軍籍符伍、號令印信，是藩鎮重要的軍政官員。 改鎮寧軍節度行軍司馬：《輯本舊史》卷一一四《周世宗紀一》：“廣順元年正月，太祖踐祚，帝懇求入覲，忽夢至河而不得渡，尋授澶州節度使、檢校太保，封太原郡侯。”澶州爲鎮寧軍節度使治所。

[12]給事中：官名。秦始置。隋唐以來，爲門下省屬官。掌讀署奏抄、駁正違失。正五品上。

[13]以疾卒：《輯本舊史》卷一一四《周世宗紀一》顯德元年七月戊寅條：“右散騎常侍張可復卒。”

[14]户部尚書：官名。尚書省户部長官。掌管全國土地、户籍、賦税、財政收支諸事。正三品。

可復無他才，唯以謹愿保長年，加之迂懦，多爲同列輕俊者所侮，而累階至金紫，居三品之秩，亦其命耶！《永樂大典》卷六千三百五十。[1]

[1]《大典》卷六三五〇“張”字韻“姓氏（二〇）”事目。

于德辰

于德辰，字進明，元城人也。[1]幼敏悟，篤志好學，及射策文場，數上不調。後唐明宗鎮邢州，[2]德辰往謁焉。明宗見而器之，因得假官於屬邑。後繼歷州縣，歷仕晋、漢、周，官至贈工部尚書。《永樂大典》卷三千八百三十八。[3]

[1]元城：縣名。治所在今河北大名縣。
[2]邢州：州名。治所在今河北邢臺市。
[3]《大典》卷三八三八“官”字韻“事韻四”事目。所録《于德辰傳》過簡，應有殘缺。今據明本《册府》補輯一條。

爲兵部侍郎。[1]乾祐二年，上封九事。其一：“文武兩班，有年深不遷官，不改服色者，或遭喪闋而不追者，今遇聖朝，幸均渥澤。”其二：“每年貢舉，人數極多，登科者少。伏恐淹滯賢能，乞量增所放人數。”其三：“潭郡茶貨，只至襄州，[2]客旅竝不北來。請三司差清强官，于襄州自立茶務，收稅買茶，足以贍國。”其四：“湖南見食嶺南鹽。[3]請置官綱於湖南，立務權賣。”其五：“文武兩班，差使出入，所令部轄幹濟者，聊加酬獎。”其六：“河朔緣邊，豪俠丁壯，能抵拒契丹鬭戰者，[4]官中訪聞擢用。”其七：“臣伏見官禁牛皮，條流太重。每請甲科合要皮，請量於地畞上配納。若民間牛死損，亦從許貨賣其皮，價不得過錢五百。"其八："昨山陵宜仗一行道路人户配米者，未納已納，竝請放免。"其九："西道行營立功將卒，早宜賞勞。"不報。[5]

[1]兵部侍郎：官名。尚書省兵部次官。協助兵部尚書掌武官銓選、勳階、考課之政。正四品下。

[2]潭郡：即潭州。治所在今湖南長沙市。明本《册府》卷四七六《臺省部·奏議門七》作"潭郎茶貨，只至襄州"。 襄州：州名。治所在今湖北襄陽市。

[3]湖南：方鎮名。又稱武安軍節度。治所在潭州（今湖南長沙市）。 嶺南：地區名。亦謂嶺外、嶺表。指五嶺以南地區，故名。包括今廣東、廣西、海南及越南北部地區。

[4]河朔：古地區名。泛指黄河以北地區。 契丹：古部族、政權名。公元4世紀中葉宇文部爲前燕攻破，始分離而成單獨的部落，自號契丹。唐貞觀中，置松漠都督府，以其首領爲都督。唐末强盛，916年迭剌部耶律阿保機建立契丹國（遼）。先後與五代、北宋並立，保大五年（1125）爲金所滅。參見張正明《契丹史略》，中華書局1979年版。

[5]"爲兵部侍郎"至"不報"：明本《册府》卷四七六《臺省部·奏議門七》。《輯本舊史》卷一〇一《漢隱帝紀上》乾祐元年（948）三月戊午條："以右諫議大夫于德辰爲兵部侍郎。"同書卷一〇三《漢隱帝紀下》乾祐三年八月壬戌條："以兵部侍郎于德辰爲御史中丞。"卷一一一《周太祖紀二》廣順元年（951）七月戊辰條："以御史中丞于德辰爲尚書右丞。"卷一一二《周太祖紀三》廣順二年八月甲申條："以尚書右丞于德辰爲吏部侍郎。"卷一一五《周世宗紀二》顯德二年（955）九月癸未條："以吏部侍郎于德辰、司徒詡並爲太子賓客。"卷一一六《周世宗紀三》顯德三年五月己未條："太子賓客于德辰卒。"

王延

王延，字世美，鄭州長豐人也。[1]少爲儒，善詞賦，會鄉曲離亂，不獲從鄉薦，因客於浮陽，隨滄帥戴思遠入梁。[2]嘗以所爲賦謁梁相李琪，[3]琪覽之，欣然曰："此道近難其人，王生升我堂矣。"繇是人士稱之。尋薦爲即墨縣令，[4]歷徐、宋、鄆、青四鎮從事。[5]長興初，鄉人馮道、趙鳳在相位，擢拜左補闕。[6]踰年，以水部員外郎知制誥，[7]再遷中書舍人，[8]賜金紫。

[1]鄭州：州名。治所在今河北任丘市鄚州鎮。　長豐：縣名。治所在今河北任丘市長豐鎮。　鄭州長豐人：中華書局本有校勘記："'鄭州'，原作'鄚州'，據殿本、劉本、邵本校、《新五代史》卷五七《王延傳》、《册府》卷八五二改。按《新唐書》卷三九《地理志三》，鄭州有長豐縣。"

[2]浮陽：縣名。治所在今河北滄州市東南。　滄：州名。治所在今河北滄縣。　戴思遠：人名。籍貫不詳。後梁、後唐將領。傳見本書卷六四。

[3]李琪：人名。河西敦煌（今甘肅敦煌市）人。後梁、後唐官員。傳見本書卷五八、《新五代史》卷五四。

[4]即墨：縣名。治所在今山東青島市即墨區。　縣令：官名。爲縣的行政長官，掌治本縣。唐代之縣，分赤（京）、次赤、畿、次畿、望、緊、上、中、中下、下十等。縣令分六等，正五品上至從七品下。

[5]宋：州名。治所在今河南商丘市睢陽區。

[6]馮道：人名。瀛州景城（今河北滄縣）人。五代時官拜宰相，歷仕後唐、後晉、後漢、後周，亦曾臣服於契丹。傳見本書卷

一二六、《新五代史》卷五四。　左補闕：官名。唐代諫官。武則天時始置。分爲左右，左補闕隸於門下省，右補闕隸於中書省。掌規諫諷諭，大事可以廷議，小事則上封奏。從七品上。　擢拜左補闕：“左補闕”，中華書局本有校勘記：“‘左’，《册府》卷九五五、《新五代史》卷五七《王延傳》同，《永樂大典》卷六八五〇引《五代薛史》作‘右’。”《大典》卷六八五〇引《五代薛史·王延傳》作“右補闕”。《宋本册府》卷四七五《臺省部·奏議門六》：“王延爲左補闕，長興元年十二月，奏：‘一縣之内所管鄉村，而有割屬鎮務者，轉爲煩擾，益困生民，請直屬縣司，鎮務唯司賊盗。’從之。”同書卷九五五《總録部·知舊門》亦作“左補闕”。

[7]以水部員外郎知制誥：中華書局本有校勘記：“‘郎’字，據殿本、《永樂大典》卷六八五〇引《五代薛史》、《册府》卷九五補。”

[8]中書舍人：官名。中書省屬官。掌起草文書、呈遞奏章、傳宣詔命等。正五品上。　再遷中書舍人：《宋本册府》卷九五五《總録部·知舊門》作“就改郎中，正拜中書舍人”，較本傳詳審。《輯本舊史》卷四五《唐閔帝紀》長興四年（933）十二月丁巳條：“以左僕射、平章事馮道爲山陵使，户部尚書韓彦惲爲副，中書舍人王延爲判官。”

清泰末，以本官權知貢舉。[1]時有舉子崔頎者，[2]故相協之子也。[3]協素與吏部尚書盧文紀不睦，[4]及延將入貢院，謁見，[5]文紀謂延曰：“舍人以謹重聞於時，所以去冬老夫在相位時，與諸相首以長者聞奏，用掌文衡。然貢闈取士，頗多面目。説者云：‘越人善泅，生子方晬，乳母浮之水上。或駭然止之，乳母曰，其父善泅，子必無溺。’今若以名下取士，即此類也。舍人當求實才，以副公望。”延退而謂人曰：“盧公之言，蓋爲崔頎也。縱與其父不悦，致意何至此耶！”來春，以頎登甲科。

[1]知貢舉：官名。唐始置，爲主持禮部會試的考官。

[2]崔頎：人名。清河（今河北清河縣）人。崔協之子。事見本書本卷《王延傳》。　時有舉子崔頎者：《輯本舊史》之影庫本粘籤：“崔頎，原本作‘崔欣’，今據《册府元龜》改正。”見明本《册府》卷六五一《貢舉部·清正門》。檢《大典》卷六八五〇，原文實作“崔頎”。

[3]協：人名。即崔協。清河（今河北清河縣）崔氏族人。唐末進士，五代後梁、後唐官員，仕至宰相。傳見本書卷五八。

[4]吏部尚書：官名。尚書省吏部最高長官，與二侍郎分掌六品以下文官選授、勳封、考課之政令。正三品。　盧文紀：人名。京兆萬年（今陝西西安市長安區）人。唐末進士，五代大臣。傳見本書卷一二七、《新五代史》卷五五。

[5]謁見：中華書局本有校勘記：“以上二字原闕，據《永樂大典》卷六八五〇引《五代薛史》補。《御覽》卷二二二引《五代史·周史》、《册府》卷六五一敘其事作‘見舊相吏部尚書盧文紀’。”

其年，改御史中丞。[1]歲滿，轉尚書右丞。[2]奉使兩浙，[3]吳人深重之。復命，授吏部侍郎，[4]改尚書左丞，[5]拜太常卿，歷工、禮、刑三尚書，[6]以疾求分司西洛，[7]授太子少保。既而連月請告，爲留臺所糾，改少傅致仕。[8]廣順二年冬卒，[9]時年七十三。

[1]御史中丞：官名。如不置御史大夫，則爲御史臺長官。掌

司法監察。正四品下。　改御史中丞：《輯本舊史》卷七六《晋高祖紀二》天福二年（937）五月戊寅條：“以中書舍人、權知貢舉王延爲御史中丞。”

[2]尚書右丞：官名。尚書省佐貳官。唐中期以後，與尚書左丞實際主持尚書省日常政務，權任甚重。後梁開平二年（908）改爲右司侍郎，後唐同光元年（923）復舊爲右丞。唐時爲正四品下，後唐長興元年（930）升爲正四品。　轉尚書右丞：《輯本舊史》卷七七《晋高祖紀三》天福三年七月庚戌條：“御史中丞王延改尚書右丞。”《宋本册府》卷六一八《刑法部·平允門》：“王延，末帝清泰末爲御史中丞，臺中經年，處決平允，轉尚書右丞。”此爲晋高祖朝事，《册府》繫於唐末帝朝，誤。

[3]兩浙：地區名。浙東、浙西的合稱。泛指今浙江全省及江蘇南部一角。

[4]吏部侍郎：官名。尚書省吏部次官。協助吏部尚書掌文選、勳封、考課之政。正四品上。　授吏部侍郎：《輯本舊史》卷七八《晋高祖紀四》天福四年十一月丁丑條：“尚書右丞王延改吏部侍郎。”

[5]尚書左丞：官名。尚書省佐貳官。唐中期以後，與尚書右丞實際主持尚書省日常政務，權任甚重。正四品上。後梁開平二年（908）改爲左司侍郎，後唐同光元年（923）復舊爲左丞。正四品。　改尚書左丞：《輯本舊史》卷八一《晋少帝紀一》天福八年五月辛卯條：“以吏部侍郎王延爲尚書右丞。”

[6]歷工、禮、刑三尚書：《輯本舊史》卷八三《晋少帝紀三》開運元年（944）閏十二月己丑條：“以工部尚書竇貞固爲禮部尚書，太常卿王延爲工部尚書。”同書卷八四《晋少帝紀四》開運三年七月壬辰條：“以禮部尚書王延爲刑部尚書。”

[7]以疾求分司西洛：中華書局本有校勘記：“劉本、《大典》（膠卷）卷六八五一同。殿本句上有‘周初’二字。”據《輯本舊史》卷八四《晋少帝紀四》開運三年九月丙午條“以刑部尚書王延爲太子少保”，知此猶後晋朝事，故殿本“周初”二字，顯係校

刻者誤增。

[8]少傅：官名。即太子少傅，與少師、少保合稱“三少”，唐後期、五代多爲大臣、勳貴加官。從二品。 致仕：指古代高級官員退休。 改少傅致仕：《舊五代史考異》：“案：《歐陽史》作以太子少保致仕。”《輯本舊史》卷一〇二《漢隱帝紀中》乾祐二年（949）八月壬午條：“西京留臺侍御史趙礪彈奏，太子太保（當作‘少保’）王延、太子洗馬張季凝等，自去年五月後來，每稱請假，俱是不任拜起。詔延等宜以本官致仕。”同書卷一一一《周太祖紀二》廣順元年（951）三月丙子條：“以太子少保致仕王延爲太子少傅，並依前致仕。”王延爲留臺所糾，以太子少保致仕，乃漢隱帝朝事；至周太祖朝，又以太子少傅致仕。本傳所載不確。

[9]廣順二年冬卒：《輯本舊史》卷一一二《周太祖紀三》廣順二年十二月戊戌條：“太子少傅致仕王延卒。”《新五代史》卷五七《王延傳》：“延爲人重然諾，與其弟規相友愛，五代之際，稱其家法焉。”

　　子億，仕皇朝爲殿中丞。[1]《永樂大典》卷六千八百五十。[2]

[1]億：人名。即王億。事迹不詳。 殿中丞：官名。殿中省佐貳官。協助殿中監、少監處理本省日常事務，兼勾檢稽失、省署抄目。從五品上。

[2]《大典》卷六八五〇“王”字韻“姓氏（三五）”事目。此卷現存。

申文炳

申文炳，字國華，洛陽人也。父鄂，唐左千牛衛將軍。[1]文炳，長興中進士擢第，釋褐忠正軍節度推官，[2]歷孟、懷支使，[3]鄆城、陝縣二邑宰，[4]自澶州觀察判官入爲右補闕。[5]晋開運初，授虞部員外知制誥，轉金部郎中充職。[6]廣順中，召爲學士，遷中書舍人、知貢舉。[7]顯德五年秋，以疾解職，授左散騎常侍。[8]六年秋，卒於家，[9]時年五十。

[1]鄂：人名。即申鄂。事迹不詳。　左千牛衛將軍：官名。唐置，掌宫禁宿衛。唐代置十六衛，即左右衛、左右驍衛、左右武衛、左右威衛、左右領軍衛、左右金吾衛、左右監門衛、左右千牛衛，各置上將軍，從二品；大將軍，正三品；將軍，從三品。中華書局本有校勘記："'左'，申鄂墓誌（拓片刊《秦晋豫新出墓誌蒐佚》）作'右'。"

[2]釋褐：易粗布衣而服官服，指代做官。　忠正軍：方鎮名。治所在壽州（今安徽壽縣）。　節度推官：官名。唐肅宗以後置，五代沿置。爲節度使屬官，位次於判官、掌書記。掌理刑案之事。　釋褐忠正軍節度推官：中華書局本有校勘記："'忠正軍'，原作'中正軍'，據邵本校改。張琁墓誌（拓片刊《秦晋豫新出墓誌蒐佚續編》）署：'忠正軍節度推官、將仕郎、試秘書省校書郎申文炳撰。'按本書卷三九《唐明宗紀五》：'（天成三年十月）詔升壽州爲忠正軍。'"壽州爲吳轄境，後唐所置節度使等官，均爲遥領。

[3]孟：州名。治所在今河南孟州市。　懷：州名。治所在今河南沁陽市。　支使：官名。唐代節度使、觀察使等屬官，位副使、判官之下，推官之上。掌表奏書檄等。

[4]鄆城：縣名。治所在今山東鄆城縣。　陝縣：縣名。治所在今河南三門峽市西陝縣老城。　邑宰：縣令的別稱。

[5]澶州：州名。唐大曆七年（772）移治今河南清豐縣，後晋天福四年（939）移治今河南濮陽縣。　觀察判官：官名。唐肅

宗以後置，五代沿置。觀察使屬官，參理田賦事，用觀察使印、署狀。　右補闕：官名。唐代諫官。武則天時始置。分爲左右，左補闕隸於門下省，右補闕隸於中書省。掌規諫諷諭，大事可以廷議，小事則上封奏。從七品上。

[6]虞部員外：官名。即虞部員外郎。唐、宋工部設虞部，其長官稱郎中，副長官稱員外郎，掌山澤苑囿、場冶薪炭等事。從五品上。　金部郎中：官名。掌天下庫藏財帛出納之事，頒其節制，司其簿領。從五品上。

[7]“廣順中”至“知貢舉”：《宋本册府》卷六四四《貢舉部·考試門二》：“（廣順）三年五月，敕：‘進策獻書人，宜令翰林學士申文炳如樞密院引試，定優劣聞奏。’”《舊五代史考異》：“案《玉壺清話》云：李慶，顯德中舉進士，工詩，有云：‘醉輕浮世事，老重故鄉人。’樞密王朴以此一聯薦于申文炳。文炳知貢舉，遂爲第三人。”見《玉壺清話》卷七，原文“李慶”實作“李度”，《宋史》卷四四〇《李度傳》亦載此事。

[8]顯德：五代後周太祖郭威年號（954）。世宗柴榮、恭帝柴宗訓沿用（954—960）。　左散騎常侍：官名。門下省屬官。掌侍奉規諷，備顧問應對。正三品下。　授左散騎常侍：《輯本舊史》卷一一九《周世宗紀六》顯德六年（959）正月己卯條：“以翰林學士、中書舍人申文炳爲左散騎常侍。”

[9]卒於家：《輯本舊史》卷一二〇《周恭帝紀》顯德六年七月辛亥條：“左散騎常侍申文炳卒。”

文炳爲文典雅，有訓誥之風。執性紓緩，待縉紳以禮，中年而卒，人皆惜之。[1]《永樂大典》卷二千九百二十。[2]

[1]人皆惜之：“人”字原闕，據劉本補。

［2］《大典》卷二九二〇“申”字韻“姓氏（二）”事目。

扈載[1]

［1］《輯本舊史》之案語：“案：《扈載傳》，原本殘闕，今兼採《册府元龜》以存大概。”《輯本舊史》於《扈載傳》下附列《劉袞傳》，並據《册府》輯録一則文字。今案《輯本舊史》卷一〇八《劉鼎傳》，其末尾曰：“子袞，登進士第，文彩遒儁，仕周爲左拾遺、直史館，早卒。”《劉鼎傳》録自《大典》卷九〇九九“劉”字韻“姓氏（二七）”事目，首尾完整。可見劉袞事迹實附見於其父《劉鼎傳》中，不應別爲《扈載傳》附傳，清輯本誤輯，今予以删除。

扈載，字仲熙，北燕人也。[1]少好學，善屬文，賦頌碑贊尤其所長。廣順初，隨計於貢部，文價爲一時之最，是歲昇高等。[2]拜校書郎，直史館，再遷監察御史。其爲文章，以辭多自喜。常次歷代有國廢興治亂之跡爲《運源賦》，甚詳。[3]

［1］北燕：此處指今河北、北京一帶。據《宋史》卷二六九《扈蒙傳》，蒙爲幽州安次（今河北廊坊市安次區）人，載爲蒙從弟。 “扈載”至“北燕人也”：《新五代史》卷三一《扈載傳》。

［2］“少好學”至“是歲昇高等”：《宋本册府》卷八四一《總録部·文章門五》。

［3］校書郎：官名。東漢始置，掌典校收藏於蘭臺的圖書典籍，亦稱校書郎中。唐秘書省及著作局皆置，正九品上；弘文館亦置，從九品上。 直史館：官名。唐天寶以後，他官兼領史職者，稱史

館修撰。初入史館者稱爲直館。元和六年（811）宰相裴垍建議：登朝官領史職者爲修撰，以官階高的一人判館事；未登朝官均爲直館。　　"拜校書郎"至"甚詳"：《新五代史》卷三一《扈載傳》。

載因游相國寺，[1]見庭竹可愛，作《碧鮮賦》題其壁。世宗聞之，遣小黃門就壁錄之，覽而稱善，因拜水部員外郎、知制誥。遷翰林學士，賜緋。[2]而載已病，不能謝，居百餘日，乃力疾入直學士院。世宗憐之，賜告還第，遣太醫視疾。《永樂大典》卷一萬四千八百二十七。[3]

[1]相國寺：一名大相國寺。著名的佛教寺院。位於今河南開封市内。

[2]翰林學士：官名。由南北朝始設之學士發展而來，唐玄宗改翰林供奉爲翰林學士，備顧問，代王言。掌拜免將相、號令征伐等詔令的起草。　　賜緋：輿服制度。皇帝頒賜緋色官服。唐代五品、四品官服緋。後世或沿用此制，品級不盡相同。

[3]《大典》卷一四二七"賦"字韻"賦題（二）"事目。中華書局本有校勘記："按此則文字與《新五代史》卷三一《扈載傳》略同，疑係清人誤輯。"此事亦見明本《册府》卷四○《帝王部·好文門》："周世宗時，扈載初爲監察御史，嘗遊相國寺僧院，覩其庭竹，翠色可愛，乃抒《碧鮮賦》，留題於其院。帝聞之，命黃門就其院錄之以進。俄拜兵部員外郎、知制誥。"又見《宋本册府》卷五五○《詞臣部·恩獎門》："扈載爲水部員外郎、知制誥，從駕南征迴，召爲翰林學士，賜緋。時載卧病，不能朝謝者數月。一日，乃力疾就直。帝軫其羸恭，賜告歸第，仍降太醫視疾。其寵遇也如此。"　　《輯本舊史》卷一一六《周世宗紀三》顯德三年（956）六月丁卯條："以水部員外郎知制誥扈載、度支員外郎王著，

並本官充翰林學士。"《舊五代史考異》："案：載以賦受知，據《宋史·李穀傳》則載之遷官，當由王樸薦之。"《輯本舊史》之殿本注："案：《宋史·李穀傳》：扈載以文章馳名，樞密使王樸薦令知制誥，除書未下，樸詣中書言之，穀曰：'斯人命薄，慮不克享耳。'樸曰：'公在衡石之地，當以材進人，何得言命而遺才哉。'遂知制誥，遷翰林學士。未幾卒。世謂樸能薦士，穀能知人。"見《宋史》卷二六二。

年三十六卒。載始自解褐至終纔四年，而與劉袞皆有才無命，時論惜之。[1]

[1]解褐：又作"釋褐"。除去布衣，換上官服。指初仕。劉袞：人名。彭城（今江蘇徐州市）人。有文采，與扈載齊名。事見本書卷一〇八。 "年三十六卒"至"時論惜之"：《宋本冊府》卷九三一《總錄部·短命門》。

賈緯

賈緯，真定獲鹿人也。[1]少苦學爲文，唐末舉進士不第，遇亂歸河朔，本府累署參軍、邑宰。[2]唐天成中，范延光鎮真定，[3]表授趙州軍事判官，遷石邑縣令。[4]緯屬文之外，勤於撰述，以唐代諸帝實錄，自武宗已下，[5]闕而不紀，乃採掇近代傳聞之事，及諸家小說，第其年月，編爲《唐年補錄》，凡六十五卷，識者賞之。[6]

[1]真定：鎮州的舊稱。治所在今河北正定縣。 獲鹿：縣名。

治所在今河北石家莊市鹿泉區。　真定獲鹿人也：《舊五代史考異》：“案宋祁《景文集・賈令君墓誌銘》：賈氏自唐司空魏國公躭，世貫滄州南皮，子孫稍稍徙真定。五世祖諒，高祖瑾。曾祖處士諱初，有至性，疾世方亂，守鄉里，不肯事四方。祖諱緯。”見《景文集》卷五九《賈令公（注）墓誌》。

[2]參軍：官名。掌參謀軍務。

[3]范延光：人名。鄴郡臨漳（今河北臨漳縣）人。五代後唐、後晉將領。傳見本書卷九七、《新五代史》卷五一。　范延光鎮真定：“真定”，原作“定州”。《宋本册府》卷七二九《幕府部・辟署門四》：“范延光鎮真定，表授趙州軍事判官。”據改。《輯本舊史》之劉本案語：“按：延光未嘗蒞定，當是鎮州之誤。”《輯本舊史》卷三九《唐明宗紀五》天成三年（928）四月戊寅條：“以樞密使、權知鎮州軍府事、檢校太保范延光爲鎮州節度使兼北面水陸轉運使。”知范延光所鎮之地，確係鎮州而非定州。真定爲鎮州舊稱。

[4]趙州：州名。治所在今河北趙縣。　軍事判官：官名。唐中期節度使、觀察使及設團練使、防禦使之州皆置爲幕職，由各使自行辟舉。五代後唐明宗時設刺史之州亦改防禦判官而置，不得兼錄事參軍。　石邑：縣名。治所在今河北石家莊市。

[5]武宗：即唐武宗李炎，又名李瀍。840年至846年在位。紀見《舊唐書》卷一八上、《新唐書》卷八。

[6]“緯屬文之外”至“識者賞之”：中華書局本引《舊五代史考異》：“案《景文集》：緯博學善詞章，論議明鋭，一時諸儒皆屈。唐自武宗後，史録亡散，君掇拾殘餘，爲《唐年補録》數十萬言，敍成敗事甚悉，書顯于時。”檢《賈令公墓誌》原文，“唐年補録”實作“唐季補録”。《新五代史》卷五七《賈緯傳》：“當唐之末，王室微弱，諸侯强盛，征伐擅出，天下多事，故緯所論次多所闕誤。而喪亂之際，事迹粗存，亦有補於史氏。”

晋天福中，入爲監察御史，改太常博士。[1]緯常以史才自負，銳於編述，不樂曲臺之任，[2]乃陳情於相座。又與監修國史趙瑩詩曰：[3]"滿朝唯我相，秉柄無親讎。三年司大董，[4]最切是編修。史才不易得，勤勤處處求。愚從年始立，東觀思優游。[5]昔時人未許，今來虛白頭。春臺與秋閣，往往興歸愁。信運北闕下，不繫如虛舟。綿蕝非所好，一日疑三秋。何當適所願，便如昇瀛洲。"[6]未幾，轉屯田員外郎，[7]改起居郎、史館修撰。

[1]太常博士：官名。掌撰五禮儀注。大禮時，導引乘輿，贊相祭祀，定諡議以及守廟等。從七品上。　改太常博士：《宋本册府》卷五九六《掌禮部·諡法門二》："安元信爲昭義軍節度、澤潞等州觀察處置等使，卒贈太師。太常博士賈緯議諡曰：'叨居禮職，式考儒經，德雖以百行相成，諡乃取一善爲定。公經邦緯俗，積行累功，宜立總名，用彰殊烈。案諡法，事君盡節曰忠，體和居中曰懿。《左傳》曰：公家之事，知無不爲，忠也。《春秋正義》曰：保己精粹，立行純厚，懿也。公抑揚事任，周旋盛明，嘗險阻艱難，乘温良恭儉，或宣風千里，有負襁之民，或布政百城，致隨軒之雨，道光群后，功著歷朝。凡士大夫，歎開幕之芙蕖久謝，無賢不肖，感成蹊之桃李空存。焕彼緹緗，豐諸碑版，今被實録，非讓古人。事君既有忠規，爲臣足以御衆，復彰懿行，從政備焉。前代所高，斯諡爲當。今請諡曰忠懿。'從之。"

[2]曲臺：即太常博士。

[3]監修國史：官名。北齊始置於史館，以宰相爲之。唐宋史館沿置，爲宰相兼職。唐制，宰相四人中，首相兼太清宮使，次三相依次兼弘文館大學士、監修國史、集賢殿大學士。　趙瑩：人名。華州華陰（今陝西華陰市）人。五代後晋宰相。傳見本書卷八

九、《新五代史》卷五六。

[4]三年司大董:《輯本舊史》之影庫本粘籤:"'大董'二字,詳其文義,當是用《左傳》'董史掌典籍'之意,但稱爲'大董',究未審所出,今無可復證,姑仍其舊。"《左傳》宣公二年:"大史書曰'趙盾弑其君',以示於朝。孔子曰:董狐,古之良史也,書法不隱。"據此,"大董"即"大史董狐"之省稱,影庫本粘籤所釋不確。

[5]東觀:指代宮中著述及藏書之處。 東觀思優游:《輯本舊史》之影庫本粘籤:"東觀,原本作'東望',今據文改正。"

[6]瀛洲:指古代中國神話傳說中的東海仙山。

[7]屯田員外郎:官名。屯田郎中的副職。與郎中共掌屯田政令等。從六品上。

又謂瑩曰:"《唐史》一百三十卷,止於代宗,[1]已下十餘朝未有正史,請與同職修之。"瑩以其言上奏,晉祖然之,謂李崧曰:"賈緯欲修《唐史》,如何?"[2]對曰:"臣每見史官輩言,唐朝近百年來無實錄,既無根本,安能編紀。"緯聞崧言,頗怒,面責崧沮己。崧曰:"與公鄉人,理須相惜,此事非細,安敢輕言。"緯與宰臣論説不已。明年春,勅修《唐史》,緯在籍中。[3]月餘,丁內艱,歸真定。[4]

[1]代宗:即唐代宗李豫。762年至779年在位。紀見《舊唐書》卷一一、《新唐書》卷六。

[2]晉祖:即後晉高祖石敬瑭。沙陀族人。五代後唐將領、後晉開國皇帝。紀見本書卷七五至卷八〇、《新五代史》卷八。 李崧:人名。深州饒陽(今河北饒陽縣)人。五代後晉宰相,歷仕後

唐至後漢。傳見本書卷一〇八、《新五代史》卷五七。

　　[3]"明年春"至"緯在籍中"：《輯本舊史》卷七九《晉高祖紀五》天福六年（941）二月己亥（初九）條："詔戶部侍郎張昭遠、起居郎賈緯、秘書少監趙熙、吏部郎中鄭受益、左司員外郎李爲光等同修《唐史》，仍以宰臣趙瑩監修。"同月戊申（十八）條："起居郎賈緯以所撰《唐年補録》六十五卷上之，帝覽之嘉歎，賜以器幣，仍付史館。"《宋本册府》卷五五七《國史部・採撰門三》："天福六年二月己酉（十九），緯奏曰：'伏覩國史館，唐高祖至代宗，已有紀傳，德宗至文宗，亦存實録，武宗至濟陰廢帝凡六代，唯有《武宗實録》一卷，餘皆闕落。臣今採訪遺文及耆舊傳説，編成六十五卷，目爲《唐年補遺録》，以備將來史官修述。臣聞裴子野之修《宋略》，爰在梁時；姚思廉之纂《陳書》，乃於唐世。咸因喪墜，是有研尋。皇帝陛下與日齊明，固天縱聖，華山歸馬，崇文之道已行，虎殿延儒，質疑之論斯啓。一昨聿宣綸誥，精擇史官，以李氏又終，想唐年遺事，雖追名上號，其制相沿，而創法定儀，於文或異，恐謠俗之訛變，致信實以湮沉，將緝亡書，以修墜典。臣久居職分，深恥闕遺，今録淺聞，別陳短序，伏冀特迴睿鑒，俯念愚衷。芸閣蓬山，誠莫裨於良直，蹄涔掬土，願少效於高深。請下有司，用資取證。'上覽之嘉歎，賜器皿幣帛。"《五代會要》卷一八前代史條"唐年補遺録"作"唐朝補遺録"。

　　[4]"月餘"至"歸真定"：《輯本舊史》卷七九《晉高祖紀五》天福六年四月辛丑條："宰臣、監修國史趙瑩奏：'奉詔差張昭遠等五人同修《唐史》，内起居郎賈緯丁憂去官，請以刑部侍郎吕琦、侍御史尹拙同與編修。'又奏：'史館所闕唐朝實録，請下敕購求。'並從之。"

　　開運初，服闋，復起居郎、修撰如故，尋以本官知制誥。[1]緯長於記注，應用文筆，未能過人，而議論剛强，儕類不平之，因目之爲“賈鐵嘴”。開運中，累遷中書舍人。[2]

[1]尋以本官知制誥：《輯本舊史》卷八三《晋少帝紀三》開運元年十月甲寅條：“以起居郎、知制誥賈緯爲户部郎中、知制誥。”賈緯實以户部郎中知制誥，本傳謂以本官（起居郎）知制誥，誤。

[2]累遷中書舍人：中華書局本引《舊五代史考異》：“案：王珪《華陽集·賈文元墓誌銘》作曾祖緯，晋中書舍人，《宋史·賈昌朝傳》因之。然緯實終于周，非終于晋也。宋祁《景文集》又作漢、周間中書舍人。據此傳，緯仕漢、周，未嘗再爲舍人，疑《景文集》誤。”見《華陽集》卷五六《賈昌朝墓誌銘》（昌朝謚文元）、《宋史》卷二八五《賈琰傳》（非《賈昌朝傳》）。

虜陷京師，[1]隨虜至真定，[2]諸將逐麻答，[3]後與公卿還朝，授左諫議大夫。緯以久次綸閣，比望丞郎之拜，及遷諫署，觖望彌甚。[4]蘇逢吉監修國史，[5]以緯頻投文字，甚知之，尋充史館修撰，判館事。乾祐中，受詔與王伸、竇儼修晋高祖、少帝、漢高祖三朝實録。[6]緯以筆削爲己任，然而褒貶任情，記注不實。[7]晋宰相桑維翰執政日，[8]薄緯之爲人，不甚見禮，緯深銜之。及敘《維翰傳》，稱維翰“身没之後，有白金八千鋌，他物稱是”。[9]翰林學士徐台符，[10]緯邑人也，與緯相善，謂緯曰：“切聞吾友書桑魏公白金之數，不亦多乎！但以十目所覩，不可厚誣。”緯不得已，改爲白金數千鋌。

[1]虜陷京師：原作“契丹入京師”，據明本《册府》卷四八一《臺省部·輕躁門》改。

[2]隨虜至真定：原作“隨契丹至真定”，據明本《册府》卷四八一《臺省部·輕躁門》改。

[3]麻答：人名。即耶律拔里得。契丹人。遼初皇室，遼太宗耶律德光堂弟。傳見《遼史》卷七六。參見鄧廣銘（署名鄘又銘）《遼史兵衛志“御帳親軍”“大首領部族軍”兩事目考源》，《北京大學學報》1956 年第 2 期。　諸將逐麻答：此五字原闕，據明本《册府》卷四八一《臺省部·輕躁門》補。

[4]綸閣：中書省的代稱。爲代皇帝撰擬制誥之處。　丞郎：唐時尚書省左右丞和六部侍郎的總稱。　諫署：諫官官署。

[5]蘇逢吉：人名。長安（今陝西西安市）人。五代後漢宰相。傳見本書卷一〇八、《新五代史》卷三〇。

[6]王伸：人名。籍貫不詳。五代大臣，史官。事見本書卷一〇二、卷一一三。　竇儼：人名。薊州漁陽（今天津市薊州區）人。五代、宋初大臣。傳見《宋史》卷二六三。　少帝：即後晉少帝石重貴。沙陀部人。後晉高祖石敬瑭從子。紀見本書卷八一至卷八五、《新五代史》卷九。　晉高祖、少帝、漢高祖三朝實録：“漢高祖三朝實録”，原作“漢高祖實録”，據《太平御覽》卷六〇四《文部·史傳門》下引《周書》、《宋本册府》卷五六二《國史部·不實門》改。《輯本舊史》卷一〇二《漢隱帝紀中》乾祐二年（949）二月庚子條：“詔左諫議大夫賈緯等修撰《高祖實録》。”同年十月癸未條：“監修國史蘇逢吉、史官賈緯以所撰《高祖實録》二十卷上之。”同年十二月戊寅條：“司徒、門下侍郎、平章事竇貞固奏，請修晉朝實録，詔史官賈緯、竇儼、王伸等修撰。”

[7]褒貶任情，記注不實：原作“褒貶之際，憎愛任情”，據《太平御覽》卷六〇四《文部·史傳門下》、《宋本册府》卷五六二《國史部·不實門》改。

[8]晉宰相桑維翰執政日：“宰”字原闕，據《太平御覽》卷

六〇四《文部·史傳門下》、《宋本册府》卷五六二《國史部·不實門》補。

　　[9]稱維翰：三字原闕，據《太平御覽》卷六〇四《文部·史傳門下》、《宋本册府》卷五六二《國史部·不實門》補。

　　[10]徐台符：人名。鎮州獲鹿（今河北石家莊市鹿泉區）人。五代時期大臣。傳見本書附録。

　　緯以撰述之勞，每詣宰執，懇祈遷轉，遇内難不果。太祖即位，改給事中，[1]判館如故。先是，竇貞固奏請修晋朝實録，既竟，亦望陞擢。[2]貞固猶在相位，乃上疏抗論除拜不平。[3]既而以所撰日曆示監修王峻，[4]皆媒孽貞固及蘇禹珪之短，[5]歷詆朝士之先達者。峻惡之，謂同列曰：“賈給事家有士子，亦要門閥無玷，今滿朝並遭非毀，教士子何以進身！”乃於太祖前言之，出爲平盧軍行軍司馬。[6]時符彦卿鎮青州，[7]以緯文士，厚禮之。緯妻以緯左遷，駭惋傷離，病留於京師。緯書候之曰：“勉醫藥，來春與子同歸獲鹿。”廣順二年春，緯卒。及訃至，妻一慟而終，果雙柩北歸，聞者歎之。

　　[1]改給事中：《輯本舊史》之影庫本粘籤：“給事，原本作‘紀事’，今據文改正。”

　　[2]竇貞固：人名。同州白水（今陝西白水縣）人。五代後唐至宋初大臣，後唐進士，後漢宰相。傳見《宋史》卷二六二。“先是”至“亦望陞擢”：《輯本舊史》卷一一一《周太祖紀二》廣順元年（951）七月壬申條：“史官賈緯等以所撰《晋高祖實録》三十卷、《少帝實録》二十卷上之。”

　　[3]乃上疏抗論除拜不平：明本《册府》卷四八一《臺省部·

輕躁門》："廣順初，（賈緯）爲給事中，上言曰：'臣久塵西掖，近綴東臺，既居封駁之官，兼處編修之職，凡關聞見，合補聰明，苟避事不言，是上孤至聖。臣聞無偏無黨，王道蕩蕩；無黨無偏，王道平平。前書所載，言之者誠，千古大君，恐有毫髮之私也。臣覩陛下降赦後普行恩敕，武臣之內，咸協舊規，文史之中，未符通論。臣竊見改轉朝官，自太子少保、尚書丞、郎内，例超秩次，仍峻户封，唯兩省侍從、卿監之官及員外郎、贊、洗等依資昇進者，不過數人，餘並止於一階，或自右入左，上下都不畫一。臣伏思階勳爵邑，至爲重事，當以德以勞次第而進，雖遇慶澤，不可妄加。況官者代天理物，國家公器，雖有親昵，無得輕授。故曰：官不必備，唯其人。若才稱其官，常時當有顯議，能不副職，宜便無宜濫昇。以公器而爲普恩，以普恩而有差等，一厚一薄，何疏何親？臣不敢封還制書，以阻成命，欲乞陛下顯詢故事，爰下有司，不次超拜者，必徵殊美，以第進秩者，須守常規，望明庭再與僉諧，願陛下曲留省察。兼有前朝非爲執政見排，左授官秩者，及在官無累，或丁憂已滿，未蒙敘遷，各許進狀，以自申明。或顯見於蹤疏，幸特頒於制命，或期效用，不致沉埋。則免使得路者自伐自矜，結恩私室，失意者愈嗟愈歎，流怨公朝。光陛下聖明之規，表陛下均平之德，將恢至理，以致太和。'時中書議朝臣加恩，以漢隱帝三年之內，稀有改轉，故商量西班上將軍、統軍、金吾及東班三署久次不遷者，因加溥澤，依資序進。其餘月限合替者，只加三階，階已高，敘勳、進爵邑，示普恩而已。時李穀、魚崇諒、趙上交改爲丞郎，故遞轉數人，用其員闕。緯切於進用，謂當路者有私，尤恨竇貞固、蘇禹珪，每發論，形于顏色。太祖召見，又奏漢朝遷改不平，有員外郎盧振者，自殿中侍御史超十資授左司員外郎，太祖驚訝久之。殿中平轉中行員外郎，令授前行，超一資，今云十資，蓋罔上以求媚也。"

[4]王峻：人名。相州安陽（今河南安陽市）人。五代將領，後周時任樞密使兼宰相。傳見本書卷一三〇、《新五代史》卷五〇。

既而以所撰日曆示監修王峻：《新五代史》卷五七《賈緯傳》："是時，宰相王峻監修國史，緯書日曆，多言當時大臣過失。"

[5]蘇禹珪：人名。高密（今山東高密市）人。劉知遠爲河東節度時的屬官，後漢初任宰相。傳見本書卷一二七。

[6]平盧軍：方鎮名。治所在青州（今山東青州市）。　出爲平盧軍行軍司馬：明本《册府》卷四八一《臺省部・譴責門》："周賈緯，太祖時爲給事中，史館脩撰。廣順元年十月，貶爲平盧軍節度行軍司馬，檢校禮部尚書。"所載較本傳詳審。青州爲平盧軍節度使治所。

[7]符彦卿：人名。陳州宛丘（今河南淮陽縣）人。五代後周、宋初將領。後周世宗宣懿皇后、宋太宗懿德皇后，皆符彦卿之女。傳見《宋史》卷二五一。

緯有集三十卷，目曰《草堂集》，並所撰《唐年補録》六十五卷，皆傳於世。[1]《永樂大典》卷一萬一千七百十四。[2]

[1]"緯有集三十卷"至"皆傳於世"：《宋史》卷二〇三《藝文志二》載"賈緯《備史》六卷"。《通鑑》卷二六六開平元年（907）五月條《考異》，引"賈緯《備史》"所載李克用會阿保機事。《直齋書録解題》卷五："賈氏《備史》六卷，漢諫議大夫賈緯撰。敍石晉禍亂，每一事爲一詩係之。"本傳未載此書。又，《宋史》卷二八五《賈琰傳》："琰字季華，晉中書舍人、給事中緯之子也。以蔭授臨淄、雍丘主簿，歷通判澧州。太宗尹京，奏以爲開封府推官，加左贊善大夫。及即位，超拜左正議大夫、樞密直學士。未幾，擢三司副使。太平興國二年，卒。琰風神峻整，有吏幹，佐太宗居幕府凡五年，勤於所職。昆弟五人，琰最幼，及琰歷官而諸兄相繼死。琰拊循孤幼，聚族凡百口，分給衣食，庭無間言，士大

夫以此稱之。"録之以見賈緯諸子之大略。

[2]《大典》卷一一七一四"賈"字韻"姓氏（四）"事目。

趙延乂

趙延乂，[1]字子英，秦州人。[2]曾祖省躬，以明術數爲通州司馬，[3]遇亂避地於蜀。祖師古，黔中經略判官。[4]父温珪，仕蜀爲司天監。[5]温珪長於袁、許之術，兼之推步。[6]王建時，[7]深蒙寵待，延問得失，事微差跌，即被詰讓。臨終謂其子曰："技術雖是世業，吾仕蜀已來，幾由技術而死，爾輩能以他途致身，亦良圖也。"延乂少以家法仕蜀，由廡爲奉禮部翰林待詔。蜀亡入洛，[8]時年三十。天成中，得蜀舊職。

[1]趙延乂：中華書局本作"趙延義"，有校勘記："殿本、劉本、孔本校、邵本校、本書卷一二九《翟光鄴傳》改。本書各處同。《影庫本批校》云：趙延義，'義'應作'乂'。《舊五代史考異》卷四：'案：《歐陽史》作趙延乂。'"《大典》卷八九八〇引《舊五代史·周太祖紀》，《輯本舊史》卷七九、卷一〇三、卷一〇六、卷一一二、卷一一三、卷一二九、卷一四〇，明本《册府》卷一〇四、《宋本册府》卷一八〇，《新五代史》卷三〇，《通鑑》卷二七九、卷二八七、卷二八九，皆作"趙延乂"。《輯本舊史》卷四八，《新五代史》卷二七、卷五七，明本《册府》卷九三五，作"趙延義"，且除《新五代史》卷五七《趙延義傳》外，其餘所載，皆爲一事。今統改爲"趙延乂"。

[2]秦州：州名。治所在今甘肅天水市。

[3]省躬：人名。即趙省躬。秦州（今甘肅天水市）人。趙延

乂曾祖。事見《新五代史》卷五七。　通州：州名。治所在今江蘇南通市。　司馬：官名。州郡佐官，名義上紀綱衆務，通判列曹，品高俸厚，實際上無具體職事，多用以安置貶謫官員，或用作遷轉官階。上州從五品下，中州正六品下，下州從六品上。

[4]師古：即趙師古。秦州（今甘肅天水市）人。趙延乂祖父。事見《新五代史》卷五七。　黔中：方鎮名。治所在黔州（今重慶彭水苗族土家族自治縣）。

[5]温珪：即趙温珪。秦州（今甘肅天水市）人。趙延乂父親。事見《新五代史》卷五七。　司天監：官（署）名。其長官稱司天監，掌天文、曆法以及占候等事。參見趙貞《唐宋天文星占與帝王政治》，北京師範大學出版社 2016 年版。

[6]袁、許：漢許負和唐袁天綱的並稱。二人皆精相人之術。推步：占卜方術的一種。

[7]王建：人名。許州舞陽（今河南舞陽縣）人。唐末軍閥、五代十國前蜀開國皇帝。傳見本書卷一三六、《新五代史》卷六三。

[8]禮部翰林待詔：官名。唐初置翰林院，凡文學之士及學有專長者，均待詔值日於翰林院。唐玄宗時稱翰林待詔，掌批答表疏等事。　洛：地名。即河南府，治所在今河南洛陽市。

延乂世爲星官，兼通三式，[1]尤長於袁、許之鑒。清泰中，嘗與樞密直學士吕琦同宿於内廷，琦因從容密問國家運祚，延乂曰："來年厄會之期，俟過别論。"琦訊之不已，延乂曰："保邦在刑政，保祚在福德。在刑政則術士不敢言，奈際會諸公，罕有卓絶福德者，下官實有恤緯之偕。"[2]其年，兼衛尉少卿。[3]

[1]星官：官名。唐、五代司天監官員或以星曆技術待詔官員之别稱。　三式：星占術語。指太一式、遁甲式和六壬式。《唐六

典》卷一四："太卜令掌卜筮之法，以占邦家動用之事……凡式，占辨三式之同異。"注："一曰雷公（遁甲）式；二曰太一式，並禁私家畜；三曰六壬式，士庶通用之。"

[2]樞密直學士：官名。五代後唐莊宗同光元年（923），改直崇政院置，選有政術、文學者充任。備顧問應對。　呂琦：人名。幽州安次（今河北廊坊市）人。五代後唐、後晉官員。傳見本書卷九二、《新五代史》卷五六。　"清泰中"至"下官實有恤緯之借"：《通鑑》卷二七九清泰二年（935）六月條："帝好咨訪外事，常命端明殿學士李專美、翰林學士李崧、知制誥呂琦、薛文遇、翰林天文（胡注：居翰林院以候天文者也）趙延乂等更直於中興殿庭，與語或至夜分。"

[3]衛尉少卿：官名。北魏置，隋、唐、五代爲衛尉寺次官，協助衛尉卿掌供宮廷、祭祀、朝會之儀仗帷幕，通判本寺事務。從四品上。　兼衛尉少卿：《輯本舊史》卷四八《唐末帝紀下》清泰三年五月條："翌日，欲移石敬瑭於鄆州，房暠等堅言不可，司天監趙延義亦言星辰失度，尤宜安靜，由是稍緩其事。"延義於後晉天福六年方升任司天監，《唐末帝紀》所載官職不確。

晋天福中，代馬重績爲司天監。[1]契丹入京師，隨至鎮州。[2]時契丹將麻答爲帥，會漢高祖定兩京，控鶴都將李筠與諸校密謀劫庫兵，[3]逐契丹，猶豫未決，謀於延乂，因假以術數贊成之。[4]契丹既去，還京師，官秩如舊。[5]

[1]馬重績：人名。其先出於北狄。傳見本書卷九六、《新五代史》卷五七。　代馬重績爲司天監：《輯本舊史》卷一四〇《曆志》："及晉祖肇位，司天監馬重績始造新曆，奉表上之……晉高祖命司天少監趙仁錡、張文皓，秋官正徐皓，天文參謀趙延乂、杜

昇、杜崇龜等，以新曆與《宣明》《崇玄》考覈得失，俾有司奉而行之，因賜號《調元曆》，仍命翰林學士承旨和凝撰序。"《宋史》卷七六《律曆志九·皇祐圭表》："今司天監圭表乃石晋時天文參謀趙延乂所建，表既敧傾，圭亦墊陷，其於天度無所取正。"《輯本舊史》卷七九《晋高祖紀五》天福六年（941）六月丙申條："以前衛尉卿趙延乂爲司天監。"

[2]鎮州：州名。治所在今河北正定縣。

[3]兩京：時以開封府爲東京、河南府爲西京，合稱兩京，分別指今河南開封市和洛陽市。　控鶴都將：官名。所部統兵將領。"控鶴"爲禁軍番號。　李筠：人名。籍貫不詳。五代後晋將領。事見本書本卷。

[4]"時契丹將麻答爲帥"至"因假以術數贊成之"：《輯本舊史》卷一〇六《白再榮傳》："李筠、何福進相率殺契丹帥麻答……諸軍以再榮名次在諸校之右，乃請權知留後事……奉國厢主王饒懼爲再榮所并，乃據東門樓，以兵自衛，僞稱足疾，不敢見再榮。司天監趙延乂俱與之善，乃來往解釋，遂無相忌之意。"

[5]官秩如舊：《宋本册府》卷一八〇《帝王部·濫賞門》："漢高祖以晋天福十二年即位，時司天監趙延乂、冬官正吳正己、徐延浩等進來年曆日，賜器皿繒帛有差。"《通鑑》卷二八九乾祐三年（950）閏五月條："宮中數有怪。癸巳，大風，發屋拔木，吹鄭門扉起，十餘步而落，震死者六七人，水深平地尺餘。帝召司天監趙延乂，問以禳祈之術，對曰：'臣之業在天文時日，禳祈非所習也。然王者欲弭災異，莫如脩德。'延乂歸，帝遣中使問：'如何爲脩德？'延乂對：'請讀《貞觀政要》而法之。'"《新五代史》卷三〇《李業傳》："時天下旱、蝗，黃河決溢，京師大風拔木，壞城門，宮中數見怪物投瓦石、撼門扉。隱帝召司天趙延乂問禳除之法，延乂對曰：'臣職天象日時，察其變動，以考順逆吉凶而已，禳除之事，非臣所知也。然臣所聞，殆山魈也。'"所載略異。

廣順初，加檢校司徒，[1]本官如故，太祖數召對焉。[2]延乂善交遊，達機變，兼有技術，見者歡心。二年，授太府卿，判司天監事。[3]其年夏初，火犯靈臺，延乂自言星官所忌，又言身命宮災併，[4]未幾其子卒，尋又妻卒，俄而延乂嬰疾，故人省之，舉手曰："多謝諸親，死災不可逭也。"尋卒，[5]年五十八。贈光禄卿。[6]《永樂大典》卷一萬六千九百九十一。[7]

[1]檢校司徒：官名。爲散官或加官，以示恩寵，無實際執掌。

[2]太祖數召對焉：《輯本舊史》之案語："案《歐陽史》：周太祖自魏以兵入京師，召延乂問：'漢祚短促者，天數耶？'延乂言：'王者撫天下，當以仁恩德澤，而漢淫酷，刑法枉濫，天下稱冤，此其所以亡也。'是時，太祖方以兵圍蘇逢吉、劉銖第，欲誅其族，聞延乂言悚然，因貸其族，二家獲全。"見《新五代史》卷五七《趙延乂傳》，原文"漢淫酷，刑法枉濫"實作"漢法深酷，刑罰枉濫"。

[3]"二年"至"判司天監事"：《輯本舊史》卷一一二《周太祖紀三》廣順二年（952）九月庚午條："以司天監趙延乂爲太府卿兼判司天監事。"同書卷一二九《翟光鄴傳》："廣順二年十月，（翟光鄴）卒於長安，時年四十六……光鄴膚革肥晳，善於攝養，故司天監趙延乂有袁、許之術，嘗謂人曰：'翟君外厚而內薄，雖貴而無壽。'果如其言。"

[4]又言身命宮災併：中華書局本有校勘記："'宮'，原作'官'，據殿本、劉本改。"

[5]尋卒：《輯本舊史》卷一一三《周太祖紀四》廣順三年七月庚寅條："太府卿、判司天監趙延乂卒。"

[6]光禄卿：官名。南朝梁天監七年（508）改光禄勳置，隋

唐沿置。掌宮殿門户、帳幕器物、百官朝會膳食等。從三品。

[7]《大典》卷一六九九一“趙”字韻“姓氏（七）”事目。

沈遘

沈遘，字期遠，睢陽人也。[1]父振，貝州永濟令，[2]累贈左諫議大夫。遘幼孤，以苦學爲志。弱冠登進士第，釋褐除校書郎，由御史臺主簿拜監察御史，凡五遷，[3]至金部郎中，充三司判官。[4]廣順中，以本官知制誥。世宗嗣位，擢爲翰林院學士，歲滿，拜中書舍人充職。[5]顯德三年夏，以扈從南征，因而遇疾，歸及京而卒。

[1]睢陽：地名。宋州古稱。治所在今河南商丘市睢陽區。

[2]振：人名。即沈振。事迹不詳。　貝州：州名。治所在今河北清河縣。　永濟：縣名。治所在今山東冠縣北館陶。

[3]凡五遷：《輯本舊史》卷九〇《馬全節傳》：“開運元年秋，（馬全節）授鄴都留守。全節始拜鄴都，以元城是桑梓之邑，具白襴詣縣庭謁拜，縣令沈遘逡巡避之，不敢當禮。全節曰：‘父母之鄉，自合致敬，勿讓之也。’州里榮之。”

[4]三司判官：官名。爲三司使的佐吏，協理政事，或備差遣。

[5]拜中書舍人充職：《輯本舊史》之影庫本粘籤：“中書，原本作‘中試’，今據文改正。”

遘爲人謙和，勤於接下，每文士投贄，必擇其賢者而譽之，故當時後進之士多歸焉。《永樂大典》卷一萬二千一百五十六。[1]

[1]《大典》卷一二一五六"沈"字韻"姓氏（三）"事目。

李知損

李知損，字化機，大梁人也。[1]少輕薄，利口無行。梁朝時，以牋刺篇詠出入於內臣之門，[2]繇是浪得虛譽，時人目之爲"李羅隱"。後累爲藩鎮從事，入朝拜左補闕，[3]歷刑兵二員外、度支判官、右司郎中。[4]坐受榷鹽使王景遇厚賂，[5]謫於均州。[6]漢初歸朝，除右司郎中、兼侍御史知雜事。

[1]大梁：地名。位於今河南開封市。

[2]牋刺：古代下官呈報上級官吏之文書、名帖。"牋刺"，中華書局有校勘記："原作'牒刺'，據《册府》卷九五四改。"

[3]入朝拜左補闕：《宋本册府》卷四九四《邦計部·山澤門二》："（天福）二年九月，左補闕李知損上章曰：……臣近聞衆議，云國家將變鹽法，有司即欲宣行。竊知以諸道所糶賣鹽，令逐處更添一倍，委州司量其屋宇，均配城内户人，每歲勒兩限俵鹽，隨二稅納價。言之雖易，作之極難，此法若行，甚非穩便……尋有旨，寢其事。"

[4]度支判官：官名。唐始置，唐代後期節度、觀察、團練、防禦等使的屬官，掌推按刑獄。此外，度支、鹽鐵等使也置推官。右司郎中：官名。尚書右丞副貳，協掌尚書都省事務，監管兵、刑、工部諸司政務，舉稽違，署符目，知直宿，位在諸司郎中上。從五品上。歷刑兵二員外、度支判官、右司郎中：《宋本册府》卷五四七《諫諍部·直諫門一四》："李知損爲刑部員外郎，天福二年十一月，上言：……臣昨晚於相國寺内忽覩聚衆殺病瘦馬，或説

奉聖旨宣賜，臣愚昧，所見竊有感傷……伏望明敕所司，應有病馬，散令宣賜，要者任便餵養，顯示不殺之恩……帝嘉而納之，錫以束帛。"同書卷九二三《總録部·不孝門》："楊仁澤，前爲郴州三川縣主簿。仁澤在父憂制内求官，爲大理寺所奏。詳斷官大理正韓保裔與詳覆官刑部員外郎李知損斷曰：'伏以楊仁澤父喪未滿，釋服求官，人子何堪違律如此！宜從追毁，以贖典刑。餘望依大理寺斷。'可之。"《輯本舊史》卷七八《晋高祖紀四》天福四年正月（939）乙卯條："左諫議大夫曹國珍上言：'請於内外臣僚之中，選才略之士，聚《唐六典》《前後會要》《禮閣新儀》《大中統類》、律令格式等，精詳纂集，俾無漏落，别爲書一部，目爲大晋政統。'從之。其詳議官，宜差太子少師梁文矩、左散騎常侍張允、大理卿張澄、國子祭酒唐汭、大理少卿高鴻漸、國子司業田敏、禮部郎中吕咸休、司勳員外郎劉濤、刑部員外郎李知損、監察御史郭延升等一十九人充。文矩等咸曰：'改前代禮樂刑憲爲大晋政統，則堯典、舜典當以晋典革名。'"同年十月庚戌條："閩王王昶、威武軍節度使王繼恭遣僚佐林思、鄭元弼等朝貢，致書於宰執，無人臣之禮。帝怒，詔令不受所貢，應諸州綱運，並令林思、鄭元弼等押歸本道。既而兵部員外郎李知損上疏，請禁錮使人，籍没綱運。可之，收林思等下獄。"

　　[5]榷鹽使：官名。唐德宗時置，掌安邑、解縣兩鹽池事務。詳見齊濤《論唐代榷鹽制度》，《山東大學學報》1989年第4期。

　　王景遇：人名。籍貫不詳。五代官員。事見本書卷八四。

　　[6]均州：州名。治所在今湖北丹江口市。　謫於均州：《輯本舊史》卷八四《晋少帝紀四》開運三年（946）正月丁未條："右司郎中李知損貶均州司户，員外置，馳驛發遣，坐前任度支判官日與解縣榷鹽使王景遇交游借貸故也。"

　　廣順中，拜右諫議大夫。時王峻爲樞密使，[1]知損以與峻有舊，遂詣峻求使於江、浙，峻爲上言。太祖素聞知損所爲，甚難之。峻曰：“此人如或辱命，譴之可也。”太祖重違其請，遂可之。知損既受命，大恣其荒誕之意，遂假貲於人，廣備行李。及即路，所經州郡，無不强貸。又移書於青州符彥卿，借錢百萬。及在郵亭，行止穢雜。王峻聞而復奏之，乃責授棣州司馬。[2]

[1]樞密使：官名。樞密院長官，五代時以士人爲之，備顧問，參謀議，出納詔奏，權侔宰相。參見李全德《唐宋變革期樞密院研究》，國家圖書館出版社 2009 年版。

[2]棣州：州名。治所在今山東惠民縣。 “知損既受命”至“乃責授棣州司馬”：《輯本舊史》卷一一二《周太祖紀三》廣順三年（953）正月丁卯條：“兩浙弔祭使、左諫議大夫李知損責授登州司馬（影庫本粘籤：登州，原本脱‘登’字，今從李知損本傳增入），員外置，仍令所在馳驛放遣。知損銜命江、浙，所經藩郡，皆强貸於侯伯，爲青州知州張凝所奏，故有是命。”明本《册府》卷四八一《臺省部·輕躁門》作“責授棣州司馬”。《周太祖紀》之“登州”，當屬原輯者之訛。明本《册府》卷六六四《奉使部·辱命門》：“周李損（應爲‘李知損’）爲諫議大夫，太祖廣順三年正月，命使兩浙。損受命之後，過備行李，務極華楚，在朝親識及前任侯伯，皆詣之，强有假貸。衆憚其利口兇率，僶俛應副。或有告王峻者，峻召損，深責之，損拜謝而去。又陳啓事，願改前過，仍有詛誓之語，峻稍解。然損亦如故。有賣玉帶者，邀價千緡，應聲取之，約以使迴償價，遂帶之即路。所經州府，無不强貸，遣人齎書青州，借錢千緡，屬符彥卿移鎮天平，遇之於路，獻詩遊説，懇求借貸。彥卿辭以移任，千祈不已，終借三百緡。及至青州，又於知州張凝借貸，及在郵驛，行止穢雜，張凝具事以聞。太祖謂王峻曰：‘李損所爲如此，争堪更至海外？’峻乃請行貶逐。

尋改太府少卿李玭爲兩浙弔祭使，以代李損（應爲‘李知損’），主客郎中盧振爲兩浙起復副使。”

世宗即位，切於求人，素聞知損狂狷，好上封事，謂有可采，且欲聞外事，即命徵還，遽與復資。數月之間，日貢章疏，多斥讟貴近，自謀進取，又上章求爲過海使。世宗因發怒，仍以其醜行日彰，故命除名，配沙門島。[1]知損將行，謂所親曰：“余嘗遇善相者，言我三逐之後，[2]當入居相位，[3]余自此而三矣，子姑待我。”後歲餘，卒於海中，其庸誕也如此。[4]《永樂大典》卷一萬三百九十。[5]

[1]沙門島：地名。在今山東長島縣西北廟島，一說大黑山島。
配沙門島：《輯本舊史》卷一一五《周世宗紀二》顯德二年（955）十月丁丑條：“右諫議大夫李知損配流沙門島，坐妄貢章疏，斥讟貴近，及求使兩浙故也。”
[2]言我三逐之後：《輯本舊史》之影庫本粘籤：“三逐，原本作‘三遂’，今據文改正。”宋本《册府》卷九二四《總録部·詐僞門》正作“三逐”。
[3]當入居相位：“入”字原闕，據《册府》卷九二四《總録部·詐僞門》補。
[4]其庸誕也如此：《輯本舊史》引《五代史補》：“李知損，官至諫議大夫，好輕薄，時人謂之‘李羅隱’。至於親友間往還簡牘，往往引里巷常談，謂之偶對。常有朝士奉使回，以土物爲贈，其意猶望却回。知損覺之，且遺書謝之曰：‘在小子一時間却擬送去，恐大官兩羅裏更不將來。’乾祐中，奉使鄭州，時宋彦筠爲節度使。彦筠小字忙兒，因宴會，彦筠酒酣，輒問曰：‘衆人何爲號

足下爲"羅隱"?'對曰:'下官平素好爲詩,其格致大抵如羅隱,故人爲號。'彥筠曰:'不然,蓋爲足下輕薄如羅隱耳。'知損大怒,厲聲曰:'只如令公,人皆謂之宋忙兒,未必便能放牛。'滿座皆笑。"見《五代史補》卷四李知損薄條。

[5]《大典》卷一〇三九〇"李"字韻"姓氏(三五)"事目。

孫晟

孫晟,本名鳳。[1]性陰賊,好姦謀。少爲道士,工詩,於廬山簡寂觀畫唐詩人賈島像,[2]懸於屋壁,以禮事之。觀主以爲妖妄,執杖驅出之,大爲時輩所嗤。改儒服,謁唐莊宗於鎮州,授祕書省著作佐郎。[3]天成初,朱守殷據夷門叛,[4]時晟爲幕賓,贊成其事。[5]是時晟常擐甲露刃,以十數騎自隨,巡行於市,多所屠害,汴人爲之切齒。城陷,朱氏被誅,晟乃匿跡更名,棄其妻子,亡命於陳、宋間。[6]

[1]孫晟,本名鳳:《輯本舊史》之案語:"案《南唐書》云:孫忌,高密人,一名鳳,又名晟,少舉進士。"見陸游《南唐書》卷一一《孫忌傳》,下同。《新五代史》卷三三《孫晟傳》:"孫晟,初名鳳,又名忌,密州人也。"馬令《南唐書》卷一六《孫晟傳》同。《通鑑》卷二七六天成二年(927)十月條作"孫晟",並附《考異》:"《江南録》作'孫忌'。今從王溥《周世宗實録》。"

[2]簡寂觀:道觀名。位於今江西廬山市。 賈島:人名。范陽(今河北涿州市)人。唐代詩人。傳見《新唐書》卷一七六。

[3]授祕書省著作佐郎:中華書局本有校勘記:"'著作佐郎',

原作‘著作郎’，據殿本、孔本、《册府》卷七三〇、《新五代史》卷三三《孫晟傳》改。”另，《輯本舊史》之案語：“案《南唐書》云：豆盧革爲相，雅知忌，辟爲判官。”檢《南唐書》原文，“辟爲判官”下有“遷著作郎”等語。

　　[4]朱守殷：人名。籍貫不詳。五代後唐將領。傳見本書卷七四、《新五代史》卷五一。　夷門：地名。原指戰國魏都大梁城東門，故址在今河南開封城内東北隅。夷門位於夷山，夷山因山勢平夷而得名，故門亦以山爲名。此處代指開封。

　　[5]“天成初”至“贊成其事”：《通鑑》卷二七六天成二年十月條：“民間訛言帝欲自擊吳，又云欲制置東方諸侯。宣武節度使、檢校侍中朱守殷疑懼，判官高密孫晟勸守殷反，守殷遂乘城拒守。”汴州爲宣武軍節度使治所，夷門爲汴州別稱。

　　[6]陳：州名。治所在今河南淮陽縣。　“城陷”至“亡命於陳、宋間”：《輯本舊史》之案語：“案《歐陽史》云：‘安重誨惡晟，以爲教守殷反者晟也，畫其像購之，不可得，遂族其家。晟奔於吳。’與《薛史》微有詳略，皆言晟因朱守殷事牽連而亡命也。《南唐書》則云：‘天成中，與高輦同事秦王從榮，從榮敗，忌亡命至正陽。未及渡，追騎奄至，亦疑其狀偉異，睨之。忌不顧，坐淮岸，捫敝衣齧蝨，追者乃捨去。’是又以晟爲秦王賓客而出亡也。與《五代史》異。”

　　會同惡者送之過淮，吳人方納叛亡，即以僞官授之。[1]晟亦微有詞翰，李昇僞尊楊溥爲讓皇之册文，[2]即晟之詞也，故江南尤重之。[3]二十年間，累歷僞任，財貨邸第，頗適其意。[4]晟以家妓甚衆，每食不設食几，令衆妓各執一食器，周侍於其側，謂之“肉臺盤”，其自養稱愜也如是。

[1]即以僞官授之：《通鑑》卷二七六天成二年（927）十月己丑條：“帝至大梁，四面進攻，吏民緣城出降者甚衆。守殷知事不濟，盡殺其族，引頸命左右斬之。乘城者望見乘輿，相帥開門降。孫晟奔吴，徐知誥客之。”同書卷二七七長興三年（932）二月條：“吴徐知誥作禮賢院於府舍，聚圖書，延士大夫，與孫晟及海陵陳覺談議時事。”

[2]李昪（biàn）：人名。徐州（今江蘇徐州市）人。五代十國南唐建立者。傳見本書卷一三四、《新五代史》卷六二。　楊溥：五代十國吴國皇帝，後禪位於徐知誥。傳見本書卷一三四、《新五代史》卷六一。　李昪僞尊楊溥爲讓皇之册文：中華書局本有校勘記：“‘楊溥’，原作‘楊浦’，據劉本、邵本校、彭校改。按本書卷一三四有《楊溥傳》。”

[3]故江南尤重之：《新五代史》卷三三《孫晟傳》：“晟爲人口吃，遇人不能道寒暄，已而坐定，談辯鋒生，聽者忘倦。昪尤愛之，引與計議，多合意。”

[4]“二十年間”至“頗適其意”：《通鑑》卷二八三天福八年（943）二月條：“（馮）延巳嘗戲謂中書侍郎孫晟：‘公有何能，爲中書郎？’晟曰：‘晟，山東鄙儒，文章不如公，談諧不如公，諂詐不如公。然主上使公與齊王遊處，蓋欲以仁義輔導之也，豈但爲聲色狗馬之友邪！晟誠無能，公之能，適足爲國家之禍耳。’……庚午，（李昪）疾亟，太醫吴廷裕遣親信召齊王璟入侍疾……是夕，殂……孫晟恐馮延巳等用事，欲稱遺詔令太后臨朝稱制。翰林學士李貽業曰：‘先帝嘗云：婦人預政，亂之本也。安肯自爲厲階！此必近習姦人之詐也。且嗣君春秋已長，明德著聞，公何得遽爲亡國之言！若果宣行，吾必對百官毁之。’晟懼而止。”開運元年（944）正月條：“唐主於宫中作高樓，召侍臣觀之，衆皆歎美。蕭儼曰：‘恨樓下無井。’唐主問其故。對曰：‘以此不及景陽樓耳。’唐主怒，貶於舒州，觀察使孫晟遣兵防之，儼曰：‘儼以諫諍得罪，非有他志。昔顧命之際，君幾危社稷，其罪顧不重於儼乎？今日反

見防邪！'晟惵懼，遽罷之。"《輯本舊史》之案語："案《玉壺清話》載：忌爲舒州觀察，有二卒白晝持刃求害忌，忌諭以禍福，解金帶與之，使遁去。《南唐書》云：忌爲舒州節度使，治軍嚴，有歸化卒二人，正晝挺白刃入府，求忌殺之。入自西門，吏士倉卒莫能禦。適忌閒行在東門，聞亂，得民家馬乘之，奔桐城。叛卒不得忌，乃殺都押衙李建崇而逸。忌坐貶光祿卿。考孫晟在舒州事，不見五代正史，故傳聞多失實。"《通鑑》卷二九○廣順元年（951）三月條："唐以楚王希萼爲天策上將軍、武安武平静江寧遠節度使兼中書令、楚王，以右僕射孫忌、客省使姚鳳爲册禮使。"廣順二年三月條："唐主以太弟太保、昭義節度使馮延巳爲左僕射，前鎮海節度使徐景運爲中書侍郎，及右僕射孫晟皆同平章事。既宣制，户部尚書常夢錫衆中大言曰：'白麻甚佳，但不及江文蔚疏耳！'晟素輕延巳，謂人曰：'金盃玉盌，乃貯狗矢乎！'"同書卷二九一廣順二年十月條："左僕射同平章事馮延巳、右僕射同平章事孫晟上表請罪，皆釋之。晟陳請不已，乃與延巳皆罷守本官。"

顯德三年春，王師下廣陵，江左驚窘，李景僞署晟爲司空，[1]令奉貢於行在。[2]世宗遣右常侍劉悦伴之，[3]賜與甚厚。泪隨駕到闕，舍於都亭驛，禮遇殊優。每召見，飲之醇醴，問以江南事，晟但言："吳畏陛下之神武，唯以北面爲求，保無二也。"先是，張永德守下蔡，素與李重進不協，[4]每宴將校，多暴其短。一日，永德乘醉，乃大言重進潛畜姦謀，當時將校無不驚駭，緣是人情大擾。後密遣親信乘驛上言，世宗不聽，亦不介意。一日，重進自壽陽去其部從，[5]直詣永德帳下，宴飲終日而去，自此人情稍安。時李景覘而知之，因密令人齎蠟書遺重進，勸爲不軌，重進以其蠟書進呈，世宗覽之，皆斥讒反間之言。世宗怒晟前言失實，因急召侍衛都虞候韓通，[6]令收晟下獄，與其從者百餘人皆誅之。[7]翌日，宰臣上謁，世宗親諭之，始知其事實。議者以晟昔搆禍於梁民，今伏法於梁獄，報應之道，豈徒然哉！

[1]廣陵：縣名。治所在今江蘇揚州市。　李景：即南唐元宗李璟，徐州彭城（今江蘇徐州市）人。南唐烈祖李昇長子，南唐第二位皇帝。後因受後周威脅，削去帝號，改稱國主。傳見本書卷一三四、《新五代史》卷六二。　司空：官名。與太尉、司徒並為三公，唐後期、五代多為大臣、勳貴加官。正一品。

[2]行在：即行在所。指帝王行幸所在之地。　“顯德三年春”至“令奉貢於行在”：《輯本舊史》卷一一六《周世宗紀三》顯德三年（956）三月丙午條：“江南國主李景遣其臣偽司空孫晟、偽禮部尚書王崇質等奉表來上，仍進金一千兩，銀十萬兩，羅綺二千匹，又進賞給將士茶絹金銀羅帛等。”《通鑑》卷二九三顯德三年三月條：“晟謂馮延巳曰：‘此行當在左相，晟若辭之，則負先帝。’既行，知不免，中夜，歎息謂崇質曰：‘君家百口，宜自為謀。吾思之熟矣，終不負永陵一培土，餘無所知！’……丙午，孫晟等至上所。庚戌，上遣中使以孫晟詣壽春城下，且招諭之。仁瞻見晟，戎服拜於城上。晟謂仁瞻曰：‘君受國厚恩，不可開門納寇。’上聞之，甚怒，晟曰：‘臣為唐宰相，豈可教節度使外叛邪！’上乃釋之。”

[3]劉悅：人名。籍貫不詳。五代後周官員。事見本書本卷、卷一一一。

[4]張永德：人名。并州陽曲（今山西陽曲縣）人。五代、宋初大將，頗受宋太祖、宋太宗信用。傳見《宋史》卷二五五。　下蔡：縣名。治所在今安徽鳳臺縣。　李重進：人名。滄州（今河北

滄縣舊州鎮）人。五代後周將領。北宋建立後起兵反叛，兵敗身死。傳見《宋史》卷四八四。

[5]壽陽：縣名。治所在今山西壽陽縣。

[6]侍衛都虞候：官名。即侍衛親軍都虞候。五代時期侍衛親軍的高級統率官，判六軍諸衛事。　韓通：人名。太原（今山西太原市）人。五代後漢、後周、宋初將領。傳見《宋史》卷四八四。

[7]“洎隨駕到闕”至“與其從者百餘人皆誅之”：《通鑑》卷二九三顯德三年十月條：“初，唐使者孫晟、鍾謨從帝至大梁，帝待之甚厚，每朝會，班於中書省官之後。時召見，飲以醇酒，問以唐事，晟但言‘唐主畏陛下神武，事陛下無二心。’及得唐蠟書，帝大怒，召晟，責以所對不實。晟正色抗辭，請死而已。問以唐虛實，默不對。十一月，乙巳，帝命都承旨曹翰送晟於右軍巡院，更以帝意問之，翰與之飲酒數行，從容問之，晟終不言。翰乃謂曰：‘有敕，賜相公死。’晟神色怡然，索袍笏，整衣冠，南向拜曰：‘臣謹以死報國。’乃就刑。并從者百餘人皆殺之，貶鍾謨耀州司馬。既而帝憐晟忠節，悔殺之，召謨，拜衛尉少卿。”《輯本舊史》之案語：“案《南唐書》云：世宗命都承旨曹翰護至右軍巡院，猶飲之酒，數酌，翰起曰：‘相公得罪，賜自盡。’忌怡然整衣索笏，東南望再拜曰：‘臣受恩深，謹以死謝。’從者二百人，亦皆誅死於東相國寺。”

　　晟性慷慨，常感李景之厚遇，誓死以報之。[1]及將下獄，世宗令近臣問以江南可取之狀，晟默然不對。臨刑之際，整其衣冠，南望金陵再拜而言曰：“臣惟以死謝。”遂伏誅。[2]《永樂大典》卷三千五十一。[3]

[1]“晟性慷慨”至“誓死以報之”：《輯本舊史》之案語：“案《釣磯立談》云：晟將命周朝，自知不免，私謂副使王崇質

曰：‘吾思之熟矣，終不忍負永陵一抔土，餘非所知也。’”

[2]金陵：地名。今江蘇南京市古稱。　遂伏誅：《新五代史》卷六二《南唐世家二》李景交泰元年（顯德五年，958）：“初，孫晟使于周，留不遣，而世宗問晟江南虛實，不對，世宗怒，殺晟。周已罷兵，景乃贈劉仁贍太師，追封晟魯國公。”

[3]《大典》卷三〇五一爲“親”字韻“事韻”，誤。當爲卷三五六一“孫”字韻“姓氏（八）”事目。

劉遂凝[1]

[1]劉遂凝：《輯本舊史》卷二三《劉鄩傳》云“子遂凝、遂雍別有傳”，知《舊史》有《劉遂凝傳》，今據增。

劉遂凝，密州安丘縣人也。[1]父鄩，[2]歷仕唐、梁，至河東道招討使。[3]唐長興二年三月，明宗拜遂凝檢校户部尚書、右監門衛將軍。[4]夏州李仁福卒，其子彝超自立而邀旄節。[5]明宗遣安從進代之，[6]彝超不受代。以兵攻之，久不克。[7]時遂凝爲隰州刺史。長興四年，遂凝至京師，明宗問所陳密事，奏曰：“臣所部與綏、銀二州接境，[8]二州漢户約五千，自聞國家攻討夏州，皆藏竄山險。請除二州刺史，各與二三百人爲衙隊，令其到郡招撫，則不戰而下兩州矣。”帝問左右：“其言如何？”范延光奏曰：“綏、銀户民，朝廷常加撫育，緣與部落雜處，其心翻覆多端。昨聞安從進初至蘆關，[9]蕃酋望風歸附，尋加存撫，各令放歸。及上馬登山，未行百步，反襲從進騎從七十餘人，幾至不濟。奈何刺史牙隊一二百人制彼狡虜，適足爲虜嗤也。況國家之患，正在夏州。即平，綏、銀自然景附。如夏州未拔，王師自當退舍，何以能守綏、銀？遂凝之説非也。"遂凝不能對，良久又奏曰："臣聞李仁福有二子，彝超乃次子也，長子彝殷爲夏州留後，[10]彝超徵詔赴闕，則諸蕃歸心矣。臣請以百騎自入夏州。"延光心知其不可，以遂凝恃内助之恩，恐併沮其謀則生怨望，乃止。翌日，帝又謂延光曰："遂凝之行可乎？"延光奏曰："王師進取之謀，計度已定，遂凝請立彝殷，兼將百騎入夏州，事固不可。設令虜執吾使，一遂凝不足惜，所惜朝廷事體也。臣等商量，不請遂凝輕行。"乃止。[11]末帝至河陽，[12]心憚北行，召宰相、樞密使議進取方略，盧文紀希帝旨，言："國家根本，太半在河南。胡兵倏來忽往，不能久留；晉安大寨甚固，[13]況已發三道兵救之。河陽天下津要，車駕宜留此鎮撫南北，且遣近臣往督戰，苟不能解圍，進亦未晚。"張延朗欲因事令趙延壽得解樞務，[14]因曰："文紀言是也。"末帝訪於餘人，無敢異言者。澤州刺史劉遂凝，[15]潛自通於石敬瑭，表稱車駕不可踰太行。[16]

[1]密州：州名。治所在今山東諸城市。　安丘縣：縣名。治所在今山東安丘市。

[2]鄩：人名。即劉鄩。密州安丘（今山東安丘市）人。唐末、五代將領。傳見本書卷二三、《新五代史》卷二二。

[3]河東道：道名。唐貞觀元年（627）置，爲唐貞觀十道、開元十五道之一。轄境相當今山西全省、河北省西北部、内蒙古興

和縣與察哈爾右翼前旗一帶。開元二十一年（733）置河東道採訪處置使，治所在蒲州（今山西永濟市西南蒲州鎮）。乾元元年（758）廢，但作爲地理區劃名稱，仍沿用至五代。　招討使：官名。唐貞元始置。戰時任命，兵罷則省。常以大臣、將帥或地方軍政長官兼任。掌招撫、討伐等事務。　“劉遂凝”至“至河東道招討使”：劉遂凝籍貫及家世，據《輯本舊史》卷二三《劉鄩傳》、《新五代史》卷二二《劉鄩傳》酌補。

[4]檢校户部尚書：官名。爲散官或加官，以示恩寵，無實際執掌。　右監門衛將軍：官名。唐置，掌宮禁宿衛。唐置十六衛之一，從三品。　唐長興二年三月，明宗拜遂凝檢校户部尚書、右監門衛將軍：《宋本册府》卷一七二《帝王部·求舊門二》。

[5]夏州：州名。治所在朔方縣（今陝西靖邊縣）。　李仁福：人名。党項拓跋族人。五代党項首領。傳見本書卷一三二、《新五代史》卷四〇。　彝超：人名。即李彝超。党項族。五代軍閥。李仁福之子。傳見本書卷一三二。

[6]安從進：人名。索葛部人。五代後唐、後晉將領。傳見本書卷九八、《新五代史》卷五一。

[7]“夏州李仁福卒”至“久不克”：《新五代史》卷五一《范延光傳》。

[8]隰州：州名。治所在今山西隰縣。　綏：州名。治所在今陝西綏德縣。　銀：州名。治所在今陝西榆林市橫山區。　臣所部與綏、銀二州接境：《宋本册府》卷三八九《將帥部·請行門》作“臣所部興綏、銀二州接境”，“興”字當作“與”。

[9]蘆關：關隘名。位於今陝西延安市安塞區北。

[10]彝殷：人名。即李彝殷。党項族。李仁福長子。　留後：官名。原非正式命官，唐朝節度使入朝或宰相、親王遥領節度使不臨鎮則置。安史之亂後，節度使多以子弟或親信爲留後，以代行節度使職務，亦有軍士、叛將自立爲留後者。掌一州或數州軍政。北宋始爲朝廷正式命官。

[11] "時遂凝爲隰州刺史" 至 "乃止"：《宋本册府》卷三八九《將帥部·請行門》。明本《册府》卷九九四《外臣部·備禦門七》載，長興四年（929），"四月己亥，隰州刺史劉遂凝至，帝問所陳密事，奏曰：'臣所部與綏、銀二州接境，二州漢户約五千，自聞國家攻討夏州，皆藏竄山險。請除二州刺史，各與二三百人爲衙隊，令其到郡招撫，則不戰而下兩州矣。'帝問左右：'其言如何？'范延光奏曰：'綏、銀户民，朝廷嘗加撫育，緣與部落雜處，其心翻覆多端。昨聞安從進初至盧關，蕃酋望風歸附，尋加存撫，各令放歸。及上馬登山，未及百步，反襲從進騎從士十餘人，幾至不濟。奈何以刺史衙隊一二百人制彼狡虜，適足爲虜嗤也。況國家之患，正在夏州。夏州即平，綏、銀自然景附。如夏州未拔，王師自當退舍，何以能守綏、銀？遂凝之説非也。'遂凝不能對，良久又奏曰：'臣聞李仁福有二子，彝超乃次子也，長子彝殷爲夏州留後，彝超徵詔赴闕，則諸蕃歸心矣。臣請以百騎自入夏州。'延光心知其不可，以遂凝恃内助之恩，恐併沮其謀則生怨望，乃止。翼日，帝又謂延光曰：'遂凝之行可乎？'延光奏曰：'王師進取之謀，計度已定，遂凝請立彝殷，兼將百騎入夏州，事固不可。設令虜執吾使，一遂凝不足惜，所惜朝廷事體也。臣等商量，不許遂凝輕行。'乃止"。其事亦見《新五代史》卷五一《范延光傳》。

[12]末帝：即後唐末帝李從珂。鎮州平山（今河北平山縣）人。紀見本書卷四六至卷四八、《新五代史》卷七。 河陽：方鎮名。全稱"河陽三城"。治所在孟州（今河南孟州市）。

[13]晉安：地名。亦名晉安鄉。位於今山西太原市晉祠鎮南。

[14]張延朗：人名。汴州（今河南開封市）人。五代後唐大臣，歷任三司使、宰相。傳見本書卷六九、《新五代史》卷二六。

趙延壽：人名。本姓劉，恒山（今河北正定縣）人。後唐明宗李嗣源女婿，後降契丹，引導契丹攻滅後晉。傳見《遼史》卷七六。

[15]澤州：州名。治所在今山西澤州縣。

[16]太行：即太行山。 "末帝至河陽"至"表稱車駕不可

踰太行”：《通鑑》卷二八〇天福元年（即後唐清泰三年，936）九月庚戌條，“末帝”原作“帝”，據《舊史》體例改。

晋天福中，遂凝歷華州節度使、右龍武統軍、左驍衛上將軍。[1]漢天福十二年二月，唐王淑妃與郇公李從益居洛陽，淑妃詣大梁會禮。契丹主見而拜之曰：“吾嫂也。”遂凝因淑妃求節鉞，契丹主以從益爲許王、威信節度使，遂凝爲安遠節度使。[2]乾祐三年，爲左武衛上將軍。[3]周廣順元年，爲左神武統軍。[4]

[1]華州：州名。治所在今陝西渭南市華州區。　右龍武統軍：官名。唐代右龍武軍統兵官。唐置六軍，分左、右羽林，左、右龍武，左、右神武等，即“北衙六軍”。興元元年（784），六軍各置統軍，以寵功勳臣。其品秩，《唐會要》卷七一、《舊唐書》卷一二記載爲“從二品”，《通鑑》卷二二九記載爲“從三品”。　左驍衛上將軍：官名。唐置，掌宮禁宿衛。從二品。　晋天福中，遂凝歷華州節度使、右龍武統軍、左驍衛上將軍：《輯本舊史》卷七八《晋高祖紀四》天福四年（939）四月己卯條：“以華州節度使劉遂凝爲右龍武統軍。”同書卷八一天福七年十二月乙丑條：“以右龍武統軍劉遂凝爲左驍衛上將軍。”遂凝在華州時曾厚贈鄭遨（字雲叟），辟薛居正爲從事，史有記載。《宋本册府》卷八〇五《總錄部·高潔門》鄭雲叟條：“華下連帥劉遂凝嘗以貨貝遺之，一無留者。”明本“華下”作“華州”。《新五代史》卷三四《鄭遨傳》：“節度使劉遂凝數以寶貨遺之，遨一不受。”《宋史》卷二六四《薛居正傳》：“晋天福中，華帥劉遂凝辟爲從事。遂凝兄遂清領邦計，奏署鹽鐵巡官。”

[2]王淑妃：後唐明宗嬪嬙。傳見本書卷五一、《新五代史》卷一五。　李從益：人名。沙陀部人。後唐明宗李嗣源幼子。契丹

蕭翰北歸，以其爲傀儡統治中原地區。傳見本書卷五一。 威信：方鎮名。據《新五代史》卷六〇《職方考》："後晋開運二年置威信軍於曹州治所在曹州，漢初軍廢，周廣順二年復置，改名彰信軍。"

安遠：方鎮名。治所在安州（今湖北安陸市）。 "漢天福十二年二月"至"遂凝爲安遠節度使"：《通鑑》卷二八六天福十二年二月條。王淑妃事，見《新五代史》卷二二《劉鄩傳》："鄩妾王氏有美色，鄩卒後，入明宗宫中，是爲王淑妃。明宗晚年，淑妃用事，鄩二子皆被恩寵。"

[3]左武衛上將軍：官名。唐置，掌宫禁宿衛。從二品。 乾祐三年，爲左武衛上將軍：《輯本舊史》卷一〇三《漢隱帝紀下》乾祐三年（950）二月乙未條："以前安州節度使劉遂凝爲左武衛上將軍。"

[4]左神武統軍：官名。唐代右龍武軍統兵官。唐置六軍，分左、右羽林，左、右龍武，左、右神武等，即"北衙六軍"。興元元年（784），六軍各置統軍，以寵功勳臣。其品秩，《唐會要》卷七一、《舊唐書》卷一二記載爲"從二品"，《通鑑》卷二二九記載爲"從三品"。 周廣順元年，爲左神武統軍：《輯本舊史》卷一一一《周太祖紀二》廣順元年（951）二月己亥條："以左武衛上將軍劉遂凝爲左神武統軍。"遂凝不知所終。

舊五代史　卷一三二

承襲列傳第一[1]

[1]承襲列傳第一：中華書局本沿《輯本舊史》"承襲"作"世襲"，並有校勘記："'世襲'，《通鑑》卷二九二《考異》引《薛史》、《通曆》卷一五作'承襲'。本書各處同。"見《通鑑》卷二九二顯德三年（956）二月條《考異》及《通曆》卷一五所附《五代承襲傳》。司馬光在《通鑑》及其《考異》中多處引用及參考薛居正《五代史》作爲依據，《通曆》亦可參考，故改。卷一三三同。本卷末闕史論。

李茂貞　子從曮　從昶　從弟茂勳

李茂貞，本姓宋，名文通，深州博野人。[1]祖鐸，[2]父端。[3]唐乾符中，[4]鎮州有博野軍，[5]宿衛京師，屯於奉天。[6]文通時隸本軍爲市巡，累遷至隊長。[7]黃巢犯闕，[8]博野軍留於鳳翔，[9]時鄭畋理兵於岐下，[10]畋遣文通以本軍敗尚讓之衆於龍尾坡，[11]以功爲神策軍指揮使。[12]朱玫之亂，[13]唐僖宗再幸興元，[14]文通扈蹕山南，[15]論功第一，遷檢校太保、同平章事、[16]洋蓬壁等州節度使，[17]賜姓，名茂貞，[18]僖宗親爲製字曰正臣。[19]光啓二年，[20]王行瑜殺朱玫於京師，[21]李昌符擁兵於岐下，[22]詔茂貞與陳佩等討之。[23]三年，誅昌符，[24]車駕還京，以茂貞爲鳳翔節度使，[25]加檢校太尉、兼侍中、隴西郡王。[26]

[1]深州：州名。治所在今河北深州市。　博野：縣名。治所在今河北蠡縣。　　"李茂貞"至"深州博野人"：《通鑑》卷二五九景福二年（893）十月條《考異》引《續寶運録》："李茂貞，先朝封爲太子，本姓宋，洋州牧，先祖討昭義劉從諫有功，子孫爵賞不絶。"

[2]鐸：薛光序撰《大唐秦王謚曰忠敬墓誌銘》作"鐔"。

[3]端：人名。即宋端。本書僅此一見。

[4]乾符：唐僖宗李儇年號（874—879）。

[5]鎮州：州名。治所在今河北正定縣。

[6]奉天：縣名。治所在今陝西乾縣。

[7]"唐乾符中"至"累遷至隊長"：《宋本册府》卷九五三《總録部·困辱門》："少去鄉里，客奉天，爲市吏，數爲鎮將所辱。"同書卷三六〇《將帥部·立功門一三》："唐末隸博野軍征伐，立戰功，繇是軍中知名，漸爲裨校。"

[8]黃巢：人名。曹州冤句（今山東菏澤市）人。唐末農民起義領袖。傳見《舊唐書》卷二〇〇下、《新唐書》卷二二五下。

[9]鳳翔：府名。治所在今陝西鳳翔縣。

[10]鄭畋：人名。滎陽（今河南滎陽市）人。唐末宰相、軍閥。傳見《舊唐書》卷一七八、《新唐書》卷一八五。《輯本舊史》之庫本粘籤："鄭畋，原本作'鄭攻'，今從《新唐書》改正。"見《新唐書》卷一八五《鄭畋傳》。　岐下：地名。即鳳翔。

[11]尚讓：人名。籍貫不詳。黃巢部將，後被時溥所殺。事見《舊唐書》卷二〇〇下、《新唐書》卷二二五下。　龍尾坡：地名。位於今陝西岐山縣東。

[12]神策軍指揮使：官名。神策軍，唐後期禁軍之一，以宦官

爲統帥，並由其控制的軍隊。天寶十三載（754），唐王朝爲防吐蕃內擾而設。唐朝末年，神策軍大都捲入宦官集團與朝官的鬥爭，唐亡即廢。指揮使爲統兵將領。　以功爲神策軍指揮使：《舊唐書》卷一九下《僖宗紀》中和元年（881）三月條："黃巢遣大將林言、尚讓率衆數萬寇鳳翔，鄭畋率師逆擊，大敗賊衆於龍尾陂。"《通鑑》卷二五四所記年月同。《舊唐書》卷二〇〇下《黃巢傳》繫此事於中和元年二月。《宋本册府》卷三六〇《將帥部·立功門一三》："黃巢之寇關輔也，僖宗幸蜀，賊將王璠、尚讓屢肆凶鋒，文通以宿衛軍留鳳翔，與連帥鄭畋大破尚讓于龍尾陂，追奔至於奉天。賊平，輿駕還京，録功，以文通爲神策軍指揮使、檢校太保。"《新唐書》卷二〇八《田令孜傳》："始，右神策統軍宋文通爲諸軍所疾，令孜因事召見，欲殺之。既見，乃欣然更養爲子，名彦賓，即李茂貞也。"《通鑑》卷二五九景福二年十月條《考異》引《續寶運録》："茂貞先中和年中，投判軍容使田令孜作養男，姓田名彦賓，蓋趨其勢也。"李茂貞曾爲田令孜養子，改名田彦賓，本傳未載其事。

　　[13]朱玫：人名。邠州（今陝西彬縣）人。唐末軍閥。傳見《舊唐書》卷一七五、《新唐書》卷二二四下。

　　[14]唐僖宗：即李儇，873年至888年在位。紀見《舊唐書》卷一九下、《新唐書》卷九。　興元：府名。治所在今陝西漢中市。

　　唐僖宗再幸興元：《新唐書》卷九《僖宗紀》光啓二年（886）正月癸巳條："朱玫叛，寇鳳翔。"同年三月丙申條："次興元。"興元府爲山南西道節度使治所。

　　[15]山南：方鎮名。即山南東道。治所在襄州（今湖北襄陽市）。　文通崑蹕山南：《舊唐書》卷一九下《僖宗紀》光啓二年六月條："時朱玫遣將王行瑜率邠寧、河西之師五萬屯鳳州，保鑾都將李鋌、李茂貞、陳珮等抗之於大唐峰。"《通鑑》卷二五六光啓二年七月條："王行瑜進攻興州，感義節度使楊晟棄鎮走，據文州，詔保鑾都將李鋌、崑蹕都將李茂貞、陳佩屯大唐峯以拒之。"

所載各有異同。

[16]檢校太保：官名。爲散官或加官，以示恩寵，無實際執掌。 同平章事：即“同中書門下平章事”的簡稱。唐高宗以後，凡實際任宰相之職者，常在其本官後加同平章事的職銜。後成爲宰相專稱。

[17]洋：州名。治所在今陝西洋縣。 蓬：州名。治所在今四川儀隴縣。 壁：州名。治所在今四川通江縣。 節度使：官名。唐時在重要地區所設掌握一州或數州軍、民、財政的長官。

[18]“論功第一”至“名茂貞”：《舊唐書》卷一九下《僖宗紀》光啓三年正月乙亥條：“扈蹕都頭李茂貞爲檢校尚書左僕射、洋州刺史、武定軍節度使。”《新五代史》卷四〇《李茂貞傳》：“茂貞以功自扈蹕都頭拜武定軍節度使，賜以姓名。”據《新唐書》卷六七《方鎮表四》，光啓元年，置武定軍節度使，治洋州；光化元年（898），蓬、壁二州始隸武定軍節度。李茂貞拜武定軍節度使時，轄境尚無蓬、壁二州，本傳誤。

[19]僖宗親爲製字曰正臣：《輯本舊史》之影庫本粘籤：“正臣，原本作‘尹臣’，今從《歐陽史》改正。”《新五代史》未載其事。《宋本册府》卷八二五《總錄部·名字門二》作“正臣”。

[20]光啓：唐僖宗李儇年號（885—888）。中華書局本有校勘記：“‘光啓’，原作‘光化’，據殿本、劉本、邵本改。按《通鑑》卷二五六繫其事於唐僖宗光啓二年，光化爲昭宗年號。”見《通鑑》卷二五六光啓二年十二月甲寅條。

[21]王行瑜：人名。邠州（今陝西彬縣）人。唐末軍閥。傳見《舊唐書》卷一七五、《新唐書》卷二二四下。

[22]李昌符：人名。籍貫不詳。唐末、五代軍閥。事見《舊唐書》卷一九下、本書卷二五。

[23]陳佩：人名。籍貫不詳。事見本書本卷。 詔茂貞與陳佩等討之：《新唐書》卷九《僖宗紀》光啓三年六月條：“己酉，鳳翔節度使李昌符反。庚戌，犯大安門，不克，奔于隴州。壬子，武定

軍節度使李茂貞爲隴州招討使。"

[24]誅昌符:《舊唐書》卷一九下《僖宗紀》光啓三年七月壬申條:"隴州刺史薛知籌以城降李茂貞,遂拔隴州,斬李昌符、昌仁等,傳首獻于行在。"

[25]以茂貞爲鳳翔節度使:《舊唐書》卷一九下《僖宗紀》光啓三年七月丙子條:"制以武定軍節度使、檢校尚書左僕射,兼洋州刺史、御史大夫、上柱國、隴西郡公、食邑一千五百户李茂貞檢校司空、同平章事,兼鳳翔尹、鳳翔隴右節度等使。"

[26]侍中:官名。秦始置。隋、唐前期爲門下省長官。唐後期多爲大臣加銜,不參與政務,實際職務由門下侍郎執行。正二品。

加檢校太尉、兼侍中、隴西郡王:《通鑑》卷二五七文德元年五月條:"加鳳翔節度使李茂貞檢校侍中。"《新五代史》卷四〇《李茂貞傳》:"大順元年,封隴西郡王。"李茂貞封王在唐昭宗朝,非僖宗朝,本傳誤。

大順二年,[1]觀軍容使楊復恭得罪,[2]奔山南,與楊守亮據興元叛,[3]茂貞與王行瑜討平之。[4]詔以宰相徐彥若鎮興元,[5]茂貞違詔,表其假子繼徽爲留後,[6]堅請旌鉞,[7]昭宗不得已而授之。[8]自是茂貞恃勳恣横,擅兵窺伺,頗干朝政,始萌問鼎之志矣。既而逐涇原節度使張球、[9]洋州節度使楊守忠、[10]鳳州刺史滿存,[11]皆奪據其地,奏請子弟爲牧伯,[12]朝廷不能制。大臣奏議言其過者,茂貞即上章論列,辭旨不遜,姦邪者因之附麗,遂成朋黨,朝政於是隳焉。

[1]大順:唐昭宗李曄年號(890—891)。

[2]觀軍容使:官名。唐朝始設,負責監視出征將帥之高級軍

職，多以掌權宦官擔任。　楊復恭：人名。閩（今福建）人。唐末宦官首領。傳見《舊唐書》卷一八四、《新唐書》卷二〇八。

[3]楊守亮：人名。曹州（今山東菏澤市）人。唐末軍閥。傳見《新唐書》卷一八六。　"大順二年"至"與楊守亮據興元叛"：《通鑑》卷二五八大順二年（891）十月乙酉條："楊復恭居第近玉山營，假子守信爲玉山軍使，數往省之。或告復恭與守信謀反，乙酉，上御安喜樓，陳兵自衛，命天威都將李順節、神策軍使李守節將兵攻其第。張綰帥家衆拒戰，守信引兵助之，順節等不能克。"同月丙戌條："守信與復恭挈其族自通化門出，趣興元，永安都頭權安追之，擒張綰，斬之。復恭至興元，楊守亮、楊守忠、楊守貞及綿州刺史楊守厚同舉兵拒朝廷，以討李順節爲名。"

[4]茂貞與王行瑜討平之：《通鑑》卷二五九景福元年（892）正月丙寅條："鳳翔李茂貞、靜難王行瑜、鎮國韓建、同州王行約、秦州李茂莊五節度使上言：楊守亮容匿叛臣楊復恭，請出軍討之，乞加茂貞山南西道招討使。朝議以茂貞得山南，不可復制，下詔和解之，皆不聽。"同年二月戊寅條："李茂貞、王行瑜擅舉兵擊興元。茂貞表求招討使不已，遺杜讓能、西門君遂書，陵蔑朝廷。上意不能容，御延英，召宰相、諫官議之。時宦官有陰與二鎮相表裏者，宰相相顧不敢言，上不悅。給事中牛徽曰：'先朝多難，茂貞誠有翼衛之功；諸楊阻兵，亟出攻討，其志亦在疾惡，但不當不俟詔命耳。比聞兵過山南，殺傷至多。陛下儻不以招討使授之，使用國法約束，則山南之民盡矣！'上曰：'此言是也。'乃以茂貞爲山南西道招討使。"同年八月辛丑條："李茂貞攻拔興元，楊復恭、楊守亮、楊守信、楊守貞、楊守忠、滿存奔閬州。"《考異》曰："《舊紀》：'景福元年十一月辛丑，鳳翔、邠寧之衆攻興元，陷之，節度使楊守亮、前中尉楊復恭、判官李巨川突圍而遁。十二月，辛未，華州刺史韓建奏於乾元縣遇興元散兵，擊敗之，斬楊守亮、楊復恭，傳首。'《實錄》：'乾寧元年七月，鳳翔、邠寧之兵攻興元，陷之，楊守亮、楊復恭突圍而遁。'《新紀》：'景福元年八月，茂貞寇

興元，守亮、滿存奔閬州。乾寧元年七月，茂貞陷閬州，八月，守亮伏誅。'《新·復恭傳》：'景福元年，茂貞攻興元，破其城，復恭、守亮、守信奔閬州。'《十國紀年·蜀史》：'景福元年十月，行瑜、茂貞表守亮招納叛臣，請討之。感義節度使滿存救守亮，爲茂貞所敗，奔興元。十一月，邠、岐攻陷興元，楊復恭帥守亮、守貞、守忠、滿存同奔閬州。十二月，壬午，華洪敗守亮等於州。'按《實録》，景福二年正月移茂貞山南，於時守亮不應猶在山南。今年月從《新紀》，事則參取諸書。"見《舊唐書》卷二〇上《昭宗紀》，《新唐書》卷一〇《昭宗紀》、卷二〇八《楊復恭傳》。李茂貞平興元在景福元年，本傳繫於大順二年，誤。

　　[5]徐彦若：人名。新鄭（今河南新鄭市）人。唐末宰相、軍閥。傳見《舊唐書》卷一七九、《新唐書》卷一一三。

　　[6]繼徽：人名。即楊崇本。籍貫不詳。李茂貞義子。唐末、五代軍閥。傳見本書卷一三、《新五代史》卷四〇。　留後：官名。唐五代節度使多以子弟或親信爲留後，以代行節度使職務，亦有軍士、叛將自立爲留後者。掌一州或數州軍政。　表其假子繼徽爲留後：中華書局本有校勘記："繼徽"，《通鑑》卷二五九《考異》引薛居正《五代史·茂貞傳》同，《新五代史》卷四〇《李茂貞傳》、《通鑑》卷二五九、《新唐書》卷二〇八《楊復恭傳》作"繼密"。《文苑英華》卷四五八有授李繼密山南西道節度使。見《通鑑》卷二五九景福元年七月己巳條《考異》、《舊唐書》卷二〇上景福元年十一月辛丑條、《新五代史》卷四〇《李茂貞傳》、《通鑑》卷二五九景福元年八月辛丑。李繼徽即楊崇本，李繼密即王萬弘。《輯本舊史》卷一三《楊崇本傳》："唐光化中，茂貞表爲邠州節度使。"《通鑑》卷二六一光化元年（898）五月條："以武定節度使李繼密爲山南西道節度使。"《新唐書》卷二〇天復二年（902）八月辛丑條："王建陷興元，山南西道節度使王萬弘叛附于建。"據史實，當以"繼密"爲是，本《傳》誤。

　　[7]旄鉞：亦稱節鉞、節旄。此處代指節度使。

[8]昭宗：即唐昭宗李曄，888 年至 904 年在位。紀見《舊唐書》卷二〇上、《新唐書》卷一〇。

[9]涇原：方鎮名。治所在今甘肅平涼市。　張球：人名。籍貫不詳。事見本書本卷。　既而逐涇原節度使張球：《通鑑》卷二五九景福元年七月己巳條《考異》引薛居正《五代史·李茂貞傳》同。中華書局本有校勘記：“‘逐’，原作‘遂’，據殿本、劉本、孔本、邵本、彭本、《通鑑》卷二五九《考異》引薛居正《五代史·茂貞傳》、《册府》卷四五四改。”又，《輯本舊史》之影庫本粘籤：“張球，原本作‘張璋’，今從《通鑑》改正。”

[10]楊守忠：人名。籍貫不詳。唐末軍閥。事見《新唐書》卷一〇、卷一八六。

[11]鳳州：州名。治所在今陝西鳳縣。　刺史：官名。漢武帝始置。州一級行政長官，總掌考核官吏、勸課農桑、地方教化等事。唐中期以後，節度、觀察使轄州而設，刺史爲其屬官，職任漸輕。　滿存：人名。籍貫不詳。唐末軍閥。事見《新唐書》卷一八六。

[12]牧伯：指州郡長官。　奏請子弟爲牧伯：《通鑑》卷二五九景福元年七月己巳條：“李茂貞克鳳州，感義節度使滿存奔興元。茂貞又取興、洋二州，皆表其子弟鎮之。”《新唐書》卷一〇《昭宗紀》同。此事在李茂貞平興元之前，本傳繫於其後，誤。

昭宗性英俊，不任其逼，欲加討伐。乾寧初，命宰臣杜讓能調發軍旅，[1]師未越境，爲茂貞所敗。茂貞乘勝進屯三橋，[2]京師大震，士庶奔散，天子乃誅中尉西門重遂、[3]李周潼等謝之。[4]茂貞嚴兵不解，勢將指闕，抗言讓能之罪，誅之方罷。[5]及韋昭度、李谿爲相，[6]茂貞聽崔昭緯之邪説，[7]復沮其事，表昭度等無相業，不可置之台司，恐亂天下。詔報曰：“軍旅之事，吾則與藩臣圖之，朝廷命相，出自朕懷。"[8]又請授王珙河中節度使，[9]詔報曰："太原表先至，[10]已許王珂，不可追改。"[11]乾寧二年五月，茂貞與王行瑜、韓建稱兵入覲，[12]京師震恐，天子御樓待之，抗表請殺宰相韋昭度、李谿以謝天下，移王珙於河中。[13]既還，留其假子繼鵬宿衛，即閻珪也。[14]

[1]杜讓能：人名。京兆（今陝西西安市）人。唐僖宗朝宰相。傳見《舊唐書》卷一七七、《新唐書》卷九六。 "昭宗性英俊"至"命宰臣杜讓能調發軍旅"：《新五代史》卷四〇《李茂貞傳》："茂貞表其子繼權知興元軍府事，昭宗乃徙茂貞山南西道節度使，以宰相徐彥若鎮鳳翔。茂貞不奉詔，上表自論曰：'但慮軍情忽變，戎馬難羈。徒令甸服生靈，因茲受弊；未審乘輿播越，自此何之？'昭宗以茂貞表辭不遜，不能忍，以問宰相杜讓能。讓能以謂：'茂貞地大兵彊，而唐力未可以致討；鳳翔又近京師，易以自危而難於後悔，佗日雖欲誅晁錯以謝諸侯，恐不能也。'昭宗怒曰：'吾不能屑屑坐受凌弱！'乃責讓能治兵，而以覃王嗣周爲京西招討使。令下，京師市人皆知不可，相與聚承天門，遮宰相，請無舉兵，爭投瓦石擊宰相，宰相下輿而走，亡其堂印，人情大恐，昭宗意益堅。"

[2]三橋：地名。位於今陝西西安市西北三橋鎮。

[3]中尉：官名。指神策軍中尉。唐德宗朝以後，左、右神策軍各置護軍中尉一人，由宦官充任，統領禁軍。 西門重遂：人名。籍貫不詳。唐末宦官。事見《新唐書》卷三〇八。中華書局本有校勘記："《新唐書》卷一〇《昭宗紀》、卷五〇《兵志》，《册府》卷九一、卷一七八同，殿本、劉本、《通鑑》卷二五九作'西門君遂'。"見《通鑑》卷二五九景福二年（893）九月條。

[4]李周潼：人名。籍貫不詳。唐末宦官。事見《舊唐書》卷

二〇上。

　　［5］"茂貞嚴兵不解"至"誅之方罷"：《舊唐書》卷二〇上《昭宗紀》景福二年九月條："乙亥，覃王率扈駕五十四軍進攻岐陽，屯于興平。李茂貞以兵逆戰，屯于盩厔。壬午，岐軍進迫興平，王師自潰。茂貞乘勝逼京師，進屯三橋。甲申，昭宗御安福門，斬觀軍容使西門君遂、内樞密使李周潼，遣中使賜茂貞詔，令收兵歸鎮。茂貞陳兵臨皋驛，數宰臣杜讓能之罪，請誅之。制貶太尉、平章事、晉國公杜讓能爲雷州司户。"同年十月條："乙未，賜杜讓能自盡，其弟户部侍郎弘徽坐讓能賜死。"《新唐書》卷一〇《昭宗本紀》、《通鑑》卷二五九繫年月同，惟"昭宗御安福門"云云繫於乙酉。本《傳》繫於乾寧初，誤。《新五代史》卷四〇《李茂貞傳》："茂貞素與讓能有隙，因曰：'謀舉兵者非兩樞密，乃讓能也。'陳兵臨皋驛，請殺讓能。讓能曰：'臣故先言之矣，惟殺臣可以紓國難。'昭宗泣下沾襟，貶讓能雷州司户參軍，賜死，茂貞乃罷兵。"又，《舊唐書》卷二〇上《昭宗紀》景福二年十一月條："制以鳳翔節度使李茂貞守中書令，進封秦王，兼興元尹、山南西道節度使。"本《傳》未載李茂貞封秦王事。

　　［6］韋昭度：人名。京兆杜陵（今陝西西安市）人。唐末大臣，官拜宰相。傳見《舊唐書》卷一七九、《新唐書》卷一八五。
　　李谿：人名。又作"李磎"。江夏（今湖北武漢市）人。唐末宰相。傳見《舊唐書》卷一五七、《新唐書》卷一四六。中華書局本有校勘記："《新五代史》卷四〇《李茂貞傳》、《舊唐書》卷二〇上《昭宗紀》、《新唐書》卷一〇《昭宗紀》作'李磎'。按《舊唐書》卷一五七、《新唐書》卷一四六有《李磎傳》。本卷下一處同。"按，"李谿"，《通曆》卷一五、《通鑑》卷二六〇乾寧二年（895）二月條同，今不改。

　　［7］崔昭緯：人名。清河（今河北清河縣）人。唐末宰相。傳見《舊唐書》卷一七九、《新唐書》卷二二三下。
　　［8］"茂貞聽崔昭緯之邪説"至"出自朕懷"：《通鑑》卷二六

○乾寧二年二月條："上重李谿文學，乙未，復以谿爲户部侍郎、同平章事……崔昭緯與李茂貞、王行瑜深相結，得天子過失，朝廷機事，悉以告之。邠寧節度副使崔鋋，昭緯之族也，李谿再入相，昭緯使鋋告行瑜曰：'曏者尚書令之命已行矣，而韋昭度沮之，今又引李谿爲同列，相與熒惑聖聽，恐復有杜太尉之事。'行瑜乃與茂貞表稱谿姦邪，昭度無相業，宜罷居散秩。上報曰：'軍旅之事，朕則與藩鎮圖之；至於命相，當出朕懷。'行瑜等論列不已，三月，谿復罷爲太子少師。"

[9]王珙：人名。太原祁（今山西祁縣）人。王重盈之子。唐末、五代軍閥。事見本書卷一四。　河中：方鎮名。治所在河中府（今山西永濟市）。

[10]太原：府名。治所在今山西太原市。此處代指河東李克用勢力。

[11]王珂：人名。王重榮兄王重簡之子，出繼王重榮。唐末、五代軍閥。傳見《舊唐書》卷一八二、《新唐書》卷一八七、本書卷一四、《新五代史》卷四二。　"又請授王珙河中節度使"至"不可追改"：《舊唐書》卷二〇上《昭宗紀》乾寧二年三月條："太原李克用上章言王重榮有功於國，其子珂宜承襲，請賜節鉞。邠州王行瑜、鳳翔李茂貞、華州韓建各上章，言珂螟蛉，不宜纘襲，請以王珂爲陝州，王珙爲河中。天子以先允克用之奏，久之不下。"

[12]韓建：人名。許州長社（今河南許昌市）人。唐末、五代軍閥。傳見本書卷一五、《新五代史》卷四〇。

[13]"乾寧二年五月"至"移王珙於河中"：《舊唐書》卷二〇上《昭宗紀》乾寧二年五月條："甲子，李茂貞、王行瑜、韓建等各率精甲數千人入覲，京師大恐，人皆亡竄，吏不能止。昭宗御安福門以俟之，三帥既至，拜舞樓下，昭宗臨軒自諭之曰：'卿等藩侯，宜存臣節，稱兵入朝，不由奏請，意在何也？'茂貞、行瑜汗流浹背，不能對，唯韓建陳敘入覲之由。上並召升樓，賜之卮

酒，宴之於同文殿。茂貞、行瑜極言南北司相傾，深蠹時政，請誅其太甚者。乃貶宰相韋昭度、李磎，尋殺之於都亭驛，殺内官數人而去。王行瑜留弟行約，茂貞留假子閻圭，各以兵二千人宿衞。時三帥同謀廢昭宗立吉王，聞太原起軍乃止，留兵宿衞而還。”《通鑑》卷二六〇乾寧二年五月條：“上與三帥宴，三帥奏稱：‘南、北司互有朋黨，墮紊朝政。韋昭度討西川失策，李磎作相，不合衆心，請誅之。’上未之許。是日，行瑜等殺昭度、磎於都亭驛，又殺樞密使康尚弼及宦官數人。又言：‘王珂、王珙嫡庶不分，請除王珙河中，徙王行約於陝，王珂於同州。’上皆許之。”所載互有異同。

[14]繼鵬：人名。即李繼鵬。籍貫不詳。本名閻珪，李茂貞養子。事見本書卷二六、《通鑑》卷二六〇。　閻珪：中華書局本有校勘記：“《通鑑》卷二六〇同，《舊唐書》卷二〇上《昭宗紀》、《新五代史》卷四《唐本紀》、《御覽》卷一一六引《唐書》作‘閻圭’。”《通曆》卷一五亦作“閻珪”。

　　時後唐武皇上表，[1]請討三鎮以寧關輔。[2]是歲七月，太原之師至河中，繼鵬與中尉景宣之子繼晟迫車駕幸鳳翔，[3]昭宗曰：“太原軍未至，鑾輿不可輒動，朕與諸王固守大内，卿等安輯京師；如太原實至，吾可以方略制之。”繼鵬與景宣、中尉駱全瓘因燔燒東市，[4]中夜大譟。[5]昭宗登承天門樓避亂，[6]令捧日都將李筠守樓下，[7]繼鵬率衆攻筠。昭宗憑軒慰諭，繼鵬彎弧大呼，矢拂御衣，中樓桷。侍臣掖昭宗下樓還宮，繼鵬即縱火攻宮門。昭宗召諸王謀其所向，李筠奏曰：“事急矣，請且幸臣營。”筠乃與扈蹕都將李君慶衞昭宗出啓夏門，[8]駐華嚴寺。晡晚，出幸南山之莎城，[9]駐於石門山之佛寺。[10]是月，武皇至渭北，[11]遣副使王環奉表行在。[12]昭宗以武皇爲行營都統，[13]進討邠、岐。[14]茂貞懼，斬繼鵬、繼晟，上表待罪，昭宗原之。武皇奏曰：[15]“不誅茂貞，關輔無由寧謐。”時附茂貞者奏云：“若太原盡殄邠、岐，必入關輔，京師憂未艾也。”乃詔武皇與茂貞和。及行瑜誅，武皇班師，茂貞怨望，驕橫如故。[16]

[1]後唐武皇：即後唐太祖李克用，謚號武皇。沙陀部人，生於神武川新城（一説是今山西朔州市朔城區之梵王寺村，一説是今山西應縣縣城，一説在今山西懷仁縣之日中城）。唐末軍閥，後唐太祖。紀見本書卷二五。

[2]關輔：地區名。關中和三輔（京兆尹、左馮翊、右扶風）的合稱，指今陝西關中地區。　請討三鎮以寧關輔：《輯本舊史》卷二六《唐武皇紀下》乾寧二年（895）六月條：“武皇率蕃漢之師自晉陽趨三輔，討鳳翔李茂貞、邠州王行瑜、華州韓建之亂……武皇遂舉兵表三帥之罪，復移檄三鎮，三鎮大懼。”

[3]景宣：人名。即劉景宣。籍貫不詳。唐末宦官。事見《通鑑》卷二五八至卷二六〇。　繼晟：人名。事見本書本卷。

[4]駱全瓘：人名。籍貫不詳。唐末宦官。事見《舊唐書》卷一八四。

[5]“是歲七月”至“中夜大譟”：《舊唐書》卷二〇上《昭宗紀》乾寧二年七月條：“丙辰朔，李克用舉軍渡河，以討王行瑜、李茂貞、韓建等稱兵詣闕之罪。庚申，同州節度使王行實棄郡入京師，謂兩軍中尉駱全瓘、劉景宣曰：‘沙陀十萬至矣！請奉車駕幸邠州，且有城守。’時景宣附鳳翔，癸亥夜，閻圭與劉景宣子繼晟、同州王行實縱火剽東市，請上出幸。”較本傳詳審。

[6]承天門：唐長安宮城的正南門，也是太極宮的正門。位於

今陝西西安市。

[7]捧日：部隊番號。　都將：官名。所部將領。　李雲：人名。又作“李筠”。籍貫不詳。唐末將領。事見本書本卷、《舊唐書》卷二〇上。李雲，《通曆》卷一五同。《輯本舊史》之案語：“《新唐書》及《通鑑》俱作李筠，《薛史·韓建傳》亦作李筠，惟此傳作李雲。”見《新唐書》卷一〇《昭宗本紀》、卷五〇《兵志》，《通鑑》卷二六〇乾寧二年七月條，《輯本舊史》卷一五《韓建傳》。《舊唐書》卷二〇上《昭宗紀》乾寧二年七月條亦作“李筠”。

[8]李君慶：人名。又作“李君實”。籍貫不詳。事見本書本卷、《舊唐書》卷二〇上。“李君慶”，中華書局本有校勘記：“《舊唐書》卷二〇上《昭宗紀》、《新唐書》卷五〇《兵志》作‘李君實’，《通鑑》卷二六〇作‘李居實’。按本書卷二六《唐武皇紀下》有李君慶，係李克用部將。”《通曆》卷一五亦作“李君慶”。

啓夏門：城門名。位於今陝西西安市東南。

[9]南山：山名。即終南山。位於今陝西西安市。　莎城：地名。位於今陝西西安市東南。

[10]石門山：山名。今地不詳。

[11]渭北：即渭河以北地區。　武皇至渭北：《舊唐書》卷二〇上《昭宗紀》乾寧二年八月條：“乙酉朔，延王至河中，克用已發前鋒至渭北，又令史儼率五百騎赴行在侍衛。”《輯本舊史》卷二六《唐武皇紀下》同。本傳繫於七月，誤。

[12]王瓌：人名。籍貫不詳。李克用部將。事見本書本卷。“王瓌”，劉本、彭本作“王環”。《輯本舊史》卷二六《唐武皇紀下》、《通鑑》卷二六〇作“判官王瓌”。　行在：“行在所”的簡稱。指古代帝王所在的地方。後以此專指皇帝所到的地方。

[13]行營都統：官名。唐末設諸道行營都統，作爲各道出征兵士的統帥。

[14]邠：州名。治所在今陝西彬縣。　岐：封國名。時鳳翔節

度使李茂貞爲岐王，劫持唐昭宗至其所在，故稱。

　　[15]奏：據《通曆》卷一五補。

　　[16]"時附茂貞者奏云"至"驕橫如故"：《通鑑》卷二六〇乾寧二年八月條："己丑，克用進軍渭橋，遣其將李存貞爲前鋒；辛卯，拔永壽，又遣史儼將三千騎詣石門侍衛。癸巳，遣李存信、李存審會保大節度使李思孝攻王行瑜梨園寨，擒其將王令陶等，獻於行在……李茂貞懼，斬李繼鵬，傳首行在，上表請罪，且遣使求和於克用。上復遣延王戒丕、丹王允諭克用，令且赦茂貞，併力討行瑜，俟其殄平，當更與卿議之……癸卯，以李克用爲邠寧四面行營都招討使。"同年九月條："李克用急攻梨園，王行瑜求救於李茂貞，茂貞遣兵萬人屯龍泉鎮，自將兵三萬屯咸陽之旁。克用請詔茂貞歸鎮，仍削奪其官爵，欲分兵討之。上以茂貞自誅繼鵬，前已赦宥，不可復削奪誅討，但詔歸鎮，仍令克用與之和解。"同年十月條："王行瑜以精甲五千守龍泉寨，李克用攻之；李茂貞以兵五千救之，營於鎮西。"同年十一月條："丁卯，行瑜挈族棄城走。克用入邠州，封府庫，撫居人，命指揮使高爽權巡撫軍城，奏趣蘇文建赴鎮。行瑜走至慶州境，部下斬行瑜，傳首。"同年十二月條："李克用遣掌書記李襲吉入謝恩，密言於上曰：'比年以來，關輔不寧，乘此勝勢，遂取鳳翔，一勞永逸，時不可失。臣屯軍渭北，專俟進止。'上謀於貴近，或曰：'茂貞復滅，則沙陀大盛，朝廷危矣！'上乃賜克用詔，褒其忠款，而言：'不臣之狀，行瑜爲甚。自朕出幸以來，茂貞、韓建自知其罪，不忘國恩，職貢相繼，且當休兵息民。'克用奉詔而止。既而私於詔使曰：'觀朝廷之意，似疑克用有異心也。然不去茂貞，關中無安寧之日。'……克用既去，李茂貞驕橫如故，河西州縣多爲茂貞所據，以其將胡敬璋爲河西節度使。"李克用諫昭宗誅李茂貞，在王行瑜伏誅之後，本傳所言不確。

　　明年五月，制授茂貞東川節度使。[1]仍命通王、覃王治禁軍於闕下，[2]如茂貞違詔，即討之。茂貞懼，將赴鎮。王師至興平，[3]夜自驚潰，茂貞因出乘之，官軍大敗。[4]車駕倉卒出幸華州，[5]茂貞之衆因犯京師，焚燒宮闕，大掠坊市而去，自此長安大內盡爲丘墟矣。[6]四年，昭宗復命宰臣孫偓統軍進討，[7]韓建諫止，令茂貞上章請雪。[8]光化中，[9]加茂貞尚書令、岐王，[10]令其子繼筠以兵宿衛。[11]

[1]東川：方鎮名。治所在梓州（今四川三臺縣）。中華書局本有校勘記："'東川'，《新唐書》卷一〇《昭宗紀》、《通鑑》卷二六一作'西川'。" 制授茂貞東川節度使：《通鑑》卷二六〇乾寧三年（896）六月條《考異》："按實錄、新、舊紀諸書，茂貞未嘗除東川，《薛史》誤。"

[2]通王：封爵名。即李滋。唐末宗室。傳見《新唐書》卷八二。 覃王：人名。即李嗣周。唐宗室，唐順宗子李經後人。事見《通鑑》卷二五九。《輯本舊史》之影庫本粘籤："覃王，原本作'潭王'，今從新、舊《唐書》改正。"見《舊唐書》卷二〇上《昭宗紀》、《新唐書》卷一〇《昭宗皇帝紀》。《通曆》卷一五亦作"覃王"。

[3]興平：縣名。治所在今陝西興平市。

[4]"茂貞懼"至"官軍大敗"：《通鑑》卷二六〇乾寧三年六月條："初，李克用屯渭北，李茂貞、韓建憚之，事朝廷禮甚恭。克用去，二鎮貢獻漸疏，表章驕慢。上自石門還，於神策兩軍之外，更置安聖、捧宸、保寧、宣化等軍，選補數萬人，使諸王將之；嗣延王戒丕、嗣覃王嗣周又自募麾下數千人。茂貞以爲欲討己，語多怨望，嫌隙日構。茂貞亦勒兵揚言欲詣闕訟冤；京師士民爭亡匿山谷。上命通王滋及嗣周、戒丕分將諸軍以衛近畿，戒丕屯三橋。茂貞遂表言'延王無故稱兵討臣，臣今勒兵入朝請罪'。上

遽遣使告急於河東。丙寅，茂貞引兵逼京畿，覃王與戰於婁館，官軍敗績。"胡注："婁館，蓋在京兆興平縣西。"《舊唐書》卷二〇上《昭宗紀》同。《通鑑》《舊唐書》所記李茂貞與朝廷起釁之由，王師敗績之歷程，皆與本傳異。

[5]華州：州名。治所在今陝西渭南市華州區。

[6]"車駕倉卒出幸華州"至"自此長安大内盡爲丘墟矣"：《舊唐書》卷二〇上《昭宗紀》乾寧三年七月條："壬辰，岐軍逼京師，諸王率禁兵奉車駕將幸太原。癸巳，次渭北。華州韓建遣子充奉表起居，請駐蹕華州，乃授建京畿都指揮、安撫制置、催促諸道綱運等使……丙申，駐蹕華州，以衙城爲行宫。時岐軍犯京師，宫室廛閈，鞠爲灰燼，自中和已來葺構之功，掃地盡矣。"

[7]孫偓：人名。武邑（今河北武邑縣）人。唐末宰相。傳見《新唐書》卷一八三。

[8]"四年"至"令茂貞上章請雪"：《舊唐書》卷二〇上《昭宗紀》乾寧三年十月條："壬子，制以兵部侍郎、平章事孫偓爲中書侍郎，充鳳翔行營招討使。甲寅，偓於驛舍會諸將，以議進軍。戊午，李茂貞上表章請罪，願改事君之禮，繼修職貢，仍獻錢十五萬，助修京闕。韓建左右之，師遂不行。"《通鑑》卷二六〇同。本《傳》繫於乾寧四年，誤。《通鑑》卷二六一乾寧四年六月條："乙卯，以茂貞爲西川節度使。以覃王嗣周爲鳳翔節度使……覃王赴鎮，李茂貞不受代，圍覃王於奉天。"同年七月條："韓建移書李茂貞；茂貞解奉天之圍，覃王歸華州。"同年八月條："上欲幸奉天親討李茂貞，令宰相議之；宰相切諫，乃止。"同年九月條："以彰義節度使張璉爲鳳翔西北行營招討使，以討李茂貞。復以王建爲西川節度使、同平章事。加義武節度使王郜同平章事。削奪新西川節度使李茂貞官爵，復姓名宋文通。"光化元年正月條："上下詔罪己息兵，復李茂貞姓名官爵，應諸道討鳳翔兵皆罷之。"同年二月條："復以李茂貞爲鳳翔節度使。"本傳未載其事。

[9]光化：唐昭宗李曄年號（898—901）。

[10]尚書令：官名。秦始置。隋、唐前期爲尚書省長官，與中書令、侍中並爲宰相。唐後期多爲大臣加銜，不參與政務。正二品。

[11]繼筠：人名。即李繼筠。深州博野（今河北蠡縣）人。李茂貞族子。事見《新唐書》卷一八三、卷二○八。　“光化中”至“令其子繼筠以兵宿衛”：《通鑑》卷二六二天復元年（光化四年）正月條：“鳳翔、彰義節度使李茂貞來朝；加茂貞守尚書令，兼侍中，進爵岐王……李茂貞辭還鎮。崔胤以宦官典兵，終爲肘腋之患，欲以外兵制之，諷茂貞留兵三千於京師，充宿衛，以茂貞假子繼筠將之。”所繫年月與本傳異。《廿二史考異》卷六三《五代史三》：“加拜茂貞尚書令，封岐王。此事不著年月，據《通鑑》則天復元年正月事也。今考《舊唐書·昭宗紀》，景福元年以岐王李茂貞爲興元尹、山南西道節度等使，是茂貞之封岐王已久，至景福二年十一月制以鳳翔節度使李茂貞守中書令，進封秦王，則已由岐而進王秦矣，不應至是始封岐王也。”

天復元年十月，[1]梁祖攻同、華，[2]勢逼京師。十一月六日，繼筠與中尉韓全誨劫昭宗幸鳳翔，[3]茂貞遂與全誨矯詔徵兵天下，將討梁祖。[4]宰相崔胤召梁祖引四鎮之兵屯岐下，[5]重溝複壘圍守。三年，茂貞山南諸州盡爲王建所陷，[6]涇、原、秦、隴、邠、鄜、延、夏皆降於汴。[7]茂貞獨據孤城，內外援絶，乃請車駕還京，求和於汴，[8]即斬韓全誨等二十人首級送於梁祖。[9]自是兵力殫盡，垂翅不振，懼梁祖復討，請落尚書令，許之。[10]

[1]天復：唐昭宗李曄年號（901—904）。

[2]同：州名。治所在今陝西大荔縣。

[3]韓全誨：人名。籍貫不詳。唐末宦官。傳見《新唐書》卷二○八。

[4]"天復元年十月"至"將討梁祖"：《舊唐書》卷二○上《昭宗紀》天復元年（901）十月戊戌條："全忠引四鎮之師七萬赴河中，京師聞之大恐，豪民皆亡竄山谷。"同年十一月壬子（初四）條："中尉韓全誨與鳳翔護駕都將李繼誨奉車駕出幸鳳翔。"《新唐書》卷一○《昭宗皇帝紀》、《通鑑》卷二六二所記月日同，《通鑑》"李繼誨"作"李繼筠"。唐昭宗幸鳳翔，在十一月初四，本《傳》誤。

[5]崔胤：人名。清河武城（今山東武城縣）人。唐末宰相。傳見《舊唐書》卷一七七、《新唐書》卷二二三下。　四鎮：指朱溫所統宣武、宣義、天平、護國四方鎮。

[6]王建：人名。許州舞陽（今河南舞陽縣）人。唐末軍閥、前蜀開國皇帝。傳見本書卷一三六、《新五代史》卷六三。

[7]涇：州名。治所在今甘肅涇川縣。　原：州名。治所在今甘肅鎮原縣。　秦：州名。治所在今甘肅天水市。　隴：州名。治所在今陝西隴縣。　鄜：州名。治所在今陝西富縣。　延：州名。治所在今陝西延安市。　夏：州名。治所在今陝西靖邊縣。

[8]"茂貞獨據孤城"至"求和於汴"：《新五代史》卷四○《李茂貞傳》："梁軍圍之逾年，茂貞每戰輒敗，閉壁不敢出。城中薪食俱盡，自冬涉春，雨雪不止，民凍餓死者日以千數。米斗直錢七千，至燒人屎賣尸而食，父自食其子，人有爭其肉者，曰：'此吾子也，汝安得而食之！'人肉斤直錢百，狗肉斤直錢五百，父甘食其子，而人肉賤於狗。天子於宮中設小磨，遣宮人自屑豆麥以供御，自後宮、諸王十六宅，凍餒而死者日三四。城中人相與邀遮茂貞，求路以爲生，茂貞窮急，謀以天子與梁以爲解。昭宗謂茂貞曰：'朕與六宮皆一日食粥，一日食不托，安能不與梁和乎？'"

[9]即斬韓全誨等二十人首級送於梁祖：《通鑑》卷二六三天

復三年正月己酉條："又遣使囊全誨等二十餘人首以示全忠。"《考異》："《舊紀》：'丁巳，蔣玄暉與中使押送全誨等二十人首級，告諭四鎮兵士回鑾之期。'《新紀》：'正月，戊申，殺全誨等。'《唐太祖紀年録》：'正月，甲辰，鳳翔李茂貞殺其子繼筠、觀軍容韓全誨、張彦弘、樞密使袁易簡、周敬容等二十二人，皆斬首囊盛，押領出城，以示朱温。'《金鑾記》：'六日，誅全誨等。'《唐年補録》：'正月，癸卯，賜朱全忠詔。'《唐補紀》云：'天復三年，二月，誅全誨等八人。'其全誨等伏誅日，今從《金鑾記》《實録》《新紀》。按《金鑾記》《唐年補録》《唐實録》《後唐紀年録》載六日所誅宦官名，可見者全誨等四人，處廷等十六人，而《金鑾記》云，'是夜處置內官一十九人'。《唐年補録》云，'全誨以下二十二人首級'。《紀年録》云，'殺全誨等二十二人'。《北夢瑣言》亦云'二十二人首'。《新傳》云：'繼筠、繼誨、彦弼皆伏誅。是夜，誅內諸司使韋處廷等二十二人。'若並繼筠等數之，則多一人；若只數宦官，則少二人；若如《金鑾記》，是夜又誅十九人，則多一人。或者二人名不見歟？"事見《舊唐書》卷二○上《昭宗紀》、《新唐書》卷一○《昭宗皇帝紀》。

　　[10]"自是兵力殫盡"至"許之"：《舊唐書》卷二○上《昭宗紀》天復三年五月條："制鳳翔隴右四鎮北庭行軍、彰義軍節度、涇原渭武觀察處置押蕃落等使、開府儀同三司、守尚書令、兼侍中、鳳翔尹、上柱國、秦王李茂貞可檢校太師、守中書令。初，茂貞凌弱王室，朝廷姑息，加尚書令，及是全忠方守太尉，茂貞懼，乞罷尚書令故也。"《舊五代史考異》："案：《九國志·李彦琦傳》，彦琦本姓楊氏，鳳翔李茂貞委以心腹之任，易姓李氏，齒于諸子。後昭宗西幸，梁祖迎駕，攻逼岐下者累年，及昭宗東還，長圍方解。大軍之後，府庫空竭，彦琦請使甘州以通回鶻，往復二載，美玉、名馬相繼而至，所獲萬計，茂貞賴之。"見《九國志》卷七《李彦琦傳》。

及梁祖建號，[1]茂貞與王建會兵於太原，志圖興復，竟無成功。[2]茂貞疆土危蹙，[3]不遂僭竊之志，但開岐王府，[4]署天官，[5]目妻爲皇后，[6]鳴鞘掌扇，宣詞令，一如王者之制，然尚行昭宗之正朔焉。[7]茂貞鼠形，多智數，軍旅之事，一經耳目，無忘之者。性至寬，有部將符道昭者，[8]人或告其謀變，茂貞親至其家，去其爪牙，熟寢經宿而還。軍士有鬭而訴者，茂貞曰："喫令公一椀不托，[9]與爾和解。"遂致上下服之。尤善事母，母終，茂貞哀毀幾滅性，聞者嘉之。但御軍整衆，都無紀律，當食則造庖厨，往往席地而坐，內外持管鑰者，亦呼爲司空、太保，[10]與夫細柳、大樹之威名，蓋相遠矣。

[1]及梁祖建號：《輯本舊史》卷二六《唐武皇紀下》天祐四年（907）四月條："天子禪位於汴帥，奉天子爲濟陰王，改元爲開平，國號大梁。"

[2]"茂貞與王建會兵於太原"至"竟無成功"：《輯本舊史》卷二七《唐莊宗紀一》天祐五年（開平二年，908）六月條："鳳翔李茂貞、邠州楊崇本合西川王建之師五萬，以攻長安，遣使會兵於帝，帝遣張承業率師赴之。"《通鑑》卷二六六開平二年六月條："蜀主遣將將兵會岐兵五萬攻雍州，晋張承業亦將兵應之。六月，壬寅，以劉知俊爲西路行營都招討使以拒之……丙辰，劉知俊及佑國節度使王重師大破岐兵于幕谷，晋、蜀兵皆引歸。"胡注："梁受禪，改京兆府爲雍州大安府。"

[3]茂貞疆土危蹙：《通鑑》卷二六九貞明二年（916）條："是歲，慶州叛附于岐，岐將李繼陟據之。詔以左龍虎統軍賀瓌爲西面行營馬步都指揮使，將兵討之，破岐兵，下寧、衍二州。"《考

異》："《薛史·賀瓌傳》：'貞明二年慶州叛，爲李繼陟所據，帝命左龍虎統軍賀瓌爲西面行營馬步軍都指揮使兼諸軍都虞候，與張筠破涇、鳳之衆三萬，下寧、衍二州。'此非小事，而《末帝紀》《李茂貞傳》皆無，惟《瓌傳》有之，今以爲據。"

[4]但開岐王府：《廿二史考異》卷六三《五代史三》："今鳳翔法門寺有碑，題云：'《大唐秦王重修法門寺塔廟記》。天祐十九年二月，禮部郎中薛昌序撰文。'蓋茂貞稱制時所立。稱茂貞爲秦王，不云岐王，然則唐亡以後，茂貞自稱秦王，可證也。岐者，一州之名，秦者，大國之號。茂貞在昭宗朝已封秦王，必不舍秦而稱岐。且同時吳、晋、燕、趙諸鎮，皆取大國名，茂貞何故輒自貶降，必不然矣。"

[5]天官：泛指百官。

[6]目妻爲皇后：《通鑑》卷二六六開平元年四月條胡注："李茂貞自爲岐王，而妻稱皇后，妻之貴踰於其夫矣。卒伍之雄，乘時竊號，私立名字以相署置，豈可與之言禮乎哉！"《廿二史考異》卷六三《五代史三》："當云'工后'，蓋取戰國及漢初諸侯王妻稱'后'之例。胡三省謂'妻之貴踰於其夫'者，妄也。"

[7]然尚行昭宗之正朔焉：《五代十國方鎮年表》："按昭宗在位凡七次改元，岐行何年號，《舊史》語焉不詳。《通鑑》卷二六六開平元年四月削李克用官爵下云：'是時惟河東、鳳翔、淮南稱天祐，西川稱天復年號；餘皆稟梁正朔。'此後所出紀年書，皆主其説。今以《大唐秦王重修法門寺塔廟記》考之，此説似可商榷。《廟記》稱塔立於天祐十九年二月，天祐十九年者，歲在壬午，梁末帝龍德二年也。《廟記》敘前事有天復十二年、天復十三年、天復十四年、天復十九年、天復二十年，至壬午歲乃改稱天祐。則是茂貞先自用天復年號，至壬午歲，晋王李存勖未建尊號而有指日滅梁之勢，茂貞不敢自異，始改稱天祐也。《廟記》爲時人之作，尤可徵信，故從之。"

[8]符道昭：人名。蔡州（今河南汝南縣）人。唐末、五代後

梁將領。傳見本書卷二一、《新五代史》卷二一。

[9]不托：亦作“餺飥”。指湯餅或湯麵。《輯本舊史》之影庫本粘籤：“不托，《通鑑》作‘餺飥’，蓋當時俗語聲之轉也，今仍其舊。”

[10]司空：官名。與太尉、司徒並爲三公，唐後期、五代時多爲大臣、勳貴加官。正一品。　太保：官名。與太師、太傅合稱三師，唐後期、五代時多爲大臣、勳貴加官。正一品。

　　及莊宗平梁，[1]茂貞自爲季父，以書賀之。[2]及聞莊宗入洛，懼不自安，方上表稱臣，[3]尋遣其子繼曣來朝。[4]詔茂貞仍舊官，進封秦王，所賜詔敕不名。[5]又以茂貞宿望耆老，特加優禮。[6]及疾篤，遣中使賜醫藥問訊。同光二年夏四月薨，[7]年六十九。謚曰忠敬。[8]子從曣嗣。[9]《永樂大典》卷一萬三百九十。[10]

　　[1]莊宗：人名。即李存勗。沙陀部人。後唐開國皇帝。紀見本書卷二七至卷三四、《新五代史》卷四至卷五。

　　[2]以書賀之：《輯本舊史》卷三〇《唐莊宗紀四》同光元年（923）十一月壬寅條：“鳳翔節度使、秦王李茂貞遣使賀收復天下。”

　　[3]方上表稱臣：《輯本舊史》卷三一《唐莊宗紀五》同光二年正月癸丑條：“鳳翔節度使、秦王李茂貞上表，請行藩臣之禮，帝優報之。”

　　[4]繼曣：即從曣。傳見本書本卷。

　　[5]“詔茂貞仍舊官”至“所賜詔敕不名”：《輯本舊史》卷三一《唐莊宗紀五》同光二年二月辛巳條：“以開府儀同三司、守尚書令、秦王李茂貞依前封秦王，餘如故，仍賜不拜、不名。”《通

鑑》卷二七三同光二年二月辛巳條：“進岐王爵爲秦王，仍不名、不拜。”《考異》：“茂貞改封秦王，《薛史》無的確年月。《實錄》，同光元年十一月壬寅，已稱‘秦王茂貞遣使賀收復’，自後皆稱秦王。至二年辛巳制，‘秦王李茂貞可封秦王’，豈有秦王封秦王之理！必是至是時始自岐王封秦王也。”《廿二史考異》卷六三《五代史三》：“予謂茂貞在唐昭宗時已封秦王，《實錄》所書本不誤，溫公以意改之，却非其實。何也？茂貞，唐之舊藩，與河東均附屬籍。其上箋莊宗，猶以季父行自處，儼然敵國之禮，至是始上表稱臣，乃因其舊封授之，錫以册命。上云‘秦王’者，茂貞自稱，下云‘秦王’者，莊宗所命，於文義何嫌？”《輯本舊史·唐莊宗紀》“依前封秦王”云云，語義甚明，《通鑑考異》所辨不確。

[6]特加優禮：中華書局本有校勘記：“‘特’，原作‘持’，據殿本、劉本、孔本、邵本、彭本、《通鑑》卷二七三改。”

[7]同光：後唐莊宗李存勗年號（923—926）。　同光二年夏四月薨：“夏四月薨”，《通曆》卷一五作“疾薨”。薛光序撰《大唐秦王謚曰忠敬墓誌銘》：“同光二年甲申歲四月十一日（己卯）薨於鳳翔府私第。”

[8]謚曰忠敬：《輯本舊史》卷三二《唐莊宗紀六》同光二年十月乙亥條：“故守太師、尚書令、秦王李茂貞追封秦王，賜謚曰忠敬。”

[9]子從曮嗣：從曮，即上文所言繼曮。《通鑑》卷二七五天成元年（926）九月壬午條：“賜李繼曮名從曮。”又，魚崇遠撰《晉故秦國賢德太夫人墓誌銘》：“今鳳翔節度使秦王，即夫人長子也。故忠武節度使從昶、前邠州行軍司馬從昭、前鳳翔衙内都指揮使繼曗，皆子也。”秦國賢德太夫人劉氏，鳳州防禦判官劉岳女，李茂貞妻，卒於天福八年十月。“從昭”，據下文《李從曮傳》《李從昶傳》，當作“從照”。茂貞有子從曮、從昶、從照、繼曗。

[10]《大典》卷一〇三九〇“李”字韻“姓氏（三五）”事目。

從曮,[1]茂貞之長子也。未冠,授諮議參軍,[2]賜緋魚袋,[3]尋遷領彭州副使、鳳翔衙內都指揮使。[4]天復中,自秦王府行軍司馬、[5]檢校太傅出爲涇州兩使留後。[6]茂貞尋承制加開府儀同三司、[7]檢校太尉、兼侍中、四鎮北庭行軍、彰義軍節度使。[8]及唐莊宗平梁,茂貞令從曮入覲,制加從曮兼中書令。[9]俄而茂貞薨,遺奏權知鳳翔軍府事,詔起復,[10]授鳳翔節度、管內觀察處置等使。

[1]從曮:李從曮,本名李繼曮,唐莊宗朝或稱李曮,明宗朝賜名李從曮。

[2]諮議參軍:官名。也稱諮議參軍事。晋代始置。爲親王府僚屬。掌陪侍左右,參謀庶事。正五品上。

[3]賜緋:輿服制度。皇帝頒賜緋色官服。唐代五品、四品官服緋。後世或沿用此制,品級不盡相同。 魚袋:唐制,五品以上官員發給魚符,上刻官員姓名,以爲憑信,因爲裝在袋內,故稱爲"魚袋"。

[4]彭州:州名。治所在今四川彭州市。 衙內都指揮使:官名。節度使府衙內部隊統兵將領。

[5]行軍司馬:官名。出征將領及節度使的屬官。掌軍籍符伍、號令印信,是藩鎮重要的軍政官員。

[6]兩使留後:官名。即節度觀察留後。唐五代時,代行方鎮長官之職者稱留後。代節度使、觀察使之職者,即爲節度觀察留後。掌一州或數州軍政。

[7]承制:《輯本舊史》之影庫本粘籤:"承制,原本作'承嗣',今據文改正。" 開府儀同三司:官名。魏晋始置,隋唐時爲散官之最高官階。多授功勳重臣。從一品。

[8]四鎮: 指安西都護府, 包含龜兹、疏勒、于闐、焉耆(或碎葉)四鎮, 治所在龜兹(今新疆庫車縣東)。 北庭: 唐代北庭都護府的簡稱。治所在金滿州(今新疆吉木薩爾縣)。 彰義軍: 方鎮名。治所在涇州(今甘肅涇川縣)。

[9]中書令: 官名。漢代始置, 隋、唐前期爲中書省長官, 屬宰相之職; 唐後期多爲授予元勳大臣的虚銜。正二品。 "及唐莊宗平梁"至"制加從曮兼中書令": 《通鑑》卷二七三同光二年(924)正月條: "岐王聞帝入洛, 内不自安, 遣其子行軍司馬、彰義節度使兼侍中繼曮入貢, 始上表稱臣。帝以其前朝耆舊, 與太祖比肩, 特加優禮, 每賜詔但稱岐王而不名。庚戌, 加繼曮中書令, 遣還……李繼曮見唐甲兵之盛, 歸, 語岐王, 岐王益懼, 癸丑, 表請正藩臣之禮; 優詔不許。"《輯本舊史》卷三一《唐莊宗紀五》同光二年正月庚戌條: "以涇原節度使、充秦王府諸道行軍司馬、開府儀同三司、檢校太尉、兼侍中李從曮爲檢校太尉、兼中書令, 依前涇原軍節度使, 充秦王府諸道行軍司馬。" 彰義爲涇原節度使軍號, 涇州爲涇原節度使治所。

[10]起復: 父母喪未滿或革職官員重被起用。 詔起復: 《輯本舊史》卷三二《唐莊宗紀六》同光二年五月壬戌條: "以權知鳳翔軍府事、涇州節度使李曮爲起復雲麾將軍、右金吾大將軍同正, 依前檢校太尉、兼中書令, 充鳳翔節度使。"

三年九月, 以魏王繼岌伐蜀,[1]詔充供軍轉運應接使。[2]四年正月, 蜀平, 繼岌命部署王衍一行東下,[3]至岐, 監軍使柴重厚不與符印,[4]促令赴闕。[5]從曮至華下,[6]聞内難歸鎮。明宗詔誅重厚,[7]從曮以軍民不擾, 重厚之力也, 不以前事爲隙, 上表論救, 事雖不允, 時議嘉之。天成元年五月,[8]制落起復,[9]加檢校太師。[10]其年九月, 敕曰: "李從曮等世聯宗屬,[11]任重藩宣, 慶善有稱，忠勤甚著。既預維城之列，宜新定體之文，是降寵光，以隆敦敘，俾煥承家之美，貴從猶子之規，^[12]宜於‘曬’‘昶’‘照’上改稱‘從’。”^[13]

[1]繼岌：人名。即李繼岌。後唐莊宗長子。傳見本書卷五一、《新五代史》卷一四。

[2]供軍轉運應接使：官名。五代轉運使的一種。於戰時設置，或由軍中將領充任，或以地方文臣充任，負責軍需物資的籌集、調運、供給。　詔充供軍轉運應接使：《輯本舊史》卷三三《唐莊宗紀七》同光三年（925）九月庚子條：“鳳翔節度使李曬充供軍轉運應接等使。”《北夢瑣言》卷二〇忍欲復禮條：“唐鳳翔李曬令公，收蜀充饋運使，於蜀城東門外下營。魏王與郭侍中入居蜀宮，玉帛子女，它人無復見矣。中令寂寞無以遣，適潁川陳昭符仕蜀，累剖竹符，早在岐山，微有階緣，而得候謁，因求一美人以獻之。有蕭夫人者，乃蜀先主之寵愛也，曾賜與鳳翔歸降指揮使王胡（原注：忘其名），賜名丞弇。王胡乃岐王賜姓，連‘彥’字。卒後，蕭氏寡而無子，其容態明悟，國人具聞。陳致媒氏，誘之而獻。抱衾之夕，中令於窗隙中窺之，歎其妍妙，乃詰所來。左右方以王胡爲對，中令止之曰：‘王胡背恩投蜀，誠不可容。然其向來，吾之子姪矣。此事不可。’遽令約迴。時有知者，皆重中令少年而忍欲復禮，誠貴達人難事。潁川每爲愚話之。”

[3]王衍：人名。許州舞陽（今河南舞陽縣）人。王建幼子，五代十國前蜀皇帝。傳見本書卷一三六、《新五代史》卷六三。繼岌命部署王衍一行東下：《通鑑》卷二七五天成元年（926）正月庚申條：“魏王繼岌遣李繼曬、李嚴部送王衍及其宗族百官數千人詣洛陽。”

[4]監軍使：官名。爲臨時差遣，代表朝廷協理軍務，督察將帥。五代時常以宦官爲監軍。　柴重厚：人名。籍貫不詳。五代將

領。本書僅此一見。

　　[5]"至岐"至"促令赴闕"：《通鑑》卷二七五天成元年二月
戊戌條："李繼曮至鳳翔，監軍使柴重厚不以符印與之，促令
詣闕。"

　　[6]華下：華山腳下，指華州。

　　[7]明宗：即李嗣源。沙陀部人。原名邈佶烈，李克用養子。
五代後唐明宗，926年至933年在位。紀見《舊五代史》卷三五至
卷四四、《新五代史》卷六。　明宗詔誅重厚：《通鑑》卷二七五
天成元年六月條："李繼曮至華州，聞洛中亂，復歸鳳翔；帝爲之
誅柴重厚。"

　　[8]天成：後唐明宗李嗣源年號（926—930）。

　　[9]制：帝王命令的一種。唐制，凡行大賞罰，授大官爵，釐
革舊政，赦宥慮囚，皆用制書。由中書舍人起草擬定。禮儀等級較
高。　落：取消。

　　[10]加檢校太師：《輯本舊史》卷三六《唐明宗紀二》天成元
年六月壬子條："鳳翔節度使、檢校太尉、兼中書令李從曮加檢校
太師、兼中書令。"時間與本傳異。

　　[11]李從曮等：《輯本舊史》卷三七《唐明宗紀三》天成元年
九月辛巳條引詔書作"鳳翔節度使李曮"。下文既言賜名從曮，此
處徑稱"從曮"，與文義不合，恐爲史臣潤色語句之誤，故不予
改正。

　　[12]貴從猶子之親：中華書局本有校勘記："'親'，原作
'規'，據本書卷三七《唐明宗紀》三改。"

　　[13]宜於"曮""昶""照"上改稱"從"：《通鑑》卷二七五
天成元年九月壬午條："賜李繼曮名從曮。"《輯本舊史》卷三八
《唐明宗紀四》天成二年九月乙丑條："夏州節度使李仁福、鳳翔節
度使李從曮、朔方節度使韓洙，並加食邑，改賜功臣。"

自長興元年，[1]明宗有事於南郊，[2]從曠入覲，禮畢，移鎮汴州。[3]四年，復入覲，改天平軍節度使。[4]及唐末帝起兵於岐下，[5]盡取從曠家財器仗，以助軍須。[6]末帝發離岐城，[7]吏民扣馬，乞以從曠爲帥，末帝許之。清泰初，[8]即以從曠復爲鳳翔節度使，仍封秦國公。[9]晋高祖登極，[10]繼封岐王、秦王，[11]累食邑至一萬五千户，食實封一千五百户。[12]少帝嗣位，[13]加守太保。[14]開運三年冬，[15]卒於鎮，[16]年四十九。

[1]長興：後唐明宗李嗣源年號（930—933）。

[2]有事於南郊：南郊代指南面郊區之祭天場所（圜丘），亦指祭天之禮（郊天）。古人用"郊""南郊""有事於南郊"指代在南郊之圜丘舉行的郊天典禮。

[3]汴州：州名。治所在今河南開封市。　移鎮汴州：《輯本舊史》卷四一《唐明宗紀七》長興元年（930）三月壬申條："鳳翔節度使李從曠進封岐國公，移鎮汴州。"本《傳》失載封岐國公事。

[4]天平軍：方鎮名。治所在鄆州（今山東東平縣）。　改天平軍節度使：《輯本舊史》卷四四《唐明宗紀十》長興四年十一月乙酉條："以前汴州節度使李從曠爲鄆州節度使。"鄆州爲天平軍節度使治所。

[5]唐末帝：即後唐末帝李從珂。又稱廢帝。鎮州（今河北正定縣）人。後唐明宗養子，明宗入洛陽，他率兵追隨，以功拜河中節度使，封潞王。紀見本書卷四六至卷四八、《新五代史》卷七。

[6]以助軍須：中華書局本有校勘記："'須'，原作'頒'，據殿本、劉本、孔本、邵本、彭本改。"

[7]岐城：地名。指鳳翔。

[8]清泰：五代後唐廢帝李從珂年號（934—936）。

[9]"清泰初"至"仍封秦國公"：《輯本舊史》卷四六《唐末帝紀上》清泰元年（934）五月庚戌條："鄆州節度使李從曤為鳳翔節度使。"同年七月丁未條："鳳翔節度使李從曤封西平王。"與本傳異。

[10]晋高祖：即後晋高祖石敬瑭。沙陀部人。五代後唐將領、後晋開國皇帝。紀見本書卷七五至卷八〇、《新五代史》卷八。

[11]繼封岐王、秦王：《輯本舊史》卷七六《晋高祖紀二》天福二年（937）正月條："鳳翔節度使、兼中書令、西平王李從曤加食邑實封。"同年五月壬申條："鳳翔節度使、檢校太師、兼中書令、西平王李從曤進封岐王。"同書卷七七《晋高祖紀三》天福三年四月戊子條："鳳翔節度使、檢校太師、兼中書令、岐王李從曤進封秦王。"《通鑑》卷二八一天福三年條："鳳翔節度使李從曤，厚文士而薄武人，愛農民而嚴士卒，由是將士怨之。會發兵戍西邊，既出郊，作亂，突門入城，剽掠於市。從曤發帳下兵擊之，亂兵敗，東走，欲自訴於朝廷，至華州，鎮國節度使張彥澤邀擊，盡誅之。"

[12]食邑：即封地、封邑。食邑之名，蓋取受封者不之國，僅食其租稅之意。　食實封：實際享用封戶的租賦。

[13]少帝：即後晋少帝石重貴。沙陀部人。後晋高祖石敬瑭從子。紀見本書卷八一至卷八五、《新五代史》卷九。

[14]加守太保：《輯本舊史》卷八一《晋少帝紀一》天福七年七月乙巳條："鳳翔節度使李從曤加守太保。"

[15]開運：後晋出帝石重貴年號（944—946）。

[16]卒於鎮：《輯本舊史》卷八五《晋少帝紀五》開運三年（946）十月丙戌條："鳳翔節度使秦王李從曤薨，輟朝，贈尚書令。"

從曮少敏悟，善筆札，性柔和，無節操。當莊宗新有天下，因入覲，獻寶裝針珥於皇后宮，時以爲佞。但進退閑雅，慕士大夫之所爲，有請謁者，無賢不肖皆盡其敬。鎮於岐山，[1]前後二紀，[2]每花繁月朗，必陳勝會以賞之，客有困於酒者，雖吐茵墮幘而無厭色。左右或有過，未嘗笞責。先人汧、隴之間，[3]有田千頃，竹千畝，恐奪民利，不令理之，致岐陽父老再陳借寇之言，[4]良有以也。[5]

[1]岐山：山名。因山有兩岐而得名。位於今陝西岐山縣南。

[2]紀：十二年爲一紀。

[3]汧：地名。位於今陝西隴縣東南。

[4]岐陽：縣名。治所在今陝西岐山縣。 致岐陽父老再陳借寇之言：《輯本舊史》之影庫本粘籤："借寇，原本作‘借冠’，詳其文義，當是用《後漢書·寇恂傳》願復借寇君一年之事，今改正。"

[5]良有以也：《輯本舊史》傳末引《五代史補》："李曮，岐王之子，昆仲間第六，官至中書令，世謂之‘六令公’。性情好戲，爲鳳翔節度，因生辰，隣道持賀禮，使畢至。有魏博使少年如美婦人，秦鳳使矬陋且多髯，二人坐又相接，而魏使在下，曮因曰：‘二使車一妍一醜，何不相嘲以爲樂事。’魏博使恃少俊，先起曰：‘今日不幸與水草大王接席。’秦鳳使徐起應曰：‘水草大王不敢承命，然吾子容貌如此，又坐次相接，得非水草大王夫人耶？’在坐皆笑。"

子永吉，[1]歷數鎮行軍司馬。[2]《永樂大典》卷一萬三百九十。[3]

[1]子永吉：許九言撰《故鳳翔節度使秦王贈尚書令李公楚國夫人高平朱氏墓誌銘》："有子一十三人：曰永熙、永吉、永義、永忠、永幹、永粲、永嗣、永浩、永勝、永嵩、永固、永載、永濟……大周顯德五年歲次戊午正月日，用大禮葬於岐山縣鳳棲鄉，祔秦王之新塋也。"朱氏爲朱友謙長女、從曮之妻，卒於乾祐二年（949）。

[2]歷數鎮行軍司馬：《新五代史》卷三〇《蘇逢吉傳》："鳳翔李永吉初朝京師，逢吉以永吉故秦王從曮子，家世王侯，當有奇貨，使人告永吉，許以一州，而求其先王玉帶，永吉以無爲解，逢吉乃使人市一玉帶，直數千緡，責永吉償之；前客省使王筠自晋末使楚，至是還，逢吉意筠得楚王重賂，遣人求之，許以一州，筠怏怏，以其橐裝之半獻之。而皆不得州。"

[3]《大典》卷一〇三九〇"李"字韻"姓氏（三五）"事目。

從昶，[1]茂貞之第二子也。[2]十餘歲，署本道中軍使。[3]後唐同光中，茂貞疾，從昶年十五，遣代兄從曮爲涇州兩使留後，朝廷尋加節制。[4]天成中，明宗即位，改鎮三峯，[5]累官至檢校太保。會郊天大禮，表請入覲，以恩加檢校太傅。俄有代歸闕，授左驍衛上將軍，[6]改右龍武統軍。[7]未幾，出鎮許田，[8]在鎮三年。清泰中，復入爲右龍武統軍，[9]再遷左龍武統軍。[10]晋天福三年冬，[11]卒於官，[12]時年四十，[13]贈太尉。[14]

[1]從昶：李從昶，本名李繼昶，唐明宗朝賜名李從昶。

[2]茂貞之第二子也：《宋本册府》卷七八六《總録部·多能門》："晋李從昶，秦王茂貞之第三子也。"與本傳異。薛光序撰《大唐秦王謚曰忠敬墓誌銘》："長男，見任鳳翔隴州節度觀察處置

等使，兼鳳翔尹，檢校太尉，兼中書令。次男，見任彰義軍節度觀察營田等使，檢校太傅。" 彰義爲涇原節度使軍號，涇州爲涇原節度使治所，據下文，從昶代兄從曛爲涇州兩使留後，朝廷尋命爲節度使，故從昶乃茂貞次子無疑。

[3]中軍使：官名。五代時期統兵將領。

[4]朝廷尋加節制：《輯本舊史》卷三二《唐莊宗紀六》同光三年（925）五月戊午條："以鳳州衙内馬步軍都指揮使李繼昶爲涇州節度使、檢校太傅。"

[5]三峯：華州代稱。　改鎮三峯：《輯本舊史》卷四〇《唐明宗紀六》天成四年七月丙戌條："涇州節度使李從昶移鎮華州。"

[6]左驍衛上將軍：官名。唐置，掌宫禁宿衛。唐代十六衛之一。從二品。　授左驍衛上將軍：《輯本舊史》卷四三《唐明宗紀九》長興三年（932）二月庚午條："以前華州節度使李從昶爲左驍衛大將軍。"同年十月庚申條："幸至德宫，因幸石敬瑭、李從昶、李從敏之第。"同書卷四四《唐明宗紀十》長興四年六月丁巳條："以右驍衛上將軍李從昶爲左龍武統軍，以前邢州節度使高允韜爲右龍武統軍。"

[7]右龍武統軍：官名。唐置六軍，分左、右羽林，左、右龍武，左、右神武，即"北衙六軍"。興元元年（784），六軍各置統軍，以寵勳臣。五代沿之。其品秩，《唐會要》卷七一、《舊唐書》卷一二記載爲"從二品"；《通鑑》卷二二九記載爲"從三品"。《輯本舊史》之影庫本粘籤："統軍，原本作'維軍'，今從《通鑑》改正。"檢《通鑑》全書，未見李從昶事。

[8]許田：許州舊稱。　出鎮許田：《輯本舊史》卷四四《唐明宗紀十》長興四年八月丁巳條："以右龍武統軍李從昶爲許州節度使。"

[9]復入爲右龍武統軍：《輯本舊史》卷四七《唐末帝紀中》清泰二年（935）六月丙戌條："以前許州節度使李從昶爲右龍武統軍。"

[10]再遷左龍武統軍：《輯本舊史》卷四八《唐末帝紀下》清泰三年閏十一月辛酉條："以右龍武統軍李從昶爲左龍武統軍。"

[11]天福：五代後晋高祖石敬瑭年號（936—942）。出帝石重貴沿用至九年（944）。後漢高祖劉知遠繼位後沿用一年，稱天福十二年（947）。

[12]卒於官：《輯本舊史》卷七七《晋高祖紀三》天福三年十二月戊子（十五）條："龍武統軍李從昶卒，輟朝一日，贈太尉。"

[13]時年四十："四十"，似應作"三十"。本傳稱"同光中，茂貞疾，從昶年十五，遣代兄從曮爲涇州兩使留後"，據前《李從曮傳》校證，此爲同光二年（924）事，是時從昶年十五；至天福三年十二月十五日（938年1月8日）卒，從昶虚齡年三十。

[14]太尉：官名。與司徒、司空並爲三公，唐後期、五代時多爲大臣、勳貴加官。正一品。

從昶生於紈綺，少習華侈，以逸遊讌樂爲務，而音律圖畫無不通之。然性好談笑，喜接賓客，以文翰爲賞，曾無虚日。復篤信釋氏，時岐下有僧曰阿闍梨，通五天竺語，[1]爲士人所歸。從昶延於公舍，久而彌敬，每以偈問答，動合玄旨，深得桑門之秘要焉。[2]從昶凡歷三鎮，無尤政可褒，無苛法可貶，人用安之，亦將門之令嗣也。

[1]阿闍梨：人名。本書僅此一見。　五天竺：指古印度。

[2]桑門：沙門。　"從昶延於公舍"至"深得桑門之秘要焉"：中華書局本有校勘記："以上二十七字原闕，據《永樂大典》卷八七八二引《五代史·李從昶傳》補。"

弟從照，[1]歷隴州刺史、諸衛大將軍，卒。《永樂大典》卷一萬三百九十。[2]

[1]弟從照：中華書局本有校勘記："李茂貞妻劉氏墓誌（拓片刊《五代李茂貞夫婦墓》）記其有子名從昭，或即此人。"

[2]《大典》卷一〇三九〇"李"字韻"姓氏（三五）"事目。

茂勳，茂貞之從弟也。唐末，爲鳳翔都將，茂貞表爲鄜州節度使，累官至兼侍中。梁祖之圍鳳翔也，茂勳兵屯岐山，梁祖以羸師誘之，命孔勍潛率勁兵襲下鄜州，[1]盡俘其家，茂勳遂歸於梁，改名周彝，署元帥府行軍司馬。[2]開平中，爲河陽節度使，[3]從梁祖伐鎮州，圍棗强縣，[4]時有一民縋城而出，茂勳納之而不疑。一日，其民竊發，以木檛擊茂勳，踣於地，賴左右救至僅免。[5]居無何，遷金吾上將軍，[6]副王瓚將兵於景店，[7]瓚令分屯西寨，莊宗擊而敗之，降爲左衛上將軍。逾年，以太子太傅致仕。同光中，復名茂勳。天成初，以疾卒於洛陽。[8]《永樂大典》卷一萬三百九十。[9]

[1]孔勍：人名。兗州（今山東濟寧市兗州區）人。唐末、五代藩鎮軍閥。傳見本書卷六四。

[2]"唐末"至"署元帥府行軍司馬"：《通鑑》卷二六三天復二年（902）八月條："保大節度使李茂勳將兵屯三原，救李茂貞；朱全忠遣其將康懷貞、孔勍擊之，茂勳遁去。"鄜州爲保大軍節度使治所。同年十一月條："癸卯朔，保大節度使李茂勳帥其衆萬餘人救鳳翔，屯於城北阪上，與城中舉烽相應……朱全忠遣其將孔

勣、李暉將兵乘虛襲鄜、坊；壬子，拔坊州。甲寅，大雪，汴軍冒之夕進，五鼓，抵鄜州城下。鄜人不爲備，汴軍入城，城中兵尚八千人，格鬥至午，鄜人始敗，擒留守李繼璘。勣撫存李茂勳及將士之家，按堵無擾，命李暉權知軍府事。茂勳聞之，引兵遁去。”同年十二月條：“李茂勳遣使請降於朱全忠，更名周彝。”又，同書卷二六五天祐三年（906）四月條：“朱全忠營於魏州城東數旬，將北巡行營，會天雄牙將史仁遇作亂，聚衆數萬據高唐，自稱留後，天雄巡內諸縣多應之。全忠移軍入城，遣使召行營兵還攻高唐，至歷亭，魏兵在行營者作亂，與仁遇相應。元帥府左司馬李周彝、右司馬苻道昭擊之，所殺殆半，進攻高唐，克之，城中兵民無少長皆死。擒史仁遇，鋸殺之。”同年十月條：“（劉）仁恭遣都揮使李溥將兵三萬詣晉陽，克用遣其將周德威、李嗣昭將兵與之共攻潞州。”十二月條：“朱全忠分步騎數萬，遣行軍司馬李周彝將之，自河陽救潞州。”

[3]河陽：方鎮名。全稱“河陽三城”。治所在孟州（今河南孟州市）。

[4]鎮州：州名。治所在今河北正定縣。 棗强：縣名。治所在今河北棗强縣。 圍棗强縣：《輯本舊史》卷二八《唐莊宗紀二》天祐九年（乾化二年，912）二月條：“庚戌朔，梁祖大舉河南之衆以援守光，以陝州節度使楊師厚爲招討使，河陽李周彝爲副；青州賀德倫爲應接使，鄆州袁象先爲副。甲子，梁祖自洛陽趨魏州，遣楊師厚、李周彝攻鎮州之棗强，命賀德倫攻蓚縣。”

[5]“時有一民縋城而出”至“賴左右救至僅免”：《舊五代史考異》：“案：《通鑑考異》引《唐餘錄》云，棗强民欲擊梁祖，誤中茂勳。蓋傳聞之異詞也，附識於此。”《通鑑》卷二六八乾化二年三月條：“棗强城小而堅，趙人聚精兵數千人守之，師厚急攻之，數日不下，城壞復脩，死傷者以萬數。城中矢石將竭，謀出降，有一卒奮曰：‘賊自柏鄉喪敗已來，視我鎮人裂眥，今往歸之，如自投虎狼之口耳。困窮如此，何用身爲！我請獨往試之。’夜，縋城出，詣梁軍詐降，李周彝召問城中之備，對曰：‘非半月未易下

也。'因謀曰:'某既歸命,願得一劍,效死先登,取守城將首。'周彝不許,使荷擔從軍。卒得間舉擔擊周彝首,踣地,左右救至,得免。"《考異》:"《莊宗實録》:'頃之,周彝晝寢,左右未至,其人抽擔擊周彝首,踣於地,求兵仗不獲。周彝大呼,左右救至,獲免。卒睨周彝曰:吾比欲剚刃於朱温之腹,非圖爾也,誤矣。'《編遺録》云:'時有一百姓來投軍中,李周彝收於部伍間,謂周彝曰:"請賜一劍,願先登以收其牆。"未許間,忽然抽茶擔子揮擊周彝,頭上中擔,幾仆于地。左右擒之,元是棗强邑中遣來詐降,本意欲窺算招討使楊師厚,斯人不能辨,乃誤中周彝。'按此卒從周彝請劍,周彝不許而令負擔,豈不知周彝非温也。又帝王與將帥居處侍衛不同,豈容不識而誤中之!若本欲殺楊師厚,則似近之。今既可疑,皆不取。"《舊五代史考異》所引不確,兹並録《通鑑》及《考異》全文,以見諸書所載之異同。

[6]金吾上將軍:官名。即金吾衛上將軍。唐置,掌宮禁宿衛。十六衛之一。從二品。 遷金吾上將軍:《輯本舊史》卷九《梁末帝紀中》貞明三年十二月庚申條:"以左金吾衛上將軍李周彝權兼左街使。"

[7]王瓚:人名。太原祁(今山西祁縣)人。唐河中節度使王重盈之子。五代後梁將領,官至開封尹。傳見本書卷五九。 景店:地名。位於今山東鄄城縣。

[8]以疾卒於洛陽:《輯本舊史》卷三九《唐明宗紀五》天成三年七月乙卯條:"以太子少保李茂勳卒輟朝。"天成前後共五年,三年不當云"天成初",本傳誤。

[9]《大典》卷一〇三九〇"李"字韻"姓氏(三五)"事目。

高萬興　子允韜

高萬興,河西人。[1]祖君佐,鄜延節度判官。[2]父懷遷，都押衙。[3]萬興與弟萬金俱有武幹，[4]効用於本軍。河西自王行瑜敗後，[5]郡邑皆爲李茂貞之所强據，以其將胡敬璋爲節度使，[6]萬興爲敬璋騎將，昆弟俱有戰功。邠州節度使楊崇本者，茂貞之假子也，號李繼徽。梁祖既弑昭宗，[7]茂貞、繼徽與西川王建之師會於岐陽，[8]以圖興復，皆陳兵關輔，梁祖遣將王重師守雍州、[9]劉知俊守同州以拒之。[10]天祐五年冬，敬璋卒，[11]崇本以其愛將劉萬子爲鄜延帥，[12]萬子以兇暴而失士心。又崇本爲汴人所攻。[13]六年二月，萬子葬敬璋，將佐皆集於葬所，萬興、萬金因會縱兵攻萬子，殺之，歸款於汴。[14]梁祖以萬興爲鄜延招撫使，[15]與劉知俊合兵攻收鄜、坊、丹、延等州，[16]梁祖乃分四州爲二鎮，以萬興、萬金皆爲帥。及萬金卒，梁祖以萬興兼彰武、保大兩鎮，[17]累加至太師、中書令，封北平王。[18]莊宗定河洛，[19]萬興來朝，預郊禮陪位，既還鎮，復以舊爵授之。[20]同光三年十二月，[21]卒於位，以其子允韜權典留後。《永樂大典》卷五千五百三十八。[22]

[1]河西：方鎮名。治所在涼州（今甘肅武威市）。

[2]君佐：人名。即高君佐。本書僅此一見。　節度判官：官名。唐末、五代藩鎮僚佐，位行軍司馬下。

[3]懷遷：人名。即高懷遷。本書僅此一見。　都押衙：官名。"押衙"即"押牙"。唐五代時期開府建衙的高官辟署的屬官，有稱左、右都押衙或都押衙者。掌領儀仗侍衛等。參見劉安志《唐五代押牙（衙）考略》，武漢大學歷史系魏晉南北朝隋唐史研究室編《魏晉南北朝隋唐史資料》第 16 輯，武漢大學出版社 1998 年版。

[4]萬金：人名。即高萬金。延州（今陝西延安市）人。高萬興之弟。事見本書本卷。

[5]河西自王行瑜敗後：《舊唐書》卷二〇上《昭宗紀》乾寧二年（912）十一月壬寅條："王行瑜與其妻子部曲五百餘人潰圍出奔，至慶州，行瑜爲部下所殺，并其家二百口，並詣行營乞降。李克用遣牙將閻鍔獻于京師。"《輯本舊史》卷二六《唐武皇紀下》、《通鑑》卷二六〇繫此事於十一月丁巳。

[6]胡敬璋：人名。籍貫不詳。李茂貞部將。事見本書本卷。
以其將胡敬璋爲節度使：《通鑑》卷二六〇乾寧二年十二月條："克用既去，李茂貞驕橫如故，河西州縣多爲茂貞所據，以其將胡敬璋爲河西節度使。"

[7]梁祖既弑昭宗：《舊唐書》卷二〇上《昭宗紀》天祐元年八月壬寅條："夜，朱全忠令左龍武統軍朱友恭、右龍武統軍氏叔琮、樞密使蔣玄暉弑昭宗於椒殿。"

[8]西川：方鎮名。治所在成都（今四川成都市）。　茂貞、繼徽與西川王建之師會於岐陽：《輯本舊史》卷二七《唐莊宗紀一》天祐五年（908）六月條："鳳翔李茂貞、邠州楊崇本合西川王建之師五萬，以攻長安，遣使會兵於帝。"

[9]王重師：人名。潁州長社（今河南許昌市）人。後梁將領。傳見本書卷一九、《新五代史》卷二二。　雍州：州名。治所在今陝西西安市。

[10]劉知俊：人名。徐州沛縣（今江蘇沛縣）人。唐末、五代軍閥。傳見本書卷一三、《新五代史》卷四四。　同州：州名。治所在今陝西大荔縣。

[11]天祐：唐昭宗李曄開始使用的年號（904）。唐哀帝李柷即位後沿用（904—907）。唐亡後，河東李克用、李存勗仍稱天祐，沿用至天祐二十年（923）。五代其他政權亦有行此年號者，如南吳、吳越等，使用時間長短不等。　敬璋卒：中華書局本有校勘記："'卒'，原作'平'，據殿本、劉本、《通鑑》卷二六七改。

《舊五代史考異》卷五：'案"卒"原本訛"平"，今據文改正。'"

[12]劉萬子：人名。籍貫不詳。五代將領。事見本書本卷。

[13]又崇本爲汴人所攻：《輯本舊史》之影庫本粘籤："崇本爲汴人所攻，以上下文義求之，疑有舛誤。考《册府元龜》所引《薛史》與《永樂大典》同，今無別本可校，姑仍其舊。"

[14]"萬子葬敬璋"至"歸款於汴"：《新五代史》卷四〇《高萬興傳》："梁開平二年，葬於州南，萬子在會，其將許從實殺萬子，自爲延州刺史。是時，萬興兄弟皆將兵戍境上，聞萬子死，以其部下數千人降梁。"《通鑑》卷二六七開平三年（909）二月條："保塞節度使劉萬子暴虐，失衆心，且謀貳於梁，李繼徽使延州牙將李延實圖之。延實因萬子葬胡敬璋，攻而殺之，遂據延州。馬軍都指揮使河西高萬興與其弟萬金聞變，以其衆數千人詣劉知俊降。"

[15]鄜延：《輯本舊史》之影庫本粘籤："鄜延，原本脫'延'字，今據《通鑑》增入。" 招撫使：官名。掌招撫征伐之事。係臨時設置之統兵官。

[16]坊：州名。治所在今陝西黃陵縣。 丹：州名。治所在今陝西宜川縣。

[17]彰武：即彰武軍，方鎮名。治所在延州（今陝西延安市）。 保大：即保大軍，方鎮名。治所在鄜州（今陝西富縣）。

[18]"及萬金卒"至"封北平王"：《輯本舊史》卷九《梁末帝紀中》貞明四年（918）四月癸亥條："以延州忠義軍節度使、太原西面招討應接使、檢校太師、兼中書令、渤海王高萬興兼鄜、延兩道都制置使，餘如故。時萬興弟鄜州節度使萬金卒，故有是命。"《新五代史》卷四〇《高萬興傳》："梁太祖兵屯河中，遣同州劉知俊以兵應萬興，攻丹州，執其刺史崔公實。進攻延州，執許從實。鄜州李彥容、坊州李彥昱皆棄城走。梁太祖乃以萬興爲延州刺史、忠義軍節度使，以牛存節爲保大軍節度使。已而劉知俊叛，乃徙存節守同州，以萬金爲保大軍節度使。萬興累遷檢校太師兼中書令，

渤海郡王。貞明四年，萬金卒，乃以萬興爲鄜延節度使，進封延安郡王，徙封北平王。"

[19]河洛：地區名。黄河與洛水交匯地區。

[20]復以舊爵授之：《輯本舊史》卷三〇《唐莊宗紀四》同光元年（923）十一月辛酉條："以鄜延兩鎮節度使、檢校太師、兼中書令、北平王高萬興依前鄜、延節度使，仍封北平王。"

[21]同光三年十二月：中華書局本有校勘記："本書卷三三《唐莊宗紀》七、《通鑑》卷二七四繫其事於閏十二月。"

[22]《大典》卷五五三八"高"字韻"姓氏（六）"事目。

　　允韜，字審機。初仕梁朝，起家授同州別駕，[1]尋加檢校右僕射，改金紫光禄大夫、檢校司空，[2]充保大軍内外馬步軍指揮使。[3]唐同光中，檢校太保，[4]充保大軍兩使留後。萬興卒，[5]允韜自理所奔喪。天成初，起復檢校太傅，充延州節度使。[6]長興元年，移鎮邢州，[7]頃之，爲右龍武統軍，[8]未幾，授滑州節度使。[9]清泰二年八月，卒於任，[10]年四十二。詔贈太師。《永樂大典》卷五千五百三十八。[11]

[1]別駕：官名。漢置，全稱爲別駕從事史，爲刺史佐史。唐朝曾改爲長史，後二者並存。

[2]金紫光禄大夫：官名。本兩漢光禄大夫。魏晉以後，光禄大夫之位重者，加金章紫綬，因稱金紫光禄大夫。北周、隋時爲散官。唐貞觀後列入文散官。正三品。

[3]馬步軍指揮使：官名。所在州軍統兵將領。

[4]檢校太保：《輯本舊史》卷三一《唐莊宗紀五》同光二年（924）正月戊申條："以知保大軍軍州事高允韜爲檢校太保。"

[5]萬興卒:《輯本舊史》卷三三《唐莊宗紀七》同光三年閏十二月庚子條:"彰武、保大等節度使高萬興卒。"《通鑑》卷二七四同。

[6]充延州節度使:《輯本舊史》卷三六《唐明宗紀二》天成元年（926）六月戊申條:"以延州留後高允韜爲延州節度使。"

[7]邢州:州名。治所在今河北邢臺市。　移鎮邢州:《輯本舊史》卷四一《唐明宗紀七》長興元年（930）三月甲戌條:"延州節度使高允韜移鎮邢州。"

[8]爲右龍武統軍:《輯本舊史》卷四四《唐明宗紀十》長興四年六月丁巳條:"以前邢州節度使高允韜爲右龍武統軍。"

[9]滑州:州名。治所在今河南滑縣。此處代指義成軍。

[10]卒於任:《輯本舊史》卷四七《唐末帝紀中》清泰二年（935）八月庚午條:"滑州節度使高允韜卒。"

[11]《大典》卷五五三八"高"字韻"姓氏（六）"事目。

韓遜　子洙

韓遜，本靈州之列校也。[1]會唐季之亂，因據有其地，朝廷乃授以節鉞。[2]梁初，累加檢校太尉、同平章事。開平中，梁將劉知俊自同州叛歸鳳翔，[3]李茂貞以地褊不能容，乃借兵以窺靈武，[4]且圖牧圉之地。知俊乃帥邠、岐、秦、涇之師數萬攻遜於靈州，遜極力以拒之，久之，知俊遁去。[5]梁祖嘉之，自是累加官至中書令，封潁川郡王。[6]遜亦善於爲理，部民請立生祠堂於其地，梁祖許之，仍詔禮部侍郎薛廷珪撰文以賜之，[7]其廟至今在焉。貞明初，[8]遜卒於鎮。[9]《永樂大典》卷一萬八千一百二十七。[10]

[1]靈州：州名。治所在今寧夏吳忠市。

[2]朝廷乃授以節鉞：《新五代史》卷四〇《韓遜傳》：“初爲靈武軍校，當唐末之亂，據有靈鹽，唐即以爲節度使，而史失不錄，不見其事。梁開平三年，封朔方節度使韓遜爲潁川王，始見於史。”

[3]梁將劉知俊自同州叛歸鳳翔：《輯本舊史》卷二七《唐莊宗紀一》天祐六年（909）七月條：“邠、岐二帥及梁之叛將劉知俊俱遣使來告，將大舉以伐靈、夏，兼收關輔，請出兵晋絳，以張兵勢。”按唐天祐六年即梁開平三年。

[4]靈武：郡名。治所在今寧夏吳忠市。乾元元年（758），改名靈州。

[5]“知俊乃帥邠、岐、秦、涇之師數萬攻遜於靈州”至“知俊遁去”：《通鑑》卷二六七開平三年（909）：“岐王欲取靈州以處劉知俊，且以爲牧馬之地，使知俊自將兵攻之。朔方節度使韓遜告急；詔鎮國節度使康懷貞、感化節度使寇彥卿將兵攻邠寧以救之。懷貞等所向皆捷，克寧、衍二州，拔慶州南城，刺史李彥廣出降。遊兵侵掠至涇州之境，劉知俊聞之，十二月，己丑，解靈州圍，引兵還。”

[6]自是累加官至中書令，封潁川郡王：《輯本舊史》卷四《梁太祖紀四》開平三年三月丙戌條：“以朔方節度使、兼中書令韓遜爲潁川王。”

[7]禮部侍郎：官名。尚書省禮部次官。協助禮部尚書掌禮儀、祭享、貢舉之政。正四品下。　薛廷珪：人名。祖籍河東（今山西永濟市）。五代大臣。傳見本書卷六八。

[8]貞明：後梁末帝朱友貞年號（915—921）。

[9]遜卒於鎮：《通鑑》卷二六九乾化四年（914）五月條：“朔方節度使兼中書令潁川王韓遜卒。”

[10]《大典》卷一八一二七“將”字韻“後梁將（三）”事目。

洙，遜之子也。遜卒，三軍推爲留後，梁末帝聞之，起復正授靈武節度使、特進、檢校太傅、同平章事。[1]貞明四年春，靈武將軍尚貽敏等上言，[2]洙已服闋，乞落起復。梁末帝令中書商量，[3]宰臣奏曰：“舊例，藩鎮落起復，如先人已是一品階，即與加爵；如未是一品階，即合加階。”乃授洙開府儀同三司。[4]唐莊宗、明宗累加官爵。天成四年夏，洙卒，[5]朝廷以其弟澄爲朔方軍節度觀察留後。[6]是歲，有列校李賓作亂，[7]部内不安，乃遣使上表請帥於朝廷，[8]明宗命前磁州刺史康福爲朔方河西等軍節度、靈威雄警涼等州觀察處置、度支溫池榷稅等使，[9]仍遣福領兵萬人赴鎮，其後靈武遂受代焉。《永樂大典》卷三千六百七十五。[10]

[1]特進：官名。西漢末期始置，授給列侯中地位較特殊者。隋唐時期，特進爲散官，授給有聲望的文武官員。正二品。　“遜卒”至“同平章事”：《通鑑》卷二六九乾化四年五月條：“朔方節度使兼中書令、潁川王韓遜卒，軍中推其子洙爲留後。癸丑，詔以洙爲節度使。”《輯本舊史》卷八《梁末帝紀上》乾化四年五月癸丑條：“朔方軍留後、檢校司徒韓洙起復，授朔方軍節度使、檢校太保。”

[2]尚貽敏：人名。籍貫不詳。本書僅此一見。

[3]中書：官署名。“中書門下”的簡稱。唐代以來爲宰相處理政務的機構。參見劉後濱《唐代中書門下體制研究——公文形態·政務運行與制度變遷》，齊魯書社2004年版。

[4]乃授洙開府儀同三司：《輯本舊史》卷九《梁末帝紀中》貞明四年四月己未條：“靈武節度使韓洙落起復，授開府儀同三司，依前檢校太傅、同平章事。”

[5]洙卒：《輯本舊史》卷三九《唐明宗紀五》天成三年（928）七月壬子條：“以朔方節度使韓洙卒廢朝。”

[6]澄：人名。即韓澄。事見本書本卷。　弟澄：《輯本舊史》之影庫本粘籤：“弟澄，原本作‘第登’，今從《歐陽史》改正。”見《新五代史》卷四六《康福傳》。　朔方軍：方鎮名。治所在靈州（今寧夏吳忠市）。　朝廷以其弟澄爲朔方軍節度觀察留後：《輯本舊史》卷四〇《唐明宗紀六》天成四年六月辛亥條：“以權知朔方軍留後、定難軍都知兵馬使韓澄爲朔方留後。”

[7]李賓：人名。亦作“李匡賓”“李從賓”。本傳避宋太祖諱，作“李賓”。籍貫不詳。五代將領。事見本書本卷。　有列校李賓作亂：《通鑑》卷二七六天成四年九月條：“定遠軍使李匡賓聚黨據保靜鎮作亂，朔方不安。”

[8]乃遣使上表請帥於朝廷：中華書局本有校勘記：“‘帥’，原作‘師’，據殿本、劉本、邵本校改。按本書卷四〇《唐明宗紀》六：‘（天成四年十月）時朔方將吏請帥於朝廷，故命（康）福往鎮之。’”《通鑑》卷二七六天成四年十月丁酉條：“韓澄遣使齎絹表，乞朝廷命帥。”

[9]磁州：州名。治所在今河北磁縣。　康福：人名。蔚州（今河北蔚縣）人。傳見本書卷九一、《新五代史》卷四六。　河西：方鎮名。治所在涼州（今甘肅武威市）。　威：州名。治所在今寧夏中寧縣鳴沙鎮。　雄：州名。治所在今寧夏中寧縣西北。警：州名。治所在今寧夏平羅縣西南。　涼：州名。治所在今甘肅武威市。　温池：縣名。位於今寧夏鹽池縣西南。　明宗命前磁州刺史康福爲朔方河西等軍節度、靈威雄警涼等州觀察處置、度支温池榷稅等使：《通鑑》卷二七六天成四年十月戊戌條：“以福爲朔方、河西節度使。”

[10]《大典》卷三六七五“韓”字韻“姓氏（一一）”事目。

李仁福　子彝超　彝興

李仁福，世爲夏州牙將，本拓拔氏之族也。[1]唐乾符中，有拓拔思恭，[2]爲夏州節度使，[3]廣明之亂，[4]唐僖宗在蜀，詔以思恭爲京城西北收復都統，[5]預破黄巢有功，僖宗賜姓，故仁福亦以李爲氏。思恭卒，弟思諫繼之。[6]梁開平元年，授思諫檢校太尉、兼侍中。二年，思諫卒，三軍立其子彝昌爲留後，[7]尋起復，正授旄鉞。三年春，牙將高宗益等作亂，[8]彝昌遇害，時仁福爲蕃部指揮使，本州軍吏迎立仁福爲帥。其年四月，梁祖降制授仁福檢校司空，充定難軍節度使。[9]未幾，後唐武皇遣大將周德威會邠、鳳之師五萬同攻夏州，[10]仁福固守月餘，[11]梁援軍至，德威遁去，梁祖喜之，超授檢校太保、同平章事。[12]仁福自梁貞明、龍德及後唐同光中，累官至檢校太師、兼中書令，封朔方王。[13]長興四年三月，卒於鎮。其年追封虢王。子彝超嗣。[14]《永樂大典》卷一萬八千一百三十三。[15]

[1]夏州：州名。治所在今陝西靖邊縣。　本拓拔氏之族也：中華書局本有校勘記："《通曆》卷一五、《册府》卷四三六同，《通鑑》卷二六七《考異》引《薛史》'拓拔氏'上有'党項'二字。"

[2]拓拔思恭：人名。又名李思恭。党項族。唐末將領、党項拓跋族首領。傳見《新唐書》卷二二一上。《舊五代史考異》："案：《歐陽史》作思敬。"《通鑑》卷二五四中和元年（881）三月條："宥州刺史拓跋思恭，本党項羌也，糾合夷、夏兵會鄜延節度使李

孝昌於鄜州，同盟討賊。”《考異》曰：“歐陽修《五代史》作‘拓跋思敬’，意謂《薛史》避國諱耳。按《舊唐書》《實錄》皆作‘思恭’。《實錄》：‘天復二年九月，武定軍節度使李思敬以城降王建。思敬本姓拓跋，鄜夏節度使思恭、保大節度使思孝之弟也。思孝致仕，以思敬爲保大留後，遂升節度，又徙武定軍。’《新唐書·党項傳》曰：‘思恭爲定難節度使，卒，弟思諫代爲節度。思孝爲保大節度，以老，薦弟思敬爲保大留後，俄爲節度。’然則思恭、思敬乃是兩人。思敬後附李茂貞，或賜國姓，故更姓李。修合以爲一人，誤也。”見《新五代史》卷四〇《李茂貞傳》、《舊唐書》卷一九下《僖宗紀》、《新唐書》卷二二一上《黨項傳》。

[3]爲夏州節度使：《通鑑》卷二五四中和元年四月戊寅條：“以拓跋思恭權知夏綏節度使。”

[4]廣明之亂：廣明元年（880）底，黃巢起義軍攻下潼關，進入長安，唐僖宗逃入四川。

[5]詔以思恭爲京城西北收復都統：《通鑑》卷二五四中和二年正月辛亥條：“又以王處存、李孝昌、拓跋思恭爲京城東北西面都統。”

[6]思諫：人名。即李思諫。党項族。唐末軍閥。拓拔思恭之弟。事見本書本卷、《新唐書》卷二二一上。

[7]彝昌：人名。即李彝昌。党項族。唐末軍閥。李思諫之子。事見本書本卷。　三軍立其子彝昌爲留後：《通鑑》卷二六七開平二年（908）十一月條：“定難節度使李思諫卒；甲戌，其子彝昌自爲留後。”

[8]高宗益：人名。籍貫不詳。李彝昌部將。本書僅此一見。

[9]定難軍：方鎮名。治所在夏州（今陝西靖邊縣）。　“其年四月”至“充定難軍節度使”：《通鑑》卷二六七開平四年三月條：“夏州都指揮使高宗益作亂，殺節度使李彝昌。將吏共誅宗益，推彝昌族父蕃漢都指揮使李仁福爲帥，癸丑，仁福以聞。夏，四月，甲子，以仁福爲定難節度使。”《考異》曰：“《薛史》，仁福本

党項拓跋氏。唐末，拓跋思恭以破黄巢功賜姓，故仁福之族亦姓李。《歐陽史》云：‘不知其於思諫爲親疏也。’按仁福諸子皆連‘彝’字，則於彝昌必父行也。按李仁福子孫强盛，遂爲宋朝西邊之禍，所謂西夏也。”見《新五代史》卷四〇《李茂貞傳》。

[10]周德威：人名。朔州馬邑（今山西朔州市朔城區東北）人。唐末、五代河東將領。傳見本書卷五六、《新五代史》卷二五。

[11]“未幾”至“仁福固守月餘”：《通鑑》卷二六七開平四年七月條：“岐王與邠、涇二帥各遣使告晋，請合兵攻定難節度使李仁福；晋王遣振武節度使周德威將兵會之，合五萬衆圍夏州，仁福嬰城拒守。”

[12]太保：《輯本舊史》之影庫本粘籤：“太保，原本脱‘保’字，今據《歐陽史》增入。”見《新五代史》卷七《唐愍帝紀》等，均作“檢校太保”。

[13]累官至檢校太師、兼中書令，封朔方王：《輯本舊史》卷八《唐末帝紀上》乾化二年（912）三月壬戌條：“以夏州節度使、檢校太尉、同平章事李仁福爲檢校太師，進封隴西郡王。”同書卷三一《唐莊宗紀五》同光二年（924）四月己丑條：“以夏州節度使李仁福依前檢校太師、兼中書令、夏州節度使，封朔方王。”

[14]“長興四年三月”至“子彝超嗣”：《輯本舊史》卷四四《唐明宗紀十》長興四年（933）三月己卯條：“延州節度使安從進奏：夏州節度使李仁福卒，其子彝超自爲留後。”同書卷一三二《李彝超傳》：“仁福卒，三軍立爲帥，矯爲仁福奏云：‘臣疾已甚，已委彝超權知軍州事，乞降真命。’”明本《册府》卷四三九《將帥部·要君門》：“周李仁福爲夏州節度使。後唐明宗長慶四年三月，遣押衙賈師温奏事，稱疾甚，以次子彝超權知軍州事，乞降正命。”《通鑑》卷二七八長興四年二月戊午條：“定難節度使李仁福卒；庚申，軍中立其子彝超爲留後。”同年三月癸未條：“以其子彝超爲彰武留後。”追封虢王，《輯本舊史》卷四四《唐明宗紀十》長興四年五月辛丑條：“故夏州節度使、朔方郡王李仁福追封

號王。”

[15]《大典》卷一八一三三“將”字韻“後周將（二）”事目。

彝超，仁福之次子也。歷本州左都押牙、防遏使。[1]仁福卒，三軍立爲帥，矯爲仁福奏云：“臣疾已甚，已委彝超權知軍州事，乞降真命。”[2]明宗聞之，遂以彝超爲延州留後，以延帥安從進爲夏州留後。[3]朝廷慮不從命，詔邠州節度使藥彥稠、宮苑使安重益等率師援送從進赴鎮，[4]仍降詔諭之云：

[1]左都押牙：官名。“押牙”即“押衙”。唐五代時期節度使辟署的屬官，有稱左、右都押衙或都押衙者。掌領方鎮儀仗侍衛、統率軍隊。參見劉安志《唐、五代押牙（衙）考略》，武漢大學歷史系魏晉南北朝隋唐史研究室編《魏晉南北朝隋唐史資料》第 16 輯，武漢大學出版社 1998 年版。 防遏使：官名。另有鎮遏使。軍鎮統兵官。掌軍鎮防守工作。

[2]“仁福卒”至“乞降真命”：《輯本舊史》卷四四《唐明宗紀十》長興四年（933）三月己卯條：“延州節度使安從進奏，夏州節度使李仁福卒，其子彝超自稱留後。”同書卷一三二《李仁福傳》同。明本《册府》卷四三九《將帥部·要君門》：“周李仁福爲夏州節度使。後唐明宗長慶四年三月，遣押衙賈師溫奏事，稱疾甚，以次子彝超權知軍州事，乞降正命。”《通鑑》卷二七八長興四年二月戊午條：“定難節度使李仁福卒；庚申，軍中立其子彝超爲留後。”同年三月癸未條：“以其子彝超爲彰武留後。”

[3]安從進：人名。粟特人。五代藩鎮軍閥。傳見本書卷九八、《新五代史》卷五一。

[4]藥彥稠：人名。沙陀部人。五代後唐將領。傳見本書卷六

六、《新五代史》卷二七。 宮苑使：官名。唐始置，以宦官充任，五代改用士人。掌京師地區宮苑和宮苑所屬的莊田管理事務。 安重益：人名。籍貫不詳。五代宦官。事見本書本卷。中華書局本有校勘記："原作'安從益'，據本書卷四四《唐明宗紀十》，《册府》卷一六六、卷九九四，《通鑑》卷二七八改。 詔邠州節度使藥彦稠、宮苑使安重益等率師援送從進赴鎮：《輯本舊史》卷四四《唐明宗紀十》長興四年三月戊子條："以夏州左都押衙、四州防遏使李彝超爲延州留後，仍命邠州節度使藥彦稠、宮苑使安重益帥師援送從進赴鎮。"

　　近據西北藩鎮奏，定難軍節度使李仁福薨。朕以仁福自分戎閫，遠鎮塞垣，威惠俱行，忠孝兼著。當本朝播越之後，及先皇興復之初，爰及眇躬，益全大節，統臨有術，遠邇咸安。委仗方深，凋殞何速，忽窺所奏，[1]深愴予懷。不朽之功，既存於社稷；有後之慶，宜及於子孫。但以彼藩地處窮邊，每資經略，厥子年纔弱冠，[2]未歷艱難，或虧駕御之方，定啓姦邪之便。其李彝超已除延州節度觀察留後，便勒赴任。但夏、銀、綏、宥等州，[3]最居邊遠，久屬亂離，多染夷狄之風，少識朝廷之命，既乍當於移易，宜普示於渥恩。應夏、銀、綏、宥等州管內，罪無輕重，常赦所不原者，并公私債負、殘欠税物，一切並放；兼自刺史、指揮使、押衙已下，皆勒依舊，各與改轉官資。

[1]忽窺所奏：中華書局本有校勘記："'奏'，原作'秦'，據殿本、劉本、孔本、邵本、彭本、《册府》卷一六六改。"見《宋

本册府》卷一六六《帝王部·招痕門四》天成四年二月丁亥條。

[2]厥子年纔弱冠：《輯本舊史》之影庫本粘籤：“年纔弱冠，原本脱‘纔’字，今從《册府元龜》增入。”

[3]銀：州名。治所在今陝西榆林市横山區。 綏：州名。治所在今陝西綏德縣。 宥：州名。治所在今内蒙古鄂托克前旗東南城川古城。

　　朕自總萬幾，惟弘一德，内安華夏，外撫戎夷，先既懷之以恩，後必示之以信。且如李從曦之守岐、隴，[1]疆土極寬；高允韜之鎮鄜、延，[2]甲兵亦衆。咸能識時知變，舉族歸朝。從曦則見鎮大梁，允韜則尋除鉅鹿，[3]次及昆仲，並建節旄，下至將僚，悉分符竹。又若王都之貪上谷，[4]李賓之吝朔方，或則結搆契丹，偷延旦夕；或則依憑党項，[5]竊據山河。不禀除移，唯謀旅拒，纔興討伐，已見覆亡。何必廣引古今，方明利害；祇陳近事，聊諭將來。彼或要覆族之殃，則王都、李賓足爲鑒戒；彼或要全身之福，則允韜、從曦可作規繩。朕設兩途，爾宜自擇。或慮將校之内，親要之間，幸彼幼沖，恣其熒惑，遂成騷動，致累生靈。今特差邠州節度使藥彦稠部領馬步兵士五萬人騎，送安從進赴任，從命者秋毫勿犯，違命者全族必誅，先令後行，有犯無赦云。

[1]李從曦：人名。李茂貞長子。傳見本書本卷。
[2]高允韜：人名。高萬興之子。傳見本書本卷。

[3]鉅鹿：縣名。治所在今河北巨鹿縣。

[4]王都：人名。中山陘邑（今河北定州市）人。本姓劉，後爲義武軍節度使王處直之養子。五代軍閥。傳見本書卷五四。　上谷：郡名。唐改爲易州。治所在今河北易縣。《輯本舊史》之影庫本粘籤："上谷，原本作'上客'，今據文改正。"

[5]党項：部族名。源出羌族，時活躍於今甘肅東部、寧夏、陝西北部一帶。參見湯開建《党項西夏史探微》，商務印書館 2013 年版。

　　其年夏四月，彝超上言："奉詔授延州留後，已迎受恩命，緣三軍百姓擁隔，未放赴任。"[1]明宗遣閤門使蘇繼顔齎詔促之。[2]五月，安從進領軍至城下，彝超不受代，從進駐軍以攻之。秋七月，彝超昆仲登城謂從進曰："孤弱小鎮，不勞王師攻取，虛煩國家餉運，得之不武，爲僕聞天子，乞容改圖。"時又四面党項部族萬餘騎，薄其糧運，而野無芻牧，關輔之人，運斗粟束藁，[3]動計數千，窮民泣血，無所控訴，復爲蕃部殺掠，死者甚衆。明宗聞之，乃命班師。彝超亦上表謝罪，乃授彝超檢校司徒，充定難軍節度使，[4]既而修貢如初。清泰二年，[5]卒於鎮。弟彝興襲其位。[6]《永樂大典》卷一萬八千一百三十三。[7]

　　[1]"彝超上言"至"未放赴任"：《通鑑》卷二七八長興四年夏四月條："彝超上言，爲軍士百姓擁留，未得赴鎮，詔遣使趣之。"

　　[2]閤門使：官名。唐代中期始置，掌供朝會、贊引百官。初以宦官充任，五代改用武階。　蘇繼顔：人名。籍貫不詳。五代官

員。事見本書卷四四、卷四七、卷七七。中華書局本有校勘記："原作'蘇繼彥',據本書卷四四《唐明宗紀十》,《册府》卷四三九、卷四六六改。"

　　[3]束薪:《輯本舊史》之影庫本粘籤:"束薪,原本作'束膏',今據文改正。"

　　[4]"彝超亦上表謝罪"至"充定難軍節度使":《通鑑》卷二七八長興四年十月條:"權知夏州事李彝超上表謝罪,求昭雪;壬戌,以彝超爲定難節度使。"

　　[5]清泰二年:中華書局本有校勘記:"何德璘墓誌(拓片刊《中國藏西夏文獻》第十八册)云:'清泰元年,今府主紹位'。今府主蓋指李彝興,則李彝超當卒於清泰元年。"

　　[6]弟彝興襲其位:《輯本舊史》卷四七《唐末帝紀中》清泰二年三月辛丑條:"以夏州行軍司馬李彝殷爲本州節度使,兄彝超卒故也。"

　　[7]《大典》卷一八一三三"將"字韻"後周將(二)"事目。

　　彝興,本名彝殷,皇朝受命之初,[1]以犯廟諱故改之。彝超既卒,時彝興爲夏州行軍司馬,三軍推爲留後,唐末帝聞之,正授定難軍節度使。[2]晋天福初,加檢校太尉、同平章事。少帝嗣位,加檢校太師。八年秋,彝興弟綏州刺史彝敏與其黨作亂,爲彝興所逐,[3]彝敏奔延州,彝興押送到闕,骨肉二百餘口,朝廷以彝興之故,縶送本道斬之。[4]開運元年春,詔以彝興爲契丹西南面招討使。[5]漢乾祐元年春,加兼侍中。[6]是歲,李守貞叛於河中,[7]潛使人搆之,彝興爲之出師,駐於延州之北境,既而聞守貞被圍,乃收軍而退。[8]周顯德中,[9]累加至守太傅、兼中書令,封西平王。[10]皇朝建隆元年春，[11] 制加守太尉，始改名彝興。乾德五年秋，[12] 卒於鎮。制贈太師，追封夏王。子光叡繼其位，其後事具皇朝日曆。《永樂大典》卷一萬八千一百三十三。[13]

[1] 皇朝受命之初：中華書局本有校勘記：" '皇朝'，原作 '宋'，據殿本改。"

[2] "彝超既卒"至"正授定難軍節度使"：《輯本舊史》卷四七《唐末帝紀中》清泰二年三月辛丑條："以夏州行軍司馬李彝殷爲本州節度使，兄彝超卒故也。"

[3] 彝敏：人名。即李彝敏。李彝興之弟。事見本書本卷。爲彝興所逐：中華書局本有校勘記：" '逐'，原作 '遂'，據殿本、劉本、孔本、邵本校、彭本改。"

[4] "彝敏奔延州"至"繫送本道斬之"：《輯本舊史》卷八二《晋少帝紀二》天福八年（943）九月條："戊子……延州奏，綏州刺史李彝敏抛棄郡城，與弟彝俊等五人將骨肉二百七十口來投，當州押送赴闕，稱與兄夏州節度使彝殷偶起猜嫌，互相攻伐故也……甲午，夏州李彝殷奏：'衙內都指揮使拓拔崇斌等五人作亂，當時收擒處斬訖。相次綏州刺史李彝敏擅將兵士，直抵城門，尋差人掩殺，彝敏知事不濟，與弟五人將家南走。'詔：'李彝敏潛結凶黨，顯恣逆謀，骨肉之間，尚興屠害，照臨之內，難以含容，送夏州處斬。'"

[5] 契丹：古部族、政權名。公元四世紀中葉宇文部爲前燕攻破，始分離而成單獨的部落，自號契丹。唐貞觀中，置松漠都督府，以其首領爲都督。唐末强盛，916 年迭剌部耶律阿保機建立契丹國（遼）。先後與五代、北宋並立，保大五年（1125）爲金所滅。參見張正明《契丹史略》，中華書局 1979 年版。　招討使：官名。唐始置。戰時任命，兵罷則省。常以大臣、將帥或地方軍政長

官兼任。掌招撫討伐等事務。　詔以彝興爲契丹西南面招討使：《通鑑》卷二八四開運元年（944）二月壬子條：“以彝殷爲契丹西南面招討使。”

[6]乾祐：後漢高祖劉知遠、隱帝劉承祐年號（948—950）。北漢亦用此年號。　加兼侍中：《輯本舊史》卷一〇一《漢隱帝紀上》乾祐元年（948）三月丙寅條：“夏州節度使、檢校太師、同平章事李彝殷，並加兼侍中。”

[7]李守貞叛於河中：《輯本舊史》卷一〇一《漢隱帝紀上》乾祐元年三月條：“西道諸州奏，河中李守貞謀叛，發兵據潼關。”

[8]“彝興爲之出師”至“乃收軍而退”：《輯本舊史》卷一〇一《漢隱帝紀上》乾祐元年十月甲辰條：“延州奏，夏州李彝殷先出兵臨州境，欲應接李守貞，今却抽退。”

[9]顯德：五代後周太祖郭威年號（954）。世宗柴榮、恭帝柴宗訓沿用（954—960）。

[10]封西平王：《輯本舊史》卷一一三《周太祖紀四》顯德元年正月庚辰條：“夏州李彝興進封西平王。”

[11]建隆：宋太祖趙匡胤年號（960—963）。

[12]乾德：宋太祖趙匡胤年號（963—968）。

[13]《大典》卷一八一三三“將”字韻“後周將（二）”事目。

舊五代史　卷一三三

承襲列傳第二^[1]

[1]本卷各傳次序，清輯本按荆南高氏、湖南馬氏、吳越錢氏編排，今據《通曆》卷一五，將其次序調整爲吳越錢氏、湖南馬氏、荆南高氏。據清輯本自注，《高保勗傳》録自《大典》卷五五三九，卷末“史臣曰”一段録自《大典》卷五五三八，此兩卷《大典》均爲“高”字韻“姓氏”事目，僅相距一卷，《高保勗傳》與“史臣曰”或出自同一卷《大典》，其中一處誤注卷數。考《大典》收録《舊五代史》列傳之體例，多將各卷之“史臣曰”連同該卷最後一人傳記一併抄録，更可證高氏諸傳應列於本卷最後。

錢鏐　子元瓘　元瓘子佐　倧　俶

錢鏐，杭州臨安縣人。^[1]少拳勇，喜任俠，以解仇報怨爲事。唐乾符中，事於潜鎮將董昌爲部校。^[2]屬天下喪亂，黄巢寇嶺表，^[3]江、淮之盜賊羣聚，大者攻州郡，小者剽閭里。董昌聚衆，恣橫於杭越之間，^[4]杭州八縣，每縣召募千人爲一都，時謂之“杭州八都”，以遏黄巢之衝要。時有劉漢宏者，^[5]聚徒據越州，自稱節度使，^[6]攻收鄰郡。唐僖宗在蜀，詔董昌討伐，昌以軍政委鏐，率八都之士進攻越州，誅漢宏。^[7]江、浙平，董昌爲浙東節度使、[8]越州刺史，表鏐代己爲杭州刺史。[9]潤州牙將薛朗逐其節度使周寶，[10]自稱留後。[11]鏐迴戈攻潤州，[12]擒薛朗。[13]

[1]杭州：州名。治所在今浙江杭州市。　臨安縣：縣名。治所在今浙江杭州市臨安區。　杭州臨安縣人：《新五代史》卷六七《錢鏐傳》："錢鏐字具美，杭州臨安人也。臨安里中有大木，鏐幼時與羣兒戲木下，鏐坐大石指麾羣兒爲隊伍，號令頗有法，羣兒皆憚之。及壯，無賴，不喜事生業，以販鹽爲盜。縣録事鍾起有子數人，與鏐飲博，起嘗禁其諸子，諸子多竊從之游。豫章人有善術者，望牛斗間有王氣。牛斗，錢塘分也，因遊錢塘。占之在臨安，乃之臨安，以相法隱市中，陰求其人。起與術者善，術者私謂起曰：'占君縣有貴人，求之市中不可得，視君之相貴矣，然不足當之。'起乃爲置酒，悉召賢豪爲會，陰令術者徧視之，皆不足當。術者過起家，鏐適從外來，昺起，反走，術者望見之，大驚曰：'此真貴人也。'起笑曰：'此吾旁舍錢生爾。'術者召鏐至，熟視之，顧起曰：'君之貴者，因此人也。'乃慰鏐曰：'子骨法非常，願自愛。'因與起訣曰：'吾求其人者，非有所欲也，直欲質吾術爾。'明日乃去。起始縱其子等與鏐遊，時時貸其窮乏。"

[2]乾符：唐僖宗李儇年號（874—879）。　於潛：縣名。治所在今浙江杭州市臨安區於潛鎮。《輯本舊史》之影庫本粘籤："於潛，原本作'烏潛'，今從《新唐書》改正。"見《新唐書》卷四一《地理志五》。　董昌：人名。杭州臨安（今浙江杭州市）人。五代十國方鎮將領。傳見《新唐書》卷二二五下。

[3]黃巢：人名。曹州冤句（今山東菏澤市）人。唐末農民起義領袖。傳見《舊唐書》卷二〇〇下、《新唐書》卷二二五下。嶺表：地區名。亦謂嶺外、嶺南。指五嶺以南地區，故名。包括今廣東、廣西、海南及越南北部地區。　黃巢寇嶺表：《舊唐書》卷

一九下《僖宗紀》廣明元年（880）三月條："賊悉衆欲寇襄陽……巨容發伏擊之，賊大潰而走……黄巢、尚讓以餘衆徒濟江……賊遂率舟軍東下，攻鄂州，陷其郛。全晸救至，賊遂轉戰江西，陷江西饒、信、杭、衢、宣、歙、池等十五州。"

[4]越：州名。治所在今浙江紹興市。

[5]劉漢宏：人名。籍貫不詳。五代十國藩鎮軍閥。傳見《新唐書》卷一九〇。

[6]節度使：官名。唐時在重要地區所設掌握一州或數州軍、民、財政的長官。　"時有劉漢宏者"至"自稱節度使"：《舊唐書》卷一九下《僖宗紀》中和元年（881）春正月庚戌條："以宿州刺史劉漢宏爲越州刺史、鎮東軍節度、浙江東道觀察處置等使。"

[7]"唐僖宗在蜀"至"誅漢宏"：此句原置於"自稱留後"後，錢鏐攻劉漢宏事在光啓二年（886）冬，薛朗等逐周寶自稱留後事，在光啓三年春。故移於此。《通鑑》卷二五六光啓二年十一月丙戌條："錢鏐克越州，劉漢宏奔台州。"《考異》曰："實録，漢宏被殺在董昌除浙東前。據范坰《吳越備史》，漢宏敗走至十二月死皆有日，今從之。"《通鑑》卷二五六光啓二年十二月條："台州刺史杜雄誘劉漢宏，執送董昌，斬之。昌徒鎮越州，自稱知浙東軍府事，以錢鏐知杭州事。"胡注："廣明元年，劉漢宏得浙東，至是而亡。"《考異》曰："《十國紀年》：'十二月，丙午，杜雄執漢宏。'按十二月丙子朔，無丙午。　《紀年》誤。"《新唐書》卷一九〇《劉漢宏傳》光啓二年條："杜雄饗其軍，皆醉，執漢宏以見董昌……昌命鏐斬之。"《舊唐書》卷一九下《僖宗紀》光啓三年二月乙巳條："潤州牙將劉浩、度支使薛朗同謀逐其帥周寶，劉浩自稱留後。"《通鑑》卷二五六光啓三年三月條："寶醉，方寢，浩帥其黨作亂，攻府舍而焚之……癸巳，迎薛朗入府，推爲留後。"

[8]浙東：方鎮名。浙江東道的簡稱。治所在越州（今浙江紹興市）。

[9]刺史：官名。漢武帝時始置。州一級行政長官，總掌考覈

官吏、勸課農桑、地方教化等事。唐中期以後，節度、觀察使轄州而設，刺史爲其屬官，職任漸輕。從三品至正四品下。　江、浙平，董昌爲浙東節度使、越州刺史，表鏐代己爲杭州刺史：此句原置於"擒薛朗"後。董昌拜節度、錢鏐拜刺史事在光啓三年春，擒薛朗事在光啓三年冬，故移於此。《舊唐書》卷一九下《僖宗紀》光啓元年三月條："杭州刺史董昌大敗劉漢宏之衆，進攻越、婺、台、明等州，下之。遂以昌爲越州刺史、鎮東軍節度、浙江東道觀察等使，以杭州大將錢鏐爲杭州刺史。"《通鑑》卷二五六光啓三年正月辛巳條："以董昌爲浙東觀察使，錢鏐爲杭州刺史。"今從《通鑑》。《通鑑》卷二五七光啓三年十二月條："錢鏐以杜稜爲常州制置使。命阮結等進攻潤州，丙申，克之；劉浩走，擒薛朗以歸。"胡注："光啓三年，劉浩逐周寶而奉薛朗，至是而敗。又，自是而後，楊行密、孫儒之兵迭爭常、潤，二州之民死於兵荒，其存者什無一二矣。"《考異》曰："《吳越備史》：'明年，正月丙寅，克潤州，斬薛朗。'按朗斬於杭州，必不同在一日。今從《十國紀年》。"

　[10]潤州：州名。治所在今江蘇鎮江市。　牙將：官名。古代軍隊中的中低級軍官。　薛朗：人名。籍貫不詳。五代十國藩鎮將領。事見本書本卷。　周寶：人名。平州盧龍（今河北盧龍縣）人。唐末五代十國藩鎮軍閥。傳見《新唐書》卷一八六。

　[11]留後：官名。唐五代節度使多以子弟或親信爲留後，以代行節度使職務，亦有軍士、叛將自立爲留後者。掌一州或數州軍政。

　[12]鏐迴戈攻潤州："鏐"字原無，據文意補。

　[13]擒薛朗：《新五代史》卷六七《錢鏐傳》："唐乾符二年，浙西裨將王郢作亂，石鑑鎮將董昌募鄉兵討賊，表鏐偏將，擊郢破之。是時，黃巢衆已數千，攻掠浙東，至臨安，鏐曰：'今鎮兵少而賊兵多，難以力禦，宜出奇兵邀之。'乃與勁卒二十人伏山谷中，巢先鋒度險皆單騎，鏐伏弩射殺其將，巢兵亂，鏐引勁卒蹂之，斬首數百級。鏐曰：'此可一用爾，大衆至何可敵邪！'乃引兵趨八百

里，八百里，地名也，告道旁媼曰：'後有問者，告曰："臨安兵屯八百里矣。"'巢衆至，聞媼語，不知其地名，曰：'嚮十餘卒不可敵，況八百里乎！'遂急引兵過。都統高駢聞巢不敢犯臨安，壯之，召董昌與鏐俱至廣陵。久之，駢無討賊意，昌等不見用，辭還，駢表昌杭州刺史。是時，天下已亂，昌乃團諸縣兵爲八都，以鏐爲都指揮使、成及爲靖江都將。中和二年，越州觀察使劉漢宏與昌有隙，漢宏遣其弟漢宥、都虞候辛約，屯兵西陵。鏐率八都兵渡江，竊敵軍號，斫其營，營中驚擾，因焚之，漢宥等皆走。漢宏復遣將黃珪、何肅屯諸暨、蕭山，鏐皆攻破之。與漢宏遇，戰，大敗之，殺何肅、辛約。漢宏易服持膾刀以遯，追者及之，漢宏曰：'我宰夫也。'舉刀示之，乃免。四年，僖宗遣中使焦居璠爲杭、越通和使，詔昌及漢宏罷兵，皆不奉詔。漢宏遣其將朱褒、韓公玫、施堅實等以舟兵屯望海。鏐出平水，成及夜率奇兵破褒等於曹娥埭，進屯豐山，施堅實等降，遂攻破越州。漢宏走台州，台州刺史執漢宏送於鏐，斬于會稽，族其家。鏐乃奏昌代漢宏，而自居杭州。光啓三年，拜鏐左衛大將軍、杭州刺史，昌越州觀察使。是歲，畢師鐸囚高駢，淮南大亂，六合鎮將徐約攻取蘇州。潤州牙將劉浩逐其帥周寶，寶奔常州，浩推度支催勘官薛朗爲帥。鏐遣都將成及、杜稜等攻常州，取周寶以歸，鏐具軍禮郊迎，館寶於樟亭，寶病卒。稜等進攻潤州，逐劉浩，執薛朗，剖其心以祭寶。然後遣其弟銶攻徐約，約敗走入海，追殺之。"

　　唐景福中，[1]朝廷以李鋋爲浙江西道鎮海軍節度使。[2]時孫儒、楊行密交亂，[3]淮海煙塵數千里，鏐常率師以爲防捍。孫儒據宣州，[4]不敢侵江浙，由是鏐勳名日著。久之，李鋋終不至治所，朝廷以鏐爲鎮海軍節度，仍移潤州軍額於杭州爲治所，[5]又立威勝軍於越州，以董昌爲節度使。[6]昌漸驕貴，自言身應符讖，又爲祅人王百藝所誑,[7]僭稱尊號,乃於越州自稱羅平國王,年號大聖,僞命鏐爲兩浙都將。鏐不受命,以狀聞,唐昭宗命鏐討昌。[8]乾寧三年,[9]鏐率浙西將士破越州,擒昌以獻,[10]朝廷嘉其功,賜鏐鐵券,[11]又除宰臣王摶爲威勝軍節度使。[12]而兩浙士庶拜章,請以鏐兼杭、越二鎮,朝廷不能制,因而授之,改威勝軍爲鎮東,鏐乃兼鎮海、鎮東兩藩節制。[13]鏐既兼兩鎮,精兵三萬,而楊行密連歲興戎,攻蘇、湖、[14]潤等州,欲兼并兩浙,累爲鏐所敗,亦爲行密侵盜數州,而鏐所部止一十三州而已。天復中,[15]鏐大將許再思、徐綰叛,[16]引宣州節度使田頵謀襲杭州。[17]田頵等率師掩至城下,鏐激勵軍士,一戰敗之,生擒徐綰,田頵遁走。[18]

[1]景福:唐昭宗李曄年號(892—893)。

[2]李鋋:人名。籍貫不詳。唐末、五代將領。事見《舊唐書》卷一九下,《通鑑》卷二五四中和元年(881)三月甲寅、六月條,卷二五六中和二年三月、七月、九月條,卷二五九景福二年(893)閏(五)月條。　浙江西道:方鎮名。唐乾元元年(758)置,建中二年(781)建號鎮海軍。　鎮海軍:方鎮名。治所在潤州(今江蘇鎮江市)。　唐景福中,朝廷以李鋋爲浙江西道鎮海軍節度使:《舊唐書》卷二〇上《昭宗紀》景福二年三月庚子條:"制以……耀德都頭李鋋爲潤州刺史、鎮海軍節度使……並加特進、同平章事。各令赴鎮,並落軍權。"《通鑑》卷二五九景福二年閏五月條:"以……耀德都頭李鋋爲鎮海軍節度使。"

[3]孫儒:人名。河南府(今河南洛陽市)人。唐末軍閥。傳見《新唐書》卷一八八。　楊行密:人名。廬州合淝(今安徽合肥市)人。唐末軍閥,後被追爲吳國太祖。傳見本書卷一三四、

《新五代史》卷六一。

[4]宣州：州名。治所在今安徽宣城市。

[5]朝廷以鏐爲鎮海軍節度，仍移潤州軍額於杭州爲治所：《通鑑》卷二五九景福二年九月丁卯條：“以錢鏐爲鎮海節度使。”胡注曰：“升杭州武勝防禦使爲鎮海節度使。唐本置鎮海軍於潤州，今以命錢鏐於杭州，至光化元年，鏐遂請徙軍於杭州。”《考異》曰：“今年五月，以李鋌爲鎮海節度使，令赴鎮。今復除鏐者，按是時安仁義已據潤州，又孫惟晟除荆南，時成汭已據荆南，二人安得赴鎮！蓋但欲罷其軍權，其實不至鎮而返耳。《實錄》云，仍徙鎮海軍額於杭州。按《吳越備史》，是歲鏐初除鎮海節度使，猶領潤州刺史，至光化元年，始移鎮海軍於杭州。《實錄》誤也。”

[6]以董昌爲節度使：中華書局本有校勘記：“‘以’字原闕，據《通曆》卷一五、《新五代史》卷六七《吳越世家》補。”

[7]王百藝：人名。籍貫不詳。本書僅此一見。

[8]唐昭宗：李曄，888年至904年在位。紀見《舊唐書》卷二〇上、《新唐書》卷一〇。　“昌漸驕貴”至“唐昭宗命鏐討昌”：《舊唐書》卷二〇上《昭宗紀》乾寧二年（895）三月條：“浙東節度使董昌借號稱羅平國，年稱大聖，用婺州刺史蔣瓌爲宰相，仍僞署官員。鎮海軍節度使錢鏐請以本軍進討，從之。”

[9]乾寧：唐昭宗李曄年號（894—898）。

[10]乾寧三年，鏐率浙西將士破越州，擒昌以獻：“乾寧三年”原作“乾寧四年”。《舊唐書》卷二〇上《昭宗紀》乾寧三年四月壬午條：“鎮海軍節度使錢鏐攻越州，下之，斬董昌，平浙東。”《通鑑》卷二六〇乾寧三年（896）五月條：“甲午，夜，顧全武急攻越州，乙未旦，克其外郭，董昌猶據牙城拒之。戊戌，鏐遣昌故將駱團紿昌云：‘奉詔，令大王致仕歸臨安。’昌乃送牌印，出居清道坊。己亥，全武遣武勇都監使吳璋以舟載昌如杭州，至小江南，斬之，并其家三百餘人，宰相李邈、蔣瓌以下百餘人。昌在圍城中，貪吝日甚，口率民間錢帛，減戰士糧。及城破，庫有雜貨五百

間，倉有糧三百萬斛。錢鏐傳昌首於京師，散金帛以賞將士，開倉以振貧乏。"今據改。

[11]鐵券：皇帝頒賜給功臣的鐵製詔令文書，功臣本人及後世如有犯罪，以此券爲證，即可推念其功而予以赦減。

[12]王摶：人名。咸陽（今陝西咸陽市）人。唐末宰相。傳見《新唐書》卷一一六。中華書局本有校勘記："'王摶'，原作'王溥'，據孔本、《舊唐書》卷二〇上《昭宗紀》、《新唐書》卷六三《宰相表》下、卷一一六《王摶傳》、《通鑑》卷二六〇、《唐大詔令集》卷五四《王摶威勝軍節度平章事制》改。" 又除宰臣王摶爲威勝軍節度使：中華書局本有校勘記："《舊唐書》卷二〇上《昭宗紀》、《新唐書》卷六三《宰相表》下、《通鑑》卷二六〇、《唐大詔令集》卷五四《王摶威勝軍節度平章事制》皆繫其事於乾寧三年。"

[13]"而兩浙士庶拜章"至"鏐乃兼鎮海、鎮東兩藩節制"：《通鑑》卷二六〇乾寧三年十月條："錢鏐令兩浙吏民上表，請以鏐兼領浙東；朝廷不得已，復以王摶爲吏部尚書、同平章事，以鏐爲鎮海、威勝兩軍節度使。丙子，更名威勝曰鎮東軍。"《通鑑》卷二六一乾寧四年六月己酉條："錢鏐如越州，受鎮東節鉞。"

[14]蘇：州名。治所在今江蘇蘇州市。 湖：州名。治所在今浙江湖州市。

[15]天復：唐昭宗李曄年號（901—904）。

[16]許再思：人名。籍貫不詳。五代十國藩鎮將領。事見本書本卷。 徐綰：人名。籍貫不詳。五代十國藩鎮將領。事見本書本卷。《輯本舊史》之影庫本粘籤："徐綰，原本作'徐綬'，今從《九國志》改正。"見《九國志》卷三《田頵傳》。 天復中，鏐大將許再思、徐綰叛：《通鑑》卷二六三天復二年（902）八月條："甲戌，鏐臨饗諸將，綰謀殺鏐於座，不果，稱疾先出。鏐怪之，丁亥，命綰將所部兵先還杭州。及外城，縱兵焚掠。武勇左都指揮使許再思以迎候兵與之合，進逼牙城。"

　　[17]田頵：人名。廬州合淝（今安徽合肥市）人。五代十國藩鎮軍閥，後爲楊行密所殺。傳見《新唐書》卷一八九、本書卷一七。

　　[18]田頵遁走：《新五代史》卷六七《錢鏐傳》："昭宗拜鏐杭州防禦使。是時，楊行密、孫儒争淮南，與鏐戰蘇、常間。久之，儒爲行密所殺，行密據淮南，取潤州，鏐亦取蘇、常。唐升越州威勝軍，以董昌爲節度使，封隴西郡王；杭州武勝軍，拜鏐都團練使，以成及爲副使。及字弘濟，與鏐同事攻討，謀多出於及，而鏐以女妻及子仁琇。鏐乃以杜稜、阮結、顧全武等爲將校，沈崧、皮光業、林鼎、羅隱爲賓客。景福二年，拜鏐鎮海軍節度使、潤州刺史。乾寧元年，加同中書門下平章事。二年，越州董昌反。昌素愚，不能決事，臨民訟，以骰子擲之，而勝者爲直。妖人應智王温、巫韓媪等，以妖言惑昌，獻鳥獸爲符瑞。牙將倪德儒謂昌曰：'曩時謡言有羅平鳥主越人禍福，民間多圖其形禱祠之，視王書名與圖類。'因出圖以示昌，昌大悦，乃自稱皇帝，國號羅平，改元順天，分其兵爲兩軍，中軍衣黃，外軍衣白，銘其衣曰'歸義'。副使黃竭切戒昌以爲不可，昌大怒，使人斬竭，持其首至，罵曰：'此賊負我好聖，明時三公不肯作，乃自求死邪！'投之圃中。昌乃以書告鏐，鏐以昌反狀聞。昭宗下詔削昌官爵，封鏐彭城郡王，浙江東道招討使。鏐曰：'董氏於吾有恩，不可遽伐。'以兵三萬屯迎恩門，遣其客沈滂諭昌使改過。昌以錢二百萬犒軍，執應智等送軍中，自請待罪，鏐乃還兵。昌復拒命，遣其將陳郁、崔温等屯香嚴、石侯，乞兵於楊行密，行密遣安仁義救昌。鏐遣顧全武攻昌，斬崔温。昌所用諸將徐珣、湯臼、袁邠皆庸人，不知兵，遇全武輒敗。昌兄子真，驍勇善戰，全武等攻之，逾年不能克。真與其裨將刺羽有隙，羽譖之，昌殺真，兵乃敗。全武執昌歸杭州，行至西小江，昌顧左右曰：'吾與錢公俱起鄉里，吾嘗爲大將，今何面復見之乎！'左右相對泣下，因瞑目大呼，投水死。昭宗以宰相王溥鎮越州，溥請授鏐，乃改威勝軍爲鎮東軍，拜鏐鎮海、鎮東軍節度

使、加檢校太尉、中書令，賜鐵券，恕九死。鏐如越州受命，還治錢塘，號越州爲‘東府’。光化元年，移鎮海軍於杭州，加鏐檢校太師，改鏐鄉里曰廣義鄉勳貴里，鏐素所居營曰衣錦營。婺州刺史王壇叛附于淮南，楊行密遣其將康儒應壇，因攻睦州。鏐遣其弟銶敗儒於軒渚，壇奔宣州，昭宗詔鏐圖形凌煙閣，升衣錦營爲衣錦城、石鑑山曰衣錦山、大官山曰功臣山。鏐游衣錦城，宴故老，山林皆覆以錦，號其幼所嘗戲大木曰‘衣錦將軍’。天復二年，封鏐越王。鏐巡衣錦城，武勇右都指揮使徐綰與左都指揮使許再思叛，焚掠城郭，攻內城，鏐子傳瑛及其將馬綽、陳爲等閉門拒之。鏐歸，至北郭門不得入。成及代鏐與綰戰，斬首百餘級，綰屯龍興寺。鏐微服踰城而入，遣馬綽、王榮、杜建徽等分屯諸門，使顧全武備東府，全武曰：‘東府不足慮，可慮者淮南爾，綰急，必召淮兵至，患不細矣。楊公大丈夫，今以難告，必能閔我。’鏐以爲然。全武曰：‘獨行，事必不濟，請擇諸公子可行者。’鏐曰：‘吾嘗欲以元璙婚楊氏。’乃使隨全武如廣陵。綰果召田頵於宣州，全武等至廣陵，行密以女妻元璙，亟召頵還。頵取鏐錢百萬，質鏐子元璠而歸。天祐元年，封鏐吳王，鏐建功臣堂，立碑紀功，列賓佐將校名氏於碑陰者五百人。四年，升衣錦城爲安國衣錦軍。”

鏐於臨安故里興造第舍，窮極壯麗，歲時遊於里中，車徒雄盛，萬夫羅列。其父寬每聞鏐至，[1]走竄避之，鏐即徒步訪寬，請言其故。寬曰：“吾家世田漁爲事，未嘗有貴達如此，爾今爲十三州主，三面受敵，與人爭利，恐禍及吾家，所以不忍見汝。”鏐泣謝之。

[1]寬：人名。即錢寬。錢鏐之父。事見本書本卷。

　　鏐於唐昭宗朝，位至太師、中書令、[1]本郡王，食邑二萬户。[2]梁祖革命，[3]以鏐爲尚父、吴越國王。[4]梁末帝時，[5]加諸道兵馬元帥。[6]同光中，[7]爲天下兵馬都元帥、尚父、守尚書令，封吴越國王，[8]賜玉册、金印。初，莊宗至洛陽，[9]鏐厚陳貢奉，求爲國王。及玉册詔下，有司詳議，羣臣咸言："玉簡金字，唯至尊一人，錢鏐人臣，不可。又本朝以來，除四夷遠藩，羈縻册拜，或有國王之號，而九州之内亦無此事。"郭崇韜尤不容其僭，[10]而樞密承旨段徊姦倖用事，[11]能移崇韜之意，曲爲鏐陳情，崇韜俛偲從之。[12]鏐乃以鎮海、鎮東軍節度使名目授其子元瓘，[13]自稱吴越國王，命所居曰宫殿，府署曰朝廷，其參佐稱臣，僭大朝百僚之號，但不改年號而已。[14]僞行制册，加封爵於新羅、渤海，[15]海中夷落亦皆遣使行封册焉。

　　[1]太師：官名。與太傅、太保合稱三師，唐後期、五代時多爲大臣、勳貴加官。正一品。　中書令：官名。漢代始置，隋、唐前期爲中書省長官，屬宰相之職；唐後期多爲授予元勳大臣的虚銜。正二品。　鏐於唐昭宗朝，位至太師、中書令：《舊唐書》卷二〇上《昭宗紀》乾寧三年（896）四月條："鎮海軍節度使錢鏐攻越州，下之，斬董昌，平浙東。制加錢鏐檢校太尉、中書令。"

　　[2]食邑：即封地、封邑。食邑之名，蓋取受封者不之國，僅食其租税之意。

　　[3]梁祖革命：《輯本舊史》卷二六《唐武皇紀下》天祐四年（907）四月條："天子禪位於汴帥，奉天子爲濟陰王，改元爲開平，國號大梁。"

　　[4]尚父：初爲周武王對吕尚（即世所謂姜子牙）的尊稱。後

多用於尊禮元勳大臣的稱號。　吴越國王：中華書局本有校勘記："本書卷三《梁太祖紀三》、《新五代史》卷六七《吴越世家》、《通鑑》卷二六六、《吴越備史》卷一、《全唐文》卷八四七《梁啓聖匡運同德功臣淮南鎮海鎮東等軍節度使淮南浙江東西等道觀察處置營田招討安撫兼鹽鐵制置發運等使開府儀同三司尚父守尚書令揚杭越等州大都督府長史上柱國吴越王錢公生祠堂碑》作'吴越王'。按《通鑑》卷二七二：'（同光元年）梁主遣兵部侍郎崔協等册命吴越王鏐爲吴越國王'，《吴越備史》卷一略同。本卷下文亦云'莊宗至洛陽，鏐厚陳貢奉，求爲國王'。"明本《册府》卷一九六《閏位部·封建門》開平元年（907）五月條："兩浙節度使錢鏐進封吴越王。"《新五代史》卷六七《錢鏐傳》："梁太祖即位，封鏐吴越王兼淮南節度使。客有勸鏐拒梁命者，鏐笑曰：'吾豈失爲孫仲謀邪！'遂受之。太祖嘗問吴越進奏吏曰：'錢鏐平生有所好乎？'吏曰：'好玉帶、名馬。'太祖笑曰：'真英雄也。'乃以玉帶一匣、打毬御馬十匹賜之。江西危全諷等爲楊渥所敗，信州危仔倡奔於鏐，鏐惡其姓，改曰元。開平二年，加鏐守中書令，改臨安縣爲安國縣，廣義鄉爲衣錦鄉。三年，加守太保。楊渥將周本、陳章圍蘇州，鏐遣其弟鋸、鏢救之。淮兵爲水柵環城，以銅鈴繫網沈水中，斷潛行者。水軍卒司馬福，多智而善水行，乃先以巨竹觸網，淮人聞鈴聲遂舉網，福乃過，入城中，其出也亦然。乃取其軍號，内外夾攻，號令相應，淮人以爲神，遂大敗之，本等走，擒其將閭丘直、何明等。四年，鏐游衣錦軍，作《還鄉歌》曰：'三節還鄉兮掛錦衣，父老遠來相追隨。牛斗無字人無欺，吴越一王駟馬歸。'乾化元年，加鏐守尚書令，兼淮南、宣潤等道四面行營都統。立生祠於衣錦軍。鏐弟鏢居湖州，擅殺戍將潘長，懼罪奔于淮南。二年，梁郢王友珪立，册尊鏐尚父。"

[5]梁末帝：人名。即後梁末帝朱友貞，913年至923年在位。紀見本書卷八至卷一〇、《新五代史》卷三。

[6]諸道兵馬元帥：官名。唐末臨時設置的高級軍事指揮官。

加諸道兵馬元帥：《輯本舊史》卷八《梁末帝紀上》貞明二年（916）七月壬戌條：“以淮南鎮海鎮東等軍節度使、充淮南宣潤等道四面行營都統、開府儀同三司、尚父、守尚書令、吳越王錢鏐爲諸道兵馬元帥，餘如故。”《新五代史》卷六七《錢鏐傳》：“末帝貞明三年，加鏐天下兵馬都元帥，開府置官屬。四年，楊隆演取虔州，鏐始由海路入貢京師。龍德元年，賜鏐詔書不名。”

[7]同光：後唐莊宗李存勖年號（923—926）。 同光中：中華書局本有校勘記：“‘中’，原作‘申’，據殿本、劉本、孔本、邵本、彭本改。”

[8]天下兵馬都元帥：官名。唐代朝廷有重大軍事行動，則置，統率天下軍隊。 尚書令：官名。秦始置。隋、唐前期爲尚書省長官，與中書令、侍中並爲宰相。因以李世民爲之，後皆不授，唐高宗廢其職。唐後期以李適、郭子儀有功而特授此職，爲大臣榮銜，不參與政務。五代因之。唐時爲正二品，後梁開平三年（909）升爲正一品。 “同光中”至“封吳越國王”：《輯本舊史》卷三二《唐莊宗記六》同光二年（924）冬十月壬午條：“以天下兵馬都元帥、尚父、守尚書令、吳越國王錢鏐可依前天下兵馬都元帥、尚父、守尚書令，吳越國王。”

[9]莊宗：即後唐莊宗李存勖。五代後唐王朝的建立者。紀見本書卷二七至卷三四、《新五代史》卷四至卷五。 洛陽：地名。位於今河南洛陽市。

[10]郭崇韜：人名。代州雁門（今山西代縣）人。五代後唐大臣。傳見本書卷五七、《新五代史》卷二四。

[11]樞密承旨：官名。五代設樞密院承旨和樞密院副承旨，以各衛將軍擔任。主管樞密院承旨司之事。 段徊：人名。籍貫不詳。五代後唐官員。事見本書卷三二、卷三三。

[12]“初，莊宗至洛陽”至“崇韜僶俛從之”：《輯本舊史》卷三二《唐莊宗紀六》同光三年六月丁丑條：“詔吳越王錢鏐將行冊禮，準禮文合用竹册，宜令所司修製玉冊。時郭崇韜秉政，以爲

不可，樞密承旨段徊贊其事，故有是命。”《輯本舊史》卷三六《唐明宗紀二》天成元年（926）五月壬午條：“尚父、吳越國王錢鏐遣使進金器五百兩、銀萬兩、綾萬疋謝恩，賜玉册、金印。初，同光季年，鏐上疏密求玉册、金印，郭崇韜進議以爲不可，而樞密承旨段徊受其重賂，贊成其事，莊宗即允其請，至是故有貢謝。”

　　[13]元瓘：人名。即錢元瓘。祖籍臨安（今浙江杭州市臨安區）。錢鏐之子。五代十國吳越國國主，932年至941年在位。傳見本書本卷、《新五代史》卷六七。　鏐乃以鎮海、鎮東軍節度使名目授其子元瓘：《輯本舊史》卷三九《唐明宗紀五》天成三年閏八月丁未條：“兩浙節度觀察留後、清海軍節度使、檢校太師、兼中書令錢元瓘可杭州、越州大都督府長史，充鎮東、鎮海等軍節度使。”

　　[14]“自稱吳越國王”至“但不改年號而已”：《通鑑》卷二七五天成元年十二月條：“是歲，吳越王鏐以中國喪亂，朝命不通，改元寶正；其後復通中國，乃諱而不稱。”《考異》曰：“閻自若《唐末汎聞錄》云：‘同光四年，京師亂，朝命斷絶，鏐遂借大號，改元保正；明年，明宗錫命至，乃去號，復用唐正朔。’《紀年通譜》云：‘鏐雖外勤貢奉，而陰爲借竊，私改年號於其國。其後子孫奉中朝正朔，漸諱改元事。及錢俶納土，凡其境內有石刻僞號者，悉使人交午鑿滅之。惟今杭州西湖落星山塔院中有鏐封此山爲壽星寶石山僞詔，刻之於石，雖經鑱毀，其文尚可讀，後題云“寶正六年，歲在辛卯”，明宗長興二年也；其元年即天成元年也。好事者或傳曰“保正”，非也。’余公綽《閩王事迹》云：‘同光元年春，梁策錢鏐爲尚父；來年改寶正元年。永隆三年吳越世宗文穆王薨。’林仁志《王氏啓運圖》云：‘同光元年，梁封浙東尚父爲吳越國王，尋自改元寶正。長興三年，吳越武肅王崩，子世皇嗣。永隆二年，吳越世皇崩，子成宗嗣。’公綽、仁志所記年歲差繆，然可見錢氏改元及廟號，故兼載焉。至今兩浙民間猶謂錢鏐爲錢太祖。今參取諸書爲據。”

[15]新羅：朝鮮古國。4世紀以後逐漸强大。936年爲王氏高麗所取代。傳見本書卷一三八、《新五代史》卷七四。　渤海：古國名。武周聖曆元年（698），粟末靺鞨首領大祚榮建立政權。先天二年（713），唐朝册封大祚榮爲渤海郡王，其國遂以渤海爲名。傳見本書卷一三八、《新五代史》卷七四。

　　明宗即位之初，[1]安重誨用事，[2]鏐嘗與重誨書，云“吴越國王謹致書于某官執事”，不敍暄涼，重誨怒其無禮。屬供奉官烏昭遇使於兩浙，[3]每以朝廷事私於吴人，仍目鏐爲殿下，自稱臣，謁鏐行舞蹈之禮。及迴，使副韓玫具述其事，[4]重誨因削鏐元帥、尚父、國王之號，以太師致仕。[5]久之，其子元瓘等上表陳敍。時淮寇攻逼荆南，[6]明宗疑其同惡，因降詔詰之，元瓘等復遣使自淮南間道上表，[7]云：

　　[1]明宗：即五代後唐明宗李嗣源。沙陀部人。原名邈佶烈，李克用養子。926年至933年在位。紀見本書卷三五至卷四四、《新五代史》卷六。
　　[2]安重誨：人名。應州（今山西應縣）人。五代後唐大臣。傳見本書卷六六、《新五代史》卷二四。
　　[3]供奉官：官名。泛指侍奉皇帝左右的臣僚，亦爲東、西頭供奉官統稱。　烏昭遇：人名。籍貫不詳。五代後唐供奉官。傳見本書附録。《輯本舊史》之影庫本粘籤：“烏昭遇，原本作‘馬昭遇’，考《歐陽史》《通鑑》《十國春秋》俱作‘烏’，今改正。”見《新五代史》卷二四《安重誨傳》、《通鑑》卷二七六天成四年（929）九月條、《十國春秋》卷七八《吴越武肅王世家下》。　屬供奉官烏昭遇使於兩浙：《通鑑》卷二七六天成四年九月條：“帝遣

供奉官烏昭遇、韓玫使吳越。"《考異》曰："《吳越備史》、《十國紀年》皆云'監門衛上將軍',蓋借官耳。今從《實錄》等諸書。"

[4]韓玫：人名。籍貫不詳。五代後唐官員。事見本書本卷。

[5]"屬供奉官烏昭遇"至"以太師致仕"：《輯本舊史》卷四〇《唐明宗紀六》天成四年九月癸巳條："制天下兵馬元帥、尚父、吳越國王錢鏐可落元帥、尚父、吳越國王,授太師致仕,責無禮也。先是,上將軍烏昭遇使於兩浙,以朝廷事私於吳人,仍目鏐爲殿下,自稱臣,謁鏐行拜蹈之禮。及迴,使副劉玫具述其事,故停削鏐官爵,令致仕。烏昭遇下御史臺,尋賜自盡。後有自浙中使還者,言昭遇無臣鏐之事,爲玫所誣,人頗以爲冤。"

[6]荊南：又稱南平。五代十國之一。後梁開平元年（907）朱溫命高季興爲荊南節度使,梁末帝時封季興爲渤海王。同光二年（924）受後唐封爲南平王。

[7]淮南：今淮河以南、長江以北地區。時屬楊吳境内。

竊念臣父天下兵馬都元帥、吳越國王臣鏐,爰自乾符之歲,便立功勞；至於天復之初,已封茅土。[1]兩殄稽山之僭僞,[2]頻叨鳳詔之襃崇,賜鐵券而礪岳帶河,藏清廟而銘鐘鏤鼎。歷事列聖,竭誠累朝,罄臣節以無虧,荷君恩而益重。楚茅吳柚,常居羣后之先；赤豹黃羆,不在諸方之後。雲臺寫像,盟府書勳,[3]戮力本朝,一心體國。常誡臣兄弟曰："汝等諸子,須記斯言：老父起自諸都,早平多難,素推忠勇,實効辛勤,遂蒙聖主之疇庸,獲忝真王之列壤,恒積滿盈之懼,豫懷燕翼之憂。蓋以恩禮殊尤,寵榮亢極,名品既逾於五等,春秋將及於八旬,不諱之談,爾當靜聽。而況手殲妖亂，親覿興亡，豈宜自爲厲階，更尋覆轍。老身猶健，且作國王之呼；嗣子承家，但守藩臣之分。”臣等鯉庭灑袂，[4]雁序書紳，[5]中心藏之，敬聞命矣。

[1]茅土：指王、侯的封爵。

[2]稽山：山名。即會稽山。位於今浙江紹興市。

[3]雲臺：臺名。東漢明帝時，畫鄧禹等二十八將於南宮雲臺。後泛指紀念功臣之所。　盟府：周代收藏盟書、封爵勳策的機構。

[4]鯉庭：《論語·季氏》：“（孔子）嘗獨立，鯉趨而過庭。曰：‘學《詩》乎？’對曰：‘未也。’‘不學《詩》，無以言。’鯉退而學《詩》。”後以鯉庭比喻接受父訓。《輯本舊史》之影庫本粘籤：“鯉庭，原本作‘鼇庭’，今據文改正。”

[5]雁序：比喻兄弟關係。　書紳：《論語·衛靈公》：“子張書諸紳。”宋邢昺疏：“紳，大帶也。子張以孔子之言，書之紳帶，意其佩服無忽忘也。”指把重要的話或事，寫在衣服的大帶上以示不忘。

頃以濟陰歸邸，梁苑稱尊，[1]所在英雄，遞相倣敎，互起投龜之訴，皆興逐鹿之謀，唯臣父王，未嘗隨例。從微至著，悉蒙天子之絲綸；啓土封王，自守諸侯之土宇。乙酉歲，伏蒙莊宗皇帝遙降玉册、金印，恩加曲阜營丘，[2]顯自大朝，來封小國，遂有强名之改補，實無干紀之包藏。兼使人徐筠等進貢之時，[3]禮儀有失，尚蒙赦宥，未置典刑，敢不投杖責躬，負荆請罪。且爽爲臣之禮，誠乖事上之儀，夙夜包羞，寢食俱廢，捧詔而神魂戰慄，拜章而芒刺交并。

[1]濟陰：地名。位於今山東曹縣。代指唐哀帝李柷。　梁苑：地名。西漢梁孝王在梁都睢陽所建的東苑。代指朱溫。

[2]曲阜：代指魯國。　營丘：代指齊國。

[3]徐筠：人名。籍貫不詳。吳越官員。本書僅此一見。

伏以皇帝陛下，濬哲文思，含弘光大，智周萬物，日闢四方，既容能改之非，許降自新之恕，將功補過，捨短從長，矧茲近代相持，豈足玄機遠料。且臣本道與淮南雖連疆畛，久結仇讎，交惡尋盟，十翻九覆，縱敵已逾於三紀，弭兵纔僅於數年，[1]諒非脣齒之邦，真謂腹心之疾。今奉詔書責問，合陳本末端由，布在衆多，寧煩覶縷，彼既人而無禮，此亦和而不同。近知侵軼荊門，[2]乖張事大，儻王師之問罪，願率衆以齊攻，必致先登，庶觀後效。橫秋雕鶚，祇待指呼；躍匣蛟龍，誓平讎隙。今則訓齊樓櫓，淬礪戈鋋，決副天威，冀明臣節。伏以臣父王鏐，已於汎海，繼有飛章，陳父子之丹誠，高懸皎日；展君臣之大義，上指圓穹。其將修貢賦於梯航，混車書而表率，如虧奉職，自有陰誅。今春已具表章，未蒙便賜俞允，地遠而經年方達，天高而瀝懇難通。伏乞聖慈，曲行明命。凌霜益翠，始知松柏之心；異日成功，方顯忠貞之節。臣元瓘等無任感激祈恩戰懼依投之至。謹遣急腳，間道奉絹表陳乞奏謝以聞。

[1]弭兵：《輯本舊史》之影庫本粘籤："弭兵，原本作'弦兵'，今據文改正。"

[2]荆門：地名。位於今湖北荆門市。

明宗嘉之，乃降制復授鏐天下兵馬都元帥、尚父、吴越國王。[1]未幾，又詔賜上表不名。[2]

[1]"明宗嘉之"至"吴越國王"：《輯本舊史》卷四二《唐明宗紀八》長興二年（931）三月乙酉條："太師致仕錢鏐復授天下兵馬都元帥、尚父、吴越國王，以其子兩浙節度使元瓘等上表首罪，故有是命。"

[2]未幾，又詔賜上表不名：《輯本舊史》之原輯者案語："案《五代會要》載長興二年四月詔曰：周榮吕望，有尚父之稱；漢重蕭何，有不名之禮。錢鏐冠公侯之位，統吴越之封，宜示異恩，俾當縟禮，其錢鏐宜賜不名。"見《會要》卷一一《功臣》。《輯本舊史》卷四二《唐明宗紀八》長興二年四月辛卯條："詔錢鏐依舊賜不名。"

鏐在杭州垂四十年，窮奢極貴。[1]錢塘江舊日海潮逼州城，[2]鏐大庀工徒，鑿石填江，又平江中羅刹石，悉起臺榭，廣郡郭周三十里，邑屋之繁會，江山之雕麗，實江南之勝概也。鏐學書，好吟咏。江東有羅隱者，[3]有詩名，聞於海内，依鏐爲參佐，鏐嘗與隱唱和。隱好譏諷，嘗戲爲詩，言鏐微時騎牛操梃之事，鏐亦怡然不怒，其通恕也如此。鏐雖季年荒恣，然自唐朝，於梁室，莊宗中興以來，每來揚帆越海，貢奉無闕，故中朝亦以此善之。

[1]鏐在杭州垂四十年,窮奢極貴:《通鑑》卷二七二同光元年(923)二月條《考異》:"《十國紀年》:'鏐功臣、諸子領節制,皆署而後請命。居室服御,窮極侈靡,末年荒恣尤甚。錢氏據兩浙逾八十年,外厚貢獻,內事奢僭,地狹民衆,賦斂苛暴,雞魚卵菜,纖悉收取。斗升之逋,罪至鞭背。每笞一人,則諸案吏各持其簿列於庭,先唱一簿,以所負多少爲數;笞已,次吏復唱而笞之,盡諸簿乃止,少者猶笞數十,多者至五百餘。訖于國除,人苦其政。'《吳越備史》稱:'鏐節儉,衣衾用紬布,常膳惟甆漆器,寢帳壞,恭穆夫人欲易以青繒,鏐不許。嘗歲除夜會子孫鼓琴,未數曲,止之,曰:"聞者以我爲長夜之飲,"遂罷。'錢易《家話》稱:'鏐公宴不貳羹胾,衣必三澣然後易。'劉恕以爲錢元瓘子信撰《吳越備史》《備史遺事》《忠懿王勳業志》《戊申英政録》,弘佐子易撰《家話》,佽子惟演撰《錢氏慶系圖譜》《家王故事》《秦國王貢奉録》,故吳越五王行事失實尤多,虛美隱惡,甚於他國。按錢鏐起於貧賤,知民疾苦,必不至窮極侈靡,其奢汰暴斂之事蓋其孫所爲也。今從《家話》。"

[2]錢塘江:河流名。古稱浙江。流經今安徽東南部、浙江西北部。

[3]羅隱:人名。新城(今浙江杭州市富陽區新登鎮)人。五代十國吳越官員。傳見本書卷二四。

　　鏐以長興三年三月二十八日薨,[1]年八十一。制曰:"故天下兵馬都元帥、尚父、吳越國王錢鏐,累朝元老,當代勳賢,位已極於人臣,名素高於簡册,贈典既無其官爵,易名宜示其優崇,宜令所司定諡,以王禮葬,仍賜神道碑。"[2]諡曰武肅。

[1]長興:後唐明宗李嗣源年號(930—933)。

[2]神道碑：立在墓道前記載死者事迹的石碑，亦指刻於神道碑上的碑文。

鏐初事董昌，時年甫壯室，性尚剛烈。時有儒士謁於主帥，已進刺矣，見鏐稍怠，鏐怒，投之羅刹江。[1]及典謁者將召，鏐詐云：“客已拂衣去矣。”及爲帥時，有人獻詩云：“一條江水檻前流。”鏐不悦，以爲譏己，尋害之。迨於晚歲，方愛人下士，留心理道，數十年間，時甚歸美。鏐尤恃崇盛，分兩浙爲數鎮，其節制署而後奏。左右前後皆兒孫甥姪，軒陛服飾，比於王者，兩浙里俗咸曰“海龍王”。梁開平中，[2]浙民上言，請爲鏐立生祠，梁太祖許之，令翰林學士李琪撰生祠堂碑以賜之。[3]至今蒸黎饗之，子孫保之，斯亦近代之名王也。《永樂大典》卷一萬八千一百二十五。[4]

[1]刺：名帖。　羅刹江：即錢塘江、浙江。

[2]開平：後梁太祖朱温年號（907—911）。

[3]翰林學士：官名。由南北朝始設之學士發展而來，唐玄宗改翰林供奉爲翰林學士，備顧問，代王言，掌拜免將相、號令征伐等詔令的起草。　李琪：人名。河西敦煌（今甘肅敦煌市）人。後梁、後唐官員。傳見本書卷五八、《新五代史》卷五四。《輯本舊史》之影庫本粘籤：“李琪，原本作‘李琦’，今從《通鑑》改正。”　“梁開平中”至“令翰林學士李琪撰生祠堂碑以賜之”：《宋本册府》卷八二〇《總録部·立祠門》：“錢鏐爲吳越王，開平五年四月，杭州將吏耆老列狀，願爲鏐建生祠，以頌功德，太祖詔刑部侍郎李光嗣爲宣慰立祠堂使，仍令翰林學士李琪製碑文以賜之。”

[4]《大典》卷一八一二五"將"字韻"唐將（一七）"事目。

　　元瓘，[1]鏐第五子也。起家爲鹽鐵發運巡官，[2]表授尚書金部郎中，[3]賜金紫。[4]天復中，本州裨校許再思等爲亂，[5]構宣州節度使田頵，[6]頵令兵奄至，鏐擊敗再思，與頵通和。頵要盟於鏐，鏐徧召諸子問之曰："誰能爲吾爲田氏之壻者？"例有難色，時元瓘年十六，進曰："唯大王之命。"由是就親於宣州。[7]

　　[1]元瓘：中華書局本有校勘記："句下《通曆》卷一五有'字明寶'三字。"

　　[2]鹽鐵發運巡官：官名。鹽鐵使屬官。地位在判官、推官之下，掌巡察及有關事務。

　　[3]尚書金部郎中：官名。尚書省户部金部司長官。掌庫藏出納、權衡度量等。從五品上。

　　[4]賜金紫：包含賜金魚袋和賜紫。金魚袋，唐三品以上官員佩帶金魚袋，金飾魚形，用以盛放標志品級、身份的金魚符。賜紫，唐代官員三品以上服紫。特殊情況下，京官散階未及三品者可以賜紫，以示尊寵。

　　[5]天復中，本州裨校許再思等爲亂：《通鑑》卷二六三天復二年（902）八月丁亥條："命綰將所部兵先還杭州。及外城，縱兵焚掠。武勇左都指揮使許再思以迎候兵與之合，進逼牙城。"

　　[6]構宣州節度使田頵：《通鑑》卷二六三天復二年九月條："綰等果召田頵，頵引兵赴之。"

　　[7]"頵要盟於鏐"至"由是就親於宣州"：《通鑑》卷二六三天復二年十二月庚辰條："頵將還，徵犒軍錢二十萬緡於錢鏐，且求鏐子爲質，將妻以女。鏐謂諸子：'孰能爲田氏壻者？'莫對。鏐

欲遣幼子傳球，傳球不可。鏐怒，將殺之。次子傳瓘請行，吳夫人
泣曰：‘奈何置兒虎口！’傳瓘曰：‘紓國家之難，安敢愛身！’再拜
而出，鏐泣送之。”《新五代史》卷六七《錢元瓘傳》：“元瓘字明
寶，少爲質於田頵。頵叛於吳，楊行密會越兵攻之，頵每戰敗歸，
即欲殺元瓘，頵母嘗蔽護之。後頵將出，語左右曰：‘今日不勝，
必斬錢郎。’是日頵戰死，元瓘得歸。”

　　唐天祐初，承制累遷檢校尚書左僕射、[1]内牙都指
揮使，[2]數年之間，伐叛禦寇，大著勳績。梁貞明四年
夏，[3]鏐大舉伐吳，以元瓘爲水戰諸軍都指揮使。[4]戰棹
抵東洲，[5]吳人以舟師拒戰，元瓘爲火筏順風揚灰以坌
之，[6]白晝如霧，吳師迷方，遂敗之，擒軍使彭彦章并
軍校七十餘人，[7]得戰艦四百隻。[8]吳人知不可校，通好
於鏐。以功奏授鎮海軍節度副使、[9]檢校司徒。梁末，
遷清海軍節度使、檢校太傅、同平章事。[10]後唐同光
初，加檢校太師、兼中書令、鎮東等軍節度觀察處置等
使。[11]時鏐自爲天下兵馬都元帥、尚父、守尚書令、吳
越國王，及鏐爲太師致仕，[12]元瓘累貢章疏，乞復舊
號，唐明宗許之。[13]鏐既年高，欲立嗣，召諸子使各論
功，皆讓於元瓘。[14]及鏐病，召將吏謂之曰：“余病不
起，兒皆愚懦，恐不能爲爾帥，與爾輩決矣，帥當自
擇。”將吏號泣言曰：“大令公有軍功，多賢行仁孝，已
領兩鎮，王何苦言及此！”鏐曰：“此渠定堪否？”曰：
“衆等願奉賢帥。”即出符鑰數篋於前，謂元瓘曰：“三
軍言爾可奉，領取此物。”[15]鏐薨，遂襲父位。[16]

[1]天祐：唐昭宗李曄開始使用的年號（904）。唐哀帝李柷即位後沿用（904—907）。唐亡後，河東李克用、李存勗仍稱天祐，沿用至天祐二十年（923）。五代其他政權亦有行此年號者，如南吳、吳越等，使用時間長短不等。　承制：秉承皇帝旨意。有時非出自帝命，爲一種假藉的名義或政治待遇。兩晋、南北朝或後世權臣多有此種名義，以此得自行處置政務、任免官吏，雖稱“承制行事”，但不必取得皇帝同意。　檢校尚書左僕射：官名。尚書左僕射，隋唐宰相名號。檢校尚書左僕射爲散官或加官，以示恩寵，無實際執掌。中華書局本有校勘記：“‘左’，《吳越備史》卷二作‘右’。”

[2]內牙都指揮使：官名。又作內衙都指揮使。所部統兵將領。中華書局本有校勘記：“‘都’，原作‘將’，據殿本、《吳越備史》卷二改。‘內牙’下孔本空一字。”

[3]貞明：後梁末帝朱友貞年號（915—921）。

[4]水戰諸軍都指揮使：官名。所部統兵將領。　“梁貞明四年夏”至“爲水戰諸軍都指揮使”：《通鑑》卷二七〇貞明五年（919）三月條：“詔吳越王鏐大舉討淮南。鏐以節度副大使傳瓘爲諸軍都指揮使，帥戰艦五百艘，自東洲擊吳。”

[5]東洲：地名。位於今江蘇常州市武進區東南太湖之濱。

[6]坌（bèn）：飛揚灑落。

[7]軍使：官名。掌領本軍軍務，或兼理地方政務。　彭彦章：人名。籍貫不詳。唐末將領。本書僅此一見。《輯本舊史》之影庫本粘籤：“彭彦章，原本脱‘章’字，今從《九國志》增入。”

[8]“戰棹抵東洲”至“得戰鑑四百隻”：《通鑑》卷二七〇貞明五年四月條：“錢傳瓘與彭彦章遇；傳瓘命每船皆載灰、豆及沙，乙巳，戰于狼山江。吳船乘風而進，傳瓘引舟避之，既過，自後隨之。吳回船與戰，傳瓘使順風揚灰，吳人不能開目；及船舷相接，傳瓘使散沙於己船而散豆於吳船，豆爲戰血所漬，吳人踐之皆僵仆。傳瓘因縱火焚吳船，吳兵大敗。彦章戰甚力，兵盡，繼之以

木，身被數十創，陳汾按兵不救；彥章知不免，遂自殺。傅瓘俘吳裨將七十人，斬首千餘級。"

[9]節度副使：官名。唐五代方鎮屬官。位在行軍司馬之下、判官之上。

[10]同平章事：官名。全稱"同中書門下平章事"。唐高宗以後，凡實際任宰相之職者，常在其本官後加同平章事的職銜。後成爲宰相專稱。或爲節度使加銜。後晋天福五年（940），升中書門下平章事爲正二品。

[11]觀察處置等使：官名。即觀察處置使。唐玄宗以後，採訪、觀察、都統等使加"處置"，賦予處理、決斷權。開元二十二年（734）初置採訪處置使，以御史中丞盧絢等爲之，乾元元年（758）改爲觀察處置使。

[12]及鏐爲太師致仕：《輯本舊史》卷四〇《唐明宗紀六》天成四年九月癸巳條："制天下兵馬元帥、尚父、吳越國王錢鏐可落元帥、尚父、吳越國王，授太師致仕，責無禮也。先是，上將軍烏昭遇使於兩浙，以朝廷事私於吳人，仍目鏐爲殿下，自稱臣，謁鏐行拜蹈之禮。及迴，使副劉玫具述其事，故停削鏐官爵，令致仕。烏昭遇下御史臺，尋賜自盡。後有自浙中使還者，言昭遇無臣鏐之事，爲玫所誣，人頗以爲冤。"

[13]"元瓘累貢章疏"至"唐明宗許之"：《輯本舊史》卷四二《唐明宗紀八》長興二年三月乙酉條："太師致仕錢鏐復授天下兵馬都元帥、尚父、吳越國王，以其子兩浙節度使元瓘等上表首罪，故有是命。"

[14]皆讓於元瓘：中華書局本有校勘記："'皆'，原作'請'，據殿本、孔本、《通曆》卷一五、《册府》卷四三六改。"

[15]領取此物：中華書局本有校勘記："'物'字原闕，據《通曆》卷一五、《册府》卷四三六補。"今據補。

[16]鏐薨，遂襲父位：《通鑑》卷二七七長興三年三月條："傅瓘既襲位，更名元瓘，兄弟名'傳'者皆更爲'元'。以遺命去國

儀，用藩鎮法；除民田荒絶者租稅。命處州刺史曹仲達權知政事。置擇能院，掌選舉殿最，以浙西營田副使沈崧領之。"

唐長興四年，遣將作監李鍇起復元瓘官爵，[1]又命戶部侍郎張文寶授兼中書令。[2]清泰初，[3]封吳王。二年，封越王。[4]天福元年，[5]賜金印。三年，封吳越國王。[6]四年，加天下兵馬元帥。[7]五年，授天下兵馬都元帥。[8]六年夏有疾，秋府署災，焚之一空，乃移於他所，其燄皆隨而發焉，元瓘因驚悸發狂，以是歲八月二十四日薨，年五十五歲。謐曰文穆。[9]元瓘幼聰敏，長於撫馭，臨戎十五年，決事神速，爲軍民所附，然奢僭營造，甚於其父，[10]故有回禄之災焉。[11]元瓘有詩千篇，編其尤者三百篇，命曰《錦樓集》，浙中人士皆傳之。子佐爲嗣。《永樂大典》卷四千六百九十二。[12]

[1]將作監：官名。秦代設將作少府，唐代改將作監，其長官即爲將作監。掌宮廷器物置辦及宮室修建事宜。從三品。　李鍇：人名。籍貫不詳。五代官員。事見本書卷八〇、卷八四。中華書局本有校勘記："原作'李鱗'，據《册府》卷四三六、《吳越備史》卷二、《全唐文》卷八五九《吳越文穆王錢元瓘碑銘》改。本書卷八〇《晋高祖紀》六有將作監李鍇。影庫本粘籤：'原本脱"李鱗"二字，今據《通鑑》增入。'按今檢《通鑑》未記此事。"

[2]戶部侍郎：官名。尚書省戶部次官。協助戶部尚書掌天下田戶、均輸、錢穀之政令。正四品下。　張文寶：人名。籍貫不詳。五代後唐官員。傳見本書卷六八。　中書令：中華書局本有校勘記："'中書令'，原作'尚書令'，據本書卷四四《唐明宗紀》十、《通鑑》卷二七八、《吳越備史》卷二、《全唐文》卷八五九

《吳越文穆王錢元瓘碑銘》改。《化度院陁羅尼經幢并記》（拓片刊《北京圖書館藏中國歷代石刻拓本匯編》第三十六册）末題：'長興四年癸巳三月二十六日……守中書令錢元瓘記。'按本書卷七九《晋高祖紀》五，元瓘至天福五年方加尚書令。"

[3]清泰：五代後唐廢帝李從珂年號（934—936）。

[4]封越王：中華書局本有校勘記："'越王'，本書卷四五《唐閔帝紀》、《通鑑》卷二七八、《吳越備史》卷二作'吳越王'。"

[5]天福：五代後晋高祖石敬瑭年號（936—942）。出帝石重貴沿用至九年（944）。後漢高祖劉知遠繼位後沿用一年，稱天福十二年（947）。

[6]"清泰初"至"封吳越國王"：《通鑑》卷二八一天福二年（937）十一月戊辰條："詔加吳越王元瓘天下兵馬副元帥，進封吳越國王。"《考異》曰："《實録》：'天福二年十一月，加元瓘副元帥、國王，程遜等爲加恩使。四年十月丙午，以程遜没於海，廢朝，贈官。'《程遜傳》云：'天福三年秋使吳越，使回溺死。'《元瓘傳》云：'天福三年封吳越國王。'蓋二年冬制下，遜等以三年至杭州，不知溺死在何年，而晋朝以四年十月始聞之也。《吳越備史》：'天福二年四月敕遣程遜等授王副元帥、國王。甲午，王即位，用建國之儀，如同光故事。是歲程遜還京，溺於海。'按元瓘初立，稱鏐遺命，止用藩鎮禮，明年明宗封吳王，應順初閔帝封吳越王，故以天福三年即王位，而《備史》以爲授元帥、國王然後即位，誤矣。"見《輯本舊史》卷九六《程遜傳》、同書卷一三三《錢元瓘傳》。

[7]四年：原作"五年"。《輯本舊史》卷七八《晋高祖紀四》、《通鑑》卷二八二均繫此事於天福四年八月己酉，據改。

[8]五年：原作"六年"。《輯本舊史》卷七九《晋高祖紀五》、《通鑑》卷二八二均繫此事於天福五年冬十月丁酉，據改。

[9]"六年夏有疾"至"謚曰文穆"："六年"原作"其年"。

《輯本舊史》卷八〇《晋高祖紀六》天福六年十二月乙巳條："天下兵馬都元帥、守尚書令、吳越國王錢元瓘薨，廢朝三日，謚曰文穆。"《通鑑》卷二八二天福六年八月條："吳越文穆王元瓘寢疾……辛亥，元瓘卒。"今據改。

[10]"元瓘幼聰敏"至"甚於其父"：《新五代史》卷六七《錢元瓘傳》："王延政自立於建州，閩中大亂，元瓘遣其將仰詮、薛萬忠等攻之，逾年，大敗而歸。元瓘亦善撫將士，好儒學，善爲詩，使其國相沈崧置擇能院，選吳中文士録用之。然性尤奢僭，好治宮室。"

[11]回禄：傳説中的火神。

[12]《大典》卷四六九二"錢"字韻"姓氏（二）"事目。

佐，[1]字玄祐。[2]元瓘薨，遂襲其位。[3]晋天福末，制授檢校太師、兼中書令、吳越王，[4]仍篆玉爲册以賜之。前代玉册，册夷王有之，僞梁時欲厚於鏐，首爲式例，故因而不改。俄授開府儀同三司、守太尉。[5]時以建安爲淮寇所攻，[6]授東南面兵馬都元帥，[7]佐尋遣舟師進討，淮人大敗，以功加守太師。[8]漢高祖入汴，[9]佐首獻琛賮，[10]表率東道，漢祖嘉之，授諸道兵馬都元帥。佐居列土凡七年，[11]境内豐阜，父祖三世皆爲元帥，時以爲榮。漢初，以疾卒於位，[12]謚曰忠獻。

[1]佐：《輯本舊史》卷八〇《晋高祖紀六》、卷八一《晋少帝紀一》、卷一〇〇《漢高祖紀下》等，明本《册府》卷一六九《帝王部·納貢獻門》，皆作"弘佐"。作"佐"係宋臣諱省。

[2]玄祐：《新五代史》卷六七《錢佐傳》作"祐"。據王彥坤《歷代避諱字彙典》，宋真宗大中祥符五年（1012）始諱"玄"字，

故《新五代史》諱省作“祐”。

[3]元瓘薨，遂襲其位：《輯本舊史》卷八〇《晋高祖紀六》天福六年（941）十二月乙巳條：“天下兵馬都元帥、守尚書令、吳越國王錢元瓘薨。”《通鑑》卷二八二天福六年八月辛亥條：“元瓘卒。”兩書所記時間不同，蓋因告喪之日期有差。

[4]晋天福末，制授檢校太師、兼中書令、吳越王：《輯本舊史》卷八〇《晋高祖紀六》天福六年十二月庚戌條：“以權知吳越國事錢弘佐爲起復鎮軍大將軍、檢校太師、兼中書令、杭州越州大都督、鎮海鎮東等軍節度使、封吳越國王。”又《通鑑》卷二八二天福六年九月庚申條：“弘佐即王位。”所記時間不同，蓋藩國自行決策與中央政府制命追認之日期有差。後晋用天福年號實共九年，六年似不當稱“天福末”。《新五代史》卷六七《錢佐傳》：“立時年十三，諸將皆少佐，佐初優容之，諸將稍不法，佐乃黜其大將章德安於明州、李文慶於睦州，殺内都監杜昭達、統軍使闞璠，由是國中皆畏恐。”《通鑑》卷二八二天福六年八月壬子條作“時年十四”。

[5]開府儀同三司：官名。魏晋始置，隋唐時爲散官之最高官階。多授功勳重臣。從一品。　太尉：官名。與司徒、司空並爲三公，唐後期、五代時多爲大臣、勳貴加官。正一品。　俄授開府儀同三司、守太尉：《輯本舊史》卷八一《晋少帝紀一》天福七年九月辛巳條：“兩浙節度使吳越國王錢弘佐、福建節度使王延羲，並加食邑，仍改賜功臣名號。”同書卷八三《晋少帝紀三》開運元年（944）十月壬寅條：“兩浙節度使、吳越國王錢弘佐加守太尉。”

[6]建安：地名。位於今福建建甌市。　時以建安爲淮寇所攻：《通鑑》卷二八三天福八年二月條：“閩富沙王延政稱帝於建州，國號大殷。”同書卷二八四開運元年二月條：“唐主以洪州營屯都虞候邊鎬爲行營招討諸軍都虞候，將兵從文徽伐殷。”同書卷二八五開運二年八月丁亥條：“唐先鋒橋道使上元王建封先登，遂克建州，閩主延政降。”

[7]授東南面兵馬都元帥：《輯本舊史》卷八四《晋少帝紀四》

開運二年十二月乙丑條："以兩浙節度使、吳越國王錢弘佐兼東南面兵馬都元帥。"

[8]以功加守太師:《輯本舊史》卷八四《晉少帝紀四》開運三年七月丙申條："兩浙節度使、吳越國王錢弘佐加守太師。"

[9]漢高祖:後漢開國皇帝劉知遠,太原(今山西太原市)人,沙陀部人。紀見本書卷九九至卷一〇〇及《新五代史》卷一〇。　漢高祖入汴:《輯本舊史》卷一〇〇《漢高祖紀下》天福十二年(947)六月甲子條："車駕至東京。"

[10]琛賮(jìn):貢獻寶物。

[11]佐居列土凡七年:《新五代史》卷六七《錢佐傳》："立時年十三……開運四年,佐卒,年二十。"

[12]漢初,以疾卒於位:《輯本舊史》卷一〇〇《漢高祖紀下》天福十二年八月丙申條："以兩浙節度使、守太師、兼中書令吳越國王錢弘佐薨廢朝三日。"《通鑑》卷二八七天福十二年六月條："吳越忠獻王弘佐卒。遺令以丞相弘倧爲鎮海、鎮東節度使兼侍中。"兩書所記時間不同,蓋因告喪之日期有差。

　　佐幼好書,性温恭,能爲五七言詩,凡官屬遇雪月佳景,必同宴賞,由此士人歸心。其班品亦有丞相已下名籍,而禄給甚薄,罕能自濟,每朝廷降吏,則去其僞官,或與會則公府助以僕馬,處事齟齬,多如此類。然航海所入,歲貢百萬,王人一至,所遺至廣,故朝廷寵之,爲羣藩之冠。佐有子昱,年五歲,未任庶務,乃以其弟倧襲位。[1]《永樂大典》卷四千六百九十二。[2]

[1]倧:《輯本舊史》卷一〇一《漢隱帝紀上》作"錢弘倧",亦宋史臣諱省。

[2]《大典》卷四六九二“錢”字韻“姓氏（二）”事目。

　　倧，[1]性明敏嚴毅，未立時，常以佐性寬善，疑掌兵權者難制，及代佐爲帥，以禮法繩下，宿將舊勳，不甚優禮。大將胡進思頗不平之，[2]乃密與親軍謀去倧。漢祖入汴之歲，[3]十二月，進思率甲士三百大譟，突入衙署，倧闔户以拒之，左右與之格鬬，盡爲進思所殺，遂遷倧於别館，以甲士援送，幽於衣錦軍，[4]立倧異母弟俶爲帥。[5]其年夏四月，進思疽發背而卒，[6]越人快之，以爲陰靈之誅逆也。《永樂大典》卷四千六百九十二。[7]

　　[1]倧：錢倧，《輯本舊史》卷一〇一《漢隱帝紀上》乾祐元年（948）四月戊子條作“錢弘倧”，作“倧”係宋史臣諱省。

　　[2]胡進思：人名。湖州（今浙江湖州市）人。吳越大臣、將領。廢錢倧而立錢俶。事見本書本卷。

　　[3]漢祖入汴之歲：《輯本舊史》卷一〇〇《漢高祖紀下》天福十二年（947）六月甲子條：“車駕至東京。”

　　[4]衣錦軍：中華書局本有校勘記：“‘衣錦軍’，原作‘錦軍’，據殿本、劉本、邵本校、彭校、《通鑑》卷二八七改。影庫本粘籤：‘錦軍，疑當作“衣錦軍”，考《册府元龜》引《薛史》亦作“錦軍”，今仍其舊。’按今檢《册府》未記此事。”　“及代佐爲帥”至“幽於衣錦軍”：《新五代史》卷六七《錢俶傳》：“初，元瓘質於宣州，以胡進思、戴惲等自隨，元瓘立，用進思等爲大將。佐既年少，進思以舊將自待，甚見尊禮，及倧立，頗卑侮之，進思不能平。倧大閲兵於碧波亭，方第賞，進思前諫以賞太厚，倧怒擲筆水中曰：‘以物與軍士，吾豈私之，何見咎也。’進思大懼。

歲除，畫工獻《鍾馗擊鬼圖》，倧以詩題圖上，進思見之大悟，知倧將殺己。是夕擁衛兵廢倧，囚於義和院，迎俶立之，遷倧于東府。俶歷漢、周，襲封吳越國王，賜玉册、金印。”《通鑑》卷二八七天福十二年十二月庚戌條：“弘倧夜宴將吏，進思疑其圖己，與其黨謀作亂，帥親兵百人戎服執兵入見於天策堂，曰：‘老奴無罪，王何故圖之？’弘倧叱之不退，左右持兵者皆憤怒。弘倧猝愕不暇發言，趨入義和院。進思鎖其門，矯稱王命，告中外云：‘猝得風疾，傳位於同參相府事弘俶。’進思因帥諸將迎弘俶于私第，且召丞相元德昭。德昭至，立於簾外不拜，曰：‘俟見新君。’進思亟出褰簾，德昭乃拜。”

[5]立倧異母弟俶爲帥：《新五代史》卷六七《錢俶傳》：“俶字文德。佐卒，弟倧以次立。”

[6]其年夏四月，進思疽發背而卒：《通鑑》卷二八七乾祐元年（948）二月條：“進思屢請殺廢王弘倧以絶後患，弘俶不許。進思詐以王命密令薛温害之，温曰：‘僕受命之日，不聞此言，不敢妄發。’進思乃夜遣其黨方安二人踰垣而入，弘倧闔户拒之，大呼求救；温聞之，率衆而入，斃安等于庭中。入告弘俶，弘俶大驚，曰：‘全吾兄，汝之力也。’弘俶畏忌進思，曲意下之。進思亦内憂懼，未幾，疽發背卒。弘倧由是獲全。”

[7]《大典》卷四六九二“錢”字韻“姓氏（二）”事目。

俶，[1]元瓘之子，倧之異母弟也。倧既爲軍校所幽，時俶爲温州刺史，衆以無帥，遂迎立之，時漢乾祐元年正月十五日也。[2]其年八月，始授檢校太師、兼中書令，充鎮海鎮東等軍節度使、東南面兵馬都元帥。周廣順中，[3]累官至守尚書令、中書令、吳越國王。皇朝建隆初，復加天下兵馬大元帥。其後事具皇朝日曆。[4]《永樂大典》卷四千六百九十二。[5]

[1]俶：《輯本舊史》卷一〇一《漢隱帝紀上》乾祐元年
（948）八月乙未等條作“弘俶”，作“俶”乃宋史臣諱省。《新五
代史》卷六七《錢俶傳》：“俶，字文德。”

[2]乾祐：後漢高祖劉知遠、隱帝劉承祐年號（948—950）。
北漢亦用此年號。 “倧既爲軍校所幽”至“時漢乾祐元年正月
十五日也”：《通鑑》卷二八七天福十二年（947）十二月庚戌條：
“弘倧夜宴將吏，進思疑其圖己，與其黨謀作亂，帥親兵百人戎服
執兵入見於天策堂，曰：‘老奴無罪，王何故圖之？’弘倧叱之不
退，左右持兵者皆憤怒。弘倧猝愕不暇發言，趨入義和院。進思鎖
其門，矯稱王命，告中外云：‘猝得風疾，傳位於同參相府事弘
俶。’進思因帥諸將迎弘俶于私第，且召丞相元德昭。德昭至，立
於簾外不拜，曰：‘俟見新君。’進思亟出褰簾，德昭乃拜。進思稱
弘倧之命，承制授弘俶鎮海、鎮東節度使兼侍中。弘俶曰：‘能全
吾兄，乃敢承命。不然，當避賢路。’進思許之。弘俶始視事。”可
知在乾祐元年正月十五日前，弘俶已視事。

[3]廣順：五代後周太祖郭威年號（951—953）。

[4]其後事具皇朝日曆：《新五代史》卷六七《錢俶傳》：“世
宗征淮南，詔俶攻常、宣二州以牽李景，俶治國中兵以待。景聞周
師將大舉，乃遣使安撫，境上皆戒嚴。蘇州候吏陳滿不知景使，以
謂朝廷已克諸州，遣使安撫矣，亟言於俶，請舉兵以應。俶相國吳
程遽調兵以出。相國元德昭以爲王師必未渡淮，與程爭於俶前，不
可奪。程等攻常州，果爲景將柴克宏所敗，程裨將邵可遷力戰，可
遷子死馬前，猶戰不顧，程等僅以身免。周師渡淮，俶乃盡括國中
丁民益兵，使邵可遷等以戰船四百艘、水軍萬七千人至于通州以會
期。吳越自唐末有國，而楊行密、李昇據有江淮。吳越貢賦，朝廷
遣使，皆由登、萊泛海，歲常飄溺其使。顯德四年，詔遣左諫議大
夫尹日就、吏部郎中崔頌等使于俶，世宗諭之曰：‘朕此行決平江
北，卿等還當陸來也。’五年，王師征淮，正月克靜海軍，而日就
等果陸還。世宗已平淮南，遣使賜俶兵甲旗幟、橐駝羊馬。錢氏兼

有兩浙幾百年，其人比諸國號爲怯弱，而俗喜淫侈，偷生工巧，自鏐世常重斂其民以事奢僣，下至鷄魚卵鷇，必家至而日取。每笞一人以責其負，則諸案史各持其簿列于廷，凡一簿所負，唱其多少，量爲笞數，以次唱而笞之，少者猶積數十，多者至笞百餘，人尤不勝其苦。又多掠得嶺海商賈寶貨。當五代時，常貢奉中國不絕，及世宗平淮南，宋興，荊、楚諸國相次歸命，俶勢益孤，始傾其國以事貢獻。太祖皇帝時，俶嘗來朝，厚禮遣還國，俶喜，益以器服珍奇爲獻，不可勝數。太祖曰：'此吾帑中物爾，何用獻爲！'太平興國三年，詔俶來朝，俶舉族歸于京師，國除。其後事具國史。"

[5]《大典》卷四六九二"錢"字韻"姓氏（二）"事目。後有原輯者引《五代史補》："錢鏐封吳越國王後，大興府署，版築斤斧之聲，晝夜不絕，士卒怨嗟，或有中夜潛用白土大書於門曰：'沒了期，侵早起，抵暮歸。'鏐一見欣然，遽命書吏亦以白土書數字於其側曰：'沒了期，春衣纔罷又冬衣。'時人以爲神輔，自是怨嗟頓息矣。僧昭者，通於術數，居兩浙，大爲錢塘錢鏐所禮，謂之國師。一旦謁鏐，有宮中小兒嬉於側，墜下錢數十文，鏐見，謂之曰：'速收，慮人恐踏破汝錢。'昭師笑曰：'汝錢欲踏破，須是牛即可。'鏐喜，以爲社稷堅牢之義。後至曾孫俶，舉族入朝，因而國除。俶年屬丑爲牛，可謂牛踏錢而破矣。錢鏐末年患雙目，有醫人不知所從來，自云累世醫內外障眼，其術善於用針，無不效者。鏐聞，召而使觀之，醫人曰：'可治，然大王非常人，患殆天與之，若醫，是違天理也，恐無益於壽，幸思之。'鏐曰：'吾起自行伍，跨有方面，富貴足矣，但得兩眼見物，爲鬼不亦快乎！'既而下手，莫不應手豁然。鏐喜，所賜動以萬計，醫人皆辭不受。明年，鏐卒。僧契盈，閩中人。通內外學，性尤敏速。廣順初，遊戲錢塘，一旦，陪吳越王遊碧浪亭，時潮水初滿，舟楫輻輳，望之不見其首尾。王喜曰：'吳越地去京師三千餘里，而誰知一水之利有如此耶！'契盈對曰：'可謂三千里外一條水，十二時中兩度潮。'時人謂之佳對。時江南未通，兩浙貢賦自海路而至青州，故云三千里

也。”是違天理也，中華書局本有校勘記：“‘理’，原作‘地’，據《舊五代史考異》卷五、《五代史補》卷二改。‘吳越國地去京師三千餘里’，‘吳越國’，原作‘吳國’，據《五代史補》（四庫本）卷五改。按錢氏國號吳越。‘契盈對曰’，以上四字原闕，據《五代史補》（顧校）卷五補。按此四字係顧廣圻所校補，其下有批注云：‘《十國春秋》有此四字。’”

馬殷　子希聲　希範　希杲　系範母弟希廣　庶子希萼　子希崇　馬殷弟賨　存　附楊昭惲　劉言

馬殷，字霸圖，許州鄢陵人也。[1]少爲木工，及蔡賊秦宗權作亂，[2]始應募從軍。初，隨孫儒渡淮，[3]陷廣陵。[4]及儒敗於宣州，[5]殷隨別將劉建峯過江西，[6]連陷洪、鄂、潭、桂等州，[7]建峯盡有湖南之地，遂自爲潭帥。[8]頃之，建峯爲部下所殺，潭人推行軍司馬張佶爲帥。[9]時殷方統兵攻邵州，[10]佶曰：“吾才不及馬殷。”即牒殷付以軍府事。[11]殷自邵州旋軍，犒勞將士，誅害建峯者數十人，自爲留後。[12]久之，朝廷命爲湖南節度使，[13]遂有潭、衡七州之地。[14]

[1]許州：州名。治所在今河南許昌市。　鄢陵：縣名。治所在今河南鄢陵縣。　許州鄢陵人也：《輯本舊史》之原輯者案語：“《通鑑》作扶溝人，《歐陽史》從《薛史》。”《通鑑》卷二五六唐僖宗光啓二年（886）十二月條：“扶溝馬殷隸軍中，以材勇聞。”《新五代史》卷六六《馬殷傳》：“馬殷字霸圖，許州鄢陵人也。”

[2]蔡：州名。治所在今河南汝南縣。　秦宗權：人名。許州（今河南許昌市）人。唐末軍閥。傳見《舊唐書》卷二〇〇下、

《新唐書》卷二二五下。　及蔡賊秦宗權作亂：《舊唐書》卷一九下《僖宗紀》中和三年（883）六月條：“初，賊……遣前鋒將孟楷攻蔡州，刺史秦宗權以兵逆戰，爲楷所敗，宗權勢窘，與賊通和……時黃巢與宗權合從，縱兵四掠，遠近皆罹其酷。”

　　［3］隨孫儒渡淮：《舊唐書》卷一九下《僖宗紀》光啓三年九月條：“楊行密急攻廣陵，蔡賊秦宗權遣其將孫儒將兵三萬渡淮，爭揚州。”

　　［4］廣陵：地名。位於今江蘇揚州市。　陷廣陵：《舊唐書》卷二〇上《昭宗紀》文德元年（888）四月壬午條：“蔡賊孫儒陷揚州。”

　　［5］儒敗於宣州：《通鑑》卷二五九景福元年（892）六月條：“行密聞儒疾瘥，戊寅，縱兵擊之。會大雨、晦冥，儒軍大敗，安仁義破儒五十餘寨，田頵擒儒於陳，斬之，傳首京師，儒衆多降於行密……丁酉，楊行密帥衆歸揚州。”《考異》曰：“《十國紀年》，‘行密過常州，謂左右曰：“常州大城也，張訓以一劍下之，不亦壯哉！”’《舊紀》：‘大順二年三月，淮南節度使孫儒爲宣州觀察使楊行密所殺。初，行密揚州失守，據宣州，孫儒以兵攻圍三年。是春，淮南大饑，軍中疫癘。是月，孫儒亦病，爲帳下所執，降行密；行密乃併孫儒之衆，復據廣陵。’薛居正《五代史·行密傳》曰：‘大順元年，行密危蹙，出據宣州，儒復入揚州。二年，儒攻行密。屬江、淮疾疫，師人多死，儒亦卧病，爲部下所執，送於行密，殺之。行密自宣城長驅入于廣陵。’《唐補紀》：‘大順二年六月，孫儒兵敗於宛陵城下，楊行密進首級於西京。’《吳錄》曰：‘景福元年，六月六日，太祖盡率諸將晨出擊儒，田頵臨陳擒儒以獻，斬儒於市，傳首京師。’《新紀》《實錄》《十國紀年》皆據此。《舊紀》《薛史》《唐補紀》皆誤。”

　　［6］劉建峯：人名。亦作“劉建鋒”。蔡州朗山（今河南確山縣）人。唐末軍閥。傳見《新唐書》卷一九〇。　江西：道名。即江南西道，治所在洪州（今江西南昌市）。

　　[7]洪：州名。治所在今江西南昌市。　鄂：州名。治所在今湖北武漢市武昌區。　潭：州名。治所在今湖南長沙市。　桂：州名。治所在今廣西桂林市。中華書局本有校勘記："'桂'原作'柱'，據殿本、劉本、邵本、《通曆》卷一五改。"

　　[8]建峯：兩史作"建峯"，新、舊《唐書》、《通鑑》皆作"建鋒"。　湖南：方鎮名。又稱武安軍節度。治所在潭州（今湖南長沙市）。　建峯盡有湖南之地，遂自爲潭帥：《舊唐書》卷二〇上《昭宗紀》乾寧元年（894）五月條："蔡賊孫儒部將劉建鋒攻陷潭州，自稱湖南節度使。"

　　[9]行軍司馬：官名。出征將領及節度使的屬官。掌軍籍符伍，號令印信，是藩鎮重要的軍政官員。　張佶：人名。長安（今陝西西安市）人。五代十國藩鎮將領。傳見本書卷一七。

　　[10]邵州：州名。治所在今湖南邵陽市。

　　[11]"頃之"至"即牒殷付以軍府事"：《舊唐書》卷二〇上《昭宗紀》乾寧三年四月壬午條："湖南軍亂，殺其帥劉建鋒，三軍立其部將權知邵州刺史馬殷爲兵馬留後。"《通鑑》卷二六〇乾寧三年四月條："武安節度使劉建鋒既得志，嗜酒，不親政事。長直兵陳瞻妻美，建鋒私之，瞻袖鐵撾擊殺建鋒；諸將殺瞻，迎行軍司馬張佶爲留後。佶將入府，馬忽蹏齧，傷左髀。時馬殷攻邵州未下，佶謝諸將曰：'馬公勇而有謀，寬厚樂善，吾所不及，真乃主也。'乃以牒召之。"

　　[12]"殷自邵州旋軍"至"自爲留後"：《通鑑》卷二六〇乾寧三年五月條："馬殷至長沙，張佶肩輿入府，坐受殷拜謁，已，乃命殷升聽事，以留後讓之。"

　　[13]朝廷命爲湖南節度使：《通鑑》卷二六〇乾寧三年九月庚辰條："以湖南留後馬殷判湖南軍府事。"

　　[14]衡：州名。治所在今湖南衡陽市。　遂有潭、衡七州之地：《新五代史》卷六六《馬殷傳》："唐中和三年，蔡州秦宗權遣孫儒、劉建峯將兵萬人屬其弟宗衡，略地淮南，殷初爲儒裨將。宗

衡等攻楊行密於揚州，未克，梁兵方急攻宗權，宗權數召儒等，儒不欲還，宗衡屢趣之，儒怒，殺宗衡，自將其兵取高郵，遂逐行密。行密據宣州，儒以兵圍之，久不克，遣殷與建峯掠食旁縣。儒戰敗死，殷等無所歸，乃推建峯爲帥，殷爲先鋒，轉攻豫章，略虔、吉，有衆數萬。乾寧元年，入湖南，次醴陵。潭州刺史鄧處訥發邵州兵戍龍回關，建峯等至關，降其戍將蔣勛。建峯取勛鎧甲被先鋒兵，張其旗幟，直趨潭州，至東門，東門守者以爲關兵戍還，開門內之，遂殺處訥，建峯自稱留後。僖宗授建峯湖南節度使、殷爲馬步軍都指揮使。蔣勛求爲邵州刺史，建峯不與，勛率兵攻湘鄉，建峯遣殷擊勛於邵州。建峯庸人，不能帥其下，常與部曲飲酒讙呼。軍卒陳瞻妻有色，建峯私之，瞻怒，以鐵檛擊殺建峯。軍中推行軍司馬張佶爲帥，佶將入府，乘馬輒踶齧，傷佶髀。佶卧病，語諸將曰：‘吾非汝主也，馬公英勇，可共立之。’諸將乃共殺瞻，磔其屍，遣姚彥章迎殷於邵州。殷至，佶乘肩輿入府，殷拜謁於廷中，佶召殷上，乃率將吏下，北面再拜，以位與之，時乾寧三年也。唐拜殷潭州刺史。殷遣其將秦彥暉、李瓊等攻連、邵、郴、衡、道、永六州，皆下之。桂管劉士政懼，遣其將陳可璠、王建武等率兵守全義嶺。殷遣使聘于士政，使者至境上，可璠等不納。殷怒，遣瓊等以兵七千攻之，擒可璠等及其兵二千餘人，悉坑之，遂圍桂管，虜士政，盡取其屬州。殷表瓊桂管觀察使。四年，拜殷武安軍節度使。初，孫儒敗於宣州，殷弟賓爲楊行密所執，行密收儒餘兵爲‘黑雲都’，以賓爲指揮使。賓從行密攻戰，數有功，爲人質重，未嘗自矜，行密愛之，問賓誰家子，賓曰：‘馬殷弟也。’行密大驚曰：‘汝兄貴矣，吾今歸汝可乎？’賓不對。他日又問之，賓謝曰：‘臣，孫儒敗卒也，幸公待以不死，非殺身不足報。湖南隣境，朝夕聞殷動靜足矣，不願去也。’行密歎曰：‘昔吾愛子之貌，今吾得子之心矣。然勉爲吾合二國之懽，通商賈、易有無以相資，亦所以報我也！’乃厚禮遣賓歸。殷大喜，表賓節度副使。”

唐天復中，楊行密急攻江夏，[1]杜洪求援於荊南，成汭舉舟師援之。[2]時澧朗節度使雷彥恭乘汭出師，[3]襲取荊州，[4]載其寶貨，焚毀州城而去。彥恭東連行密，斷江嶺行商之路，殷與高季興合勢攻彥恭於澧朗。數年，擒之，盡有其地，乃以張佶爲朗州節度使，由是兵力雄盛。[5]

[1]江夏：縣名。治所在今湖北武漢市武昌區。　楊行密急攻江夏：《通鑑》卷二六四天復三年（903）夏四月條："王師範求救於淮南，乙未，楊行密遣其將王茂章以步騎七千救之。"

[2]杜洪：人名。江夏（今湖北武漢市）人。伶人出身，唐末、五代軍閥。傳見本書卷一七、《新唐書》卷一九〇。　荊南：方鎮名。治所在荊州（今湖北荊州市）。　成汭：人名。淮西（今安徽江淮地區）人。唐末、五代軍閥。傳見本書卷一七、《新唐書》卷一九〇。

[3]澧朗：方鎮名。即武貞軍。治所在朗州（今湖南常德市）。《輯本舊史》之影庫本粘籤："澧朗，原本作'澧閬'，今從《通鑑》改正。"　雷彥恭：人名。朗州武陵（今湖南常德市）洞蠻後裔。唐末、五代軍閥。事見本書本卷。

[4]荊州：州名。治所在今湖北荊州市。　時澧朗節度使雷彥恭乘汭出師，襲取荊州：《舊唐書》卷二〇上《昭宗紀》天復三年九月條："汴將楊師厚大敗青州軍於臨朐。荊南節度使成汭以舟師赴援鄂州，澧朗雷彥恭承虛襲陷江陵。汭軍士聞之潰歸，汭憤怒投水而死。"《新五代史》卷六六《馬殷傳》："行密遣將劉存等攻杜洪，圍鄂州，殷遣秦彥暉、許德勳以舟兵救之，已而杜洪敗死，存等遂攻殷。殷遣彥暉拒於上流，偏將黃璠以舟三百伏瀏陽口。存等屢戰不勝，乃致書於殷以求和，殷欲許之，彥暉曰：'淮人多詐，將怠我師，不可信。'急擊之，存等退走，黃璠以瀏陽舟截江合擊，

大敗之，劉存及陳知新戰死，彥暉取岳州。”

［5］“殷與高季興合勢攻彥恭於澧朗”至“由是兵力雄盛”：《新五代史》卷六六《馬殷傳》：“荆南高季昌以兵斷漢口，邀殷貢使，殷遣許德勳攻其沙頭，季昌求和，乃止。楊行密袁州刺史吕師周來奔。師周，勇健豪俠，頗通緯候、兵書，自言五世將家，懼不能免，常與酒徒聚飲，醉則起舞，悲歌慷慨泣下。行密聞之，疑其有異志，使人察其動静。師周益懼，謂其裨將綦毋章曰：‘吾與楚人爲敵境，吾常望其營上雲氣甚佳，未易敗也。吾聞馬公仁者，待士有禮，吾欲逃死於楚，可乎？’章曰：‘公自圖之，章舌可斷，語不泄也。’師周以兵獵境上，乃奔於楚，綦毋章縱其家屬隨之。殷聞師周至，大喜曰：‘吾方南圖嶺表，而得此人足矣。’以爲馬步軍都指揮使，率兵攻嶺南，取昭、賀、梧、蒙、龔、富等州。殷表師周昭州刺史。朗州雷彥恭召吴人攻平江，許德勳擊敗之。殷遣秦彥暉攻朗州，彥恭奔於吴，執其弟彥雄等七人送于梁。於是澧州向瓌、辰州宋鄴、溆州昌師益等率溪洞諸蠻皆附于殷。殷請升朗州爲永順軍，表張佶節度使。”同書卷四·《雷滿傳》：“開平元年，馬殷發兵攻彥恭，恃塹爲阻，逾年不能破。三年，彥恭奔于楊行密，馬殷擒其弟彥雄等七人送于梁，斬于汴市，彥恭卒於淮南，澧、朗遂入于楚。”以張佶爲朗州節度使一事，《輯本舊史》卷一七《張佶傳》繫於開平初。

殷於梁開平中，[1]爲時姑息，所求皆允，累官至守太師、兼中書令，封楚王。又上章請依唐秦王故事，乃加天策上將軍之號。[2]又請官位内添制置静江、武平、寧遠等軍事，[3]皆從之。既封楚王，仍請依唐諸王行臺故事，署置天官幕府，有文苑學士之號、知詔令之名，總制二十餘州，自署官吏，[4]征賦不供，民間採茶，並抑而買之。又自鑄鉛鐵錢，凡天下商賈所齎寶貨入其境者，祇以土産鉛鐵博易之無餘，遂致一方富盛，窮極奢侈，貢奉朝廷不過茶數萬斤而已，於中原賣茶之利，歲百萬計。[5]唐同光初，首脩職貢，復授太師、兼尚書令、楚王。[6]天成初，加守尚書令。[7]長興元年十一月十日，薨於位，時年七十八。[8]明宗聞之，廢朝三日，謚曰武穆。子希聲嗣。[9]

[1]梁開平中：原作“梁貞明中”，據《通鑑》卷二六六開平元年（907）四月辛未條改。“貞明”，《輯本舊史》之影庫本粘籤：“貞明，原本脫‘明’字，今據文增入。”

[2]唐秦王：即唐太宗李世民。隴西成紀（今甘肅秦安縣）人。626年至649年在位。紀見《舊唐書》卷二至卷三、《新唐書》卷二。　天策上將軍：官名。唐高祖武德四年（621）爲酬秦王李世民平洛陽大功而特置，掌全國征討軍事，開府置屬僚，九年省。五代後梁時，楚馬殷亦依此故事，拜天策上將軍。

[3]靜江：方鎮名。治所在桂州（今廣西桂林市）。　武平：方鎮名。治所在朗州（今湖南常德市）。　寧遠：方鎮名。治所在容州（今廣西北流市）。

[4]“殷於梁開平中”至“自署官吏”：《通鑑》卷二六六開平元年四月辛未條：“以武安節度使馬殷爲楚王。”《通鑑》卷二六七開平四年六月條：“楚王殷求爲天策上將，詔加天策上將軍。殷始開天策府，以弟賨爲左相，存爲右相。”《新五代史》卷六六《馬殷傳》：“殷乃請依唐太宗故事，開天冊府，置官屬。太祖拜殷天冊上將軍，殷以其弟賨爲左相，存爲右相，廖光圖等十八人爲學士。末帝時，加殷武昌、靜江、寧遠等軍節度使，洪、鄂四面行營都統。”

[5]“又自鑄鉛鐵錢”至“歲百萬計”：《通鑑》卷二七四同光三年（925）閏十二月條：“初，楚王殷既得湖南，不征商旅，由是

四方商旅輻湊。湖南地多鉛鐵，殷用軍都判官高郁策，鑄鉛鐵爲錢，商旅出境，無所用之，皆易他貨而去，故能以境内所餘之物易天下百貨，國以富饒。湖南民不事桑蠶，郁命民輸稅者皆以帛代錢，未幾，民間機杼大盛。”

[6]“唐同光初”至“復授太師、兼尚書令、楚王”：《輯本舊史》卷三一《唐莊宗紀五》同光二年四月乙亥條：“以天策上將軍、武安等軍節度使、守太師、中書令、楚王馬殷可依前守太師、兼尚書令。”

[7]天成：五代後唐明宗李嗣源年號（926—930）。 加守尚書令：《輯本舊史》卷三七《唐明宗紀三》天成元年（926）九月癸酉條：“天策上將軍、湖南節度使、開府儀同三司、守太師、兼尚書令、楚王馬殷可檢校太師、守尚書令。”

[8]“長興元年十一月十日”至“時年七十八”：《舊五代史考異》：“案：《歐陽史》作長興元年殷卒，年七十九。”《輯本舊史》卷四一《唐明宗紀七》長興元年十二月乙未：“荆南奏，湖南節度使、楚國王馬殷薨。”《舊五代史考異》：“案《五代春秋》：十二月，楚王殷薨。據《通鑑》，殷卒于十一月己巳，至十二月始奏聞耳。”見《通鑑》卷二七七長興元年十一月己巳條。“長興元年”，原作“長興二年”。據《通鑑》改。

[9]廢朝：又稱輟朝。古代帝王遇親喪或文武大臣病故，停止視朝數日，以示哀悼。 子希聲嗣：《輯本舊史》卷四一《唐明宗紀七》長興元年（930）十月辛亥條：“以武安軍節度副使、洪鄂道行營副都統、檢校太尉馬希聲爲武安軍節度使，加兼侍中。時湖南馬殷奏，久病不任軍政，乞以男希聲爲帥，故有是命。”《新五代史》卷六六《馬殷傳》：“唐莊宗滅梁，殷遣其子希範脩貢京師，上梁所授都統印。莊宗問洞庭廣狹，希範對曰：‘車駕南巡，才堪飲馬爾。’莊宗嘉之。莊宗平蜀，殷大懼，表求致仕，莊宗下璽書慰勞之。明宗即位，遣使脩貢，并賀明年正月，荆南高季昌執其貢使史光憲。殷遣袁詮、王環等攻之，至其城下，季昌求和，乃止。殷

初兵力尚寡，與楊行密、成汭、劉龔等爲敵國，殷患之，問策於其將高郁，郁曰：‘成汭地狹兵寡，不足爲吾患，而劉龔志在五管而已，楊行密，孫儒之仇，雖以萬金交之，不能得其懽心。然尊王仗順，霸者之業也，今宜內奉朝廷以求封爵而外誇隣敵，然後退脩兵農，畜力而有待爾。’於是殷始脩貢京師，然歲貢不過所產茶茗而已。乃自京師至襄、唐、郢、復等州置邸務以賣茶，其利十倍。郁又諷殷鑄鉛鐵錢，以十當銅錢一。又令民自造茶以通商旅，而收其算，歲入萬計。由是地大力完，數邀封爵。天成二年，請建行臺。明宗封殷楚國王，有司言無封國王禮，請如三公用竹册，乃遣尚書右丞李序持節以竹册封之。殷以潭州爲長沙府，建國承制，自置官屬，以其弟賓爲靜江軍節度使，子希振武順軍節度使，次子希聲判內外諸軍事，姚彥章爲左相，許德勳爲右相，李鐸爲司徒，崔穎爲司空，拓拔常爲僕射，馬珙爲尚書，文武皆進位。諡其曾祖筠曰文肅、祖正曰莊穆、父元豐曰景莊，立三廟于長沙。長興元年，殷卒，年七十九，詔曰‘馬殷官爵俱高，無以爲贈，諡曰武穆’而已。子希聲立。”

初，殷微時，隱隱見神人侍側，因默記其形像。[1] 及貴，因謁衡山廟，[2] 覩廟中神人塑像，宛如微時所見者。則知人之貴者，必有陰物護之，豈偶然哉。《永樂大典》卷一萬八千一百二十八。[3]

[1]默記：《輯本舊史》之影庫本粘籤：“默記，原本作‘默託’，今據文改正。”
[2]衡山：山名。位於今湖南衡山縣。
[3]《大典》卷一八一二八“將”字韻“後唐將（一）”事目。後有原輯者案語：“以下原本殘闕。”

希聲，字若訥，[1]殷之次子也。殷初薨，長子希振當嗣立，時希聲以先爲副使，方握權，私遣其大將歐弘練矯父命，[2]請立爲帥，乃自稱留後。[3]立未周歲而卒，三軍立其弟希範爲帥。[4]

[1]字若訥：《新五代史》卷六六《楚世家》。

[2]歐弘練：人名。籍貫不詳。五代十國藩鎮將領。本書僅此一見。

[3]"殷之次子也"至"乃自稱留後"：明本《册府》卷九四三《總録部·不誼門》。《通鑑》卷二七六天成四年（929）三月條："殷命其子武安節度副使、判長沙府希聲知政事，總録内外諸軍事，自是國政先歷希聲，乃聞于殷。"同卷同年八月條載："初，楚王殷用都軍判官高郁爲謀主，國賴以富强，鄰國皆疾之。莊宗入洛，殷遣其子希範入貢，莊宗愛其警敏，曰：'比聞馬氏當爲高郁所奪，今有子如此，郁安能得之！'高季興亦以流言間郁于殷，殷不聽，乃遣使遺節度副使、知政事希聲書，盛稱郁功名，願爲兄弟。使者言于希聲曰：'高公常云"馬氏政事皆出高郁"，此子孫之憂也。'希聲信之。行軍司馬楊昭遂，希聲之妻族也，謀代郁任，日譖之於希聲。希聲屢言于殷，稱郁奢僭，且外交鄰藩，請誅之。殷曰：'成吾功業，皆郁力也；汝勿爲此言！'希聲固請罷其兵柄，乃左遷郁行軍司馬。郁謂所親曰：'亟營西山，吾將歸老。獞子漸大，能咋人矣。'希聲聞之，益怒，明日，矯以殷命殺郁於府舍，牓諭中外，誣郁謀叛，並誅其族黨。至暮，殷尚未知，是日，大霧，殷謂左右曰：'吾昔從孫儒渡淮，每殺不辜，多致兹異。馬步院豈有冤死者乎？'明日，吏以郁死告，殷撫膺大慟曰：'吾老耄，政非己出，使我勳舊橫罹冤酷！'既而顧左右曰：'吾亦何可久處此乎！'"《新五代史》卷六六《楚世家》："希聲嘗聞梁太祖好食雞，慕之，乃日烹五十雞以供膳。葬殷上潢，希聲不哭泣，頓食雞肉數

器而起，其禮部侍郎潘起譏之曰：'昔阮籍居喪而食蒸豚，世豈乏賢邪？'"

[4]立未周歲而卒，三軍立其弟希範爲帥：《通曆》卷一五《承襲》。《新五代史》卷六六《楚世家》："長興三年，希聲卒，追封衡陽王。"同書卷七一《十國世家年譜》徐無黨注："馬氏，據《湖湘故事》《九國志》《運曆圖》並云，殷以長興元年卒，是歲，子希聲立，長興三年卒。而《五代舊史·殷列傳》云，殷長興二年卒，享年七十八，子希聲立，不周歲而卒；《明宗本紀》長興元年，書希聲除節度使，起復，三年八月，又書希聲卒。今據《九國志》殷以大中六年歲在壬申生，享年七十九。蓋自大中壬申至長興元年庚寅，實七十九年，爲得其實。而希聲，據《湖湘故事》《九國志》《運曆圖》皆以三年卒，與《明宗本紀》皆合，不疑。惟《舊史》書殷卒二年，及年七十八，希聲立不周歲卒爲繆爾。"《太平廣記》卷三一三馬希聲條引《北夢瑣言》："希聲嗣父位，連年亢旱，祈禱不應。乃封閉南嶽司天王廟及境內神祠，竟亦不雨。其兄希振入諫之，飲酒至中夜而退，聞堂前誼譟，連召希振，復入，見希聲倒立於階下，衣裳不披，其首已碎。令親信輿上，以帛蒙首。翌日發喪，以弟希範嗣位。先是，大將周達自南嶽回，見江上雲霧中擁執希聲而去，秘不敢言，夕有物如黑幕突入空堂，即時而卒。"同書卷一二四《報應門》引《北夢瑣言》："希聲在位多縱率，有賈客沈申者，常來往番禺間，廣主優待之，令如北中求寶帶。申於洛、汴間市得玉帶一，乃奇貨也。回由湘潭，希聲竊知之，召申詣衙，賜以酒食，抵夜送還店，預戒軍巡以犯夜戮之。湘人俱聞，莫不嗟憫。爾後常見此客爲祟，或在屋脊，或據欄檻，不常厥處。未久，希聲暴卒。其弟希範嗣立，以玉帶還廣人。"

希範，[1]字寶規，[2]殷第三子。少而溫雅，稍涉文史，唐同光中，殷遣希範入貢。莊宗問洞庭廣狹，[3]希範對曰："洞庭至狹，若車駕南巡，止可飲馬而已。"莊宗拊背嘉之。[4]

[1]希範：《輯本舊史》之案語："案：此傳有闕文，《馬希廣》、《希萼傳》全篇俱佚。"清輯本僅據《大典》輯録一則文字。今據《大典》《通曆》《册府》諸書補其殘缺。

[2]字寶規：《新五代史》卷六六《楚世家》。

[3]洞庭：湖名。位於今湖南北部、長江南岸。

[4]"殷第三子"至"莊宗拊背嘉之"：《大典》卷二二六一"湖"字韻"洞庭湖"事目引《五代薛史》列傳。《宋本册府》卷七七五《總録部·幼敏門三》："後唐馬希範，湖南節度使殷之第三子，少而温雅，稍涉文史。開平中授著作佐郎、國子博士，俄改金紫光禄大夫、檢校右僕射，典湖南親軍。同光中，殷遣希範入貢，莊宗問洞庭廣狹，希範對曰：'洞庭至狹，若車駕南巡，止可飲馬而已。'莊宗拊背嘉之，超授檢校太保、永州刺史。"《通鑑》卷二六七開平三年（909）七月條："殷表玕爲郴州刺史，爲子希範娶其女。"

兄希聲卒，尋授武安軍節度使，封楚王。清泰中，以蠻人屢擾桂林，希範引兵築城於巴邱，[1]南徼憚之。[2]

[1]桂林：地名。位於今廣西桂林市。　巴邱：地名。位於今江西峽江縣中南。

[2]"兄希聲卒"至"南徼憚之"：《通曆》卷一五《承襲》。《通鑑》卷二七八長興四年（933）十二月條："初，馬希聲、希範同日生，希聲母曰袁德妃，希範母曰陳氏。希範怨希聲先立不讓，及嗣位，不禮於袁德妃。希聲母弟希旺爲親從都指揮使，希範多譴責之；袁德妃請納希旺官爲道士，不許，解其軍職，使居竹屋草

門，不得預兄弟燕集。德妃卒，希旺憂憤而卒。"

　　晋天福中，授江南諸道都統，又加天策上將軍。谿州洞蠻彭士愁寇辰、澧二州，[1]希範討平之。士愁以五州乞盟，乃銘於銅柱。希範自言漢伏波將軍援之後，[2]故鑄銅柱以繼之。[3]《永樂大典》卷八千二百二十一。[4]

　　[1]谿州：州名。治所在今湖南永順縣。　　洞蠻：中國古代對南方少數民族的聚居地的泛稱。　　彭士愁：人名。亦作"彭士然"。事見本書卷本卷、卷七八、卷七九。　　辰：州名。治所在今湖南沅陵縣。　　澧：州名。治所在今湖南澧縣。

　　[2]漢伏波將軍援：即馬援。扶風茂陵（今陝西興平市）人。東漢初年將領。傳見《後漢書》卷二四。

　　[3]"谿州洞蠻彭士愁寇辰、澧二州"至"鑄銅柱以繼之"：亦見《通曆》卷一五《承襲》，其前尚有"晋天福三年"五字。《玉海》卷二五漢銅柱條引《五代史》："晋天福五年，楚馬希範平羣蠻，自謂伏波之後，立銅柱於溪州。"注云："高一丈二尺，入地六尺，銘誓狀於上。"《通鑑》卷二八〇天福元年（936）四月條："静江節度使、同平章事馬希杲有善政，監軍裴仁煦譖之於楚王希範，言其收衆心，希範疑之。夏，四月，漢將孫德威侵蒙、桂二州，希範命其弟武安節度副使希廣權知軍府事，自將步騎五千如桂州。希杲懼，其母華夫人逆希範於全義嶺，謝曰：'希杲爲治無狀，致寇戎入境，煩殿下親涉險阻，皆妾之罪也。願削封邑，灑掃掖庭，以贖希杲罪。'希範曰：'吾久不見希杲，聞其治行尤異，故來省之，無他也。'漢兵自蒙州引去，徙希杲知朗州。"

　　[4]《大典》卷八二二一"明"字韻"金光明經（七）"事目，誤，應爲卷八二三一"盟"字韻"事韻"。

六年，襄州安從進反，[1]希範督樓船屯夏油。襄州平，加守太傅。七年，營天策府于潭州，開學館，貯書萬卷，私署十八學士。[2]册拜尚書令。開運三年，賜號尚父。[3]

[1]襄州：州名。治所在今湖北襄陽市。　安從進：人名。索葛部人。五代後唐、後晉將領。傳見本書卷九八、《新五代史》卷五一。

[2]"六年"至"私署十八學士"：《大典》卷一三四五二"士"字韻"十八學士"事目引《五代薛史》列傳。"希範"前原有"江南諸道都統天策上將軍馬"十二字，今删。《輯本舊史》卷八一《晉少帝紀一》天福七年（942）七月丁未條："湖南節度使、楚王馬希範加守太傅。"《通鑑》卷二八三天福七年十月條："希範作天策府，極棟宇之盛；户牖欄檻皆飾以金玉，塗壁用丹砂數十萬斤；地衣，春夏用角簟，秋冬用木綿。與子弟僚屬遊宴其間。"《五代史補》卷三："（馬希範）擢從事有才行者，有若都統判官李鐸、靜江府節度判官潘玘、武安軍節度判官拓拔坦、都統掌書記李皋、鎮南節度判官李莊、昭順軍節度判官徐牧、澧州觀察判官彭繼英、江南觀察判官廖圖、昭順軍觀察判官徐中雅、靜江府掌書記鄧懿文、武平軍節度掌書記李松年、鎮南軍節度掌書記衛曦、昭順軍觀察支使彭繼勳、武平軍節度推官蕭銖、桂管觀察推官何仲舉、武安軍節度巡官孟玄暉、容管節度推官劉昭禹等十八人，並爲學士。其餘列校，自袁友恭、張少敵等各以次授任。"

[3]"册拜尚書令"至"賜號尚父"：《通曆》卷一五《承襲》。《輯本舊史》卷八一《晉少帝紀一》天福八年三月丁亥條："天策上將軍、湖南節度使、楚王馬希範加守尚書令、兼中書令。"《通鑑》卷二八四開運二年七月條："希範疑靜江節度使兼侍中、知朗州希杲得人心，遣人伺之。希杲懼，稱疾求歸，不許；遣醫往視

疾，因毒殺之。"

漢高祖入汴，三年，薨，年四十九，謚曰文昭。[1]

[1]"漢高祖入汴"至"謚曰文昭"：《通曆》卷一五《承襲》。《輯本舊史》卷一〇〇《漢高祖紀下》天福十二年（開運四年，947）六月丁丑條："以湖南節度使馬希範卒，輟視朝三日。"《新五代史》卷六六《楚世家》亦謂："開運四年，希範卒。"《通鑑》卷二八七載希範卒於開運四年五月壬辰夜。《通曆》所引作"三年"，誤。

希範在鎮，嘗構一堂，號爲九龍殿，殿內實八龍，蓋謂己是一龍也。[1]

[1]"希範在鎮"至"蓋謂己是一龍也"：《通曆》卷一五《承襲》。明本《冊府》卷四五四《將帥部·奢侈門》："希範擅二十州之徵稅，車輿、服玩、池館、第舍，頗事華靡，壁瓈軒檻率以金銀爲飾。所造九龍殿，垂珠簾，繡幕帷，帑懸金香囊流蘇；盤中花果，金枝玉葉；妓房歌室，朝夕蘭薰。其子城門，構五鳳之狀，女牆之上起行樓。"《通鑑》卷二八三天福八年（943）十二月條："楚地多產金銀，茶利尤厚，由是財貨豐殖。而楚王希範奢欲無厭，喜自誇大。爲長槍大槊，飾之以金，可執而不可用。募富民年少肥澤者八千人，爲銀槍都。宮室、園囿，服用之物，務窮侈靡。作九龍殿，刻沈香爲八龍，飾以金寶，長十餘丈，抱柱相向；希範居其中，自爲一龍，其襆頭腳長丈餘，以象龍角。用度不足，重爲賦斂。每遣使者行田，專以增頃畝爲功，民不勝租賦而逃。王曰：'但令田在，何憂無穀！'命營田使鄧懿文籍逃田，募民耕藝出租。民捨故從新，僅能自存，自西徂東，各失其業。又聽人入財拜官，

以財多少爲官高卑之差。富商大賈，布在列位。外官遷者，必責貢獻。民有罪，則富者輸財，强者爲兵，惟貧弱受刑。又置函，使人投匿名書相告訐，至有滅族者。是歲，用孔目官周陟議，令常税之外，大縣貢米二千斛，中千斛，小七百斛；無米者輸布帛。天策學士拓跋恒上書曰：'殿下長深宮之中，藉已成之業，身不知稼穡之勞，耳不聞鼓鼙之音，馳騁遨遊，雕牆玉食。府庫盡矣，而浮費益甚；百姓困矣，而厚斂不息。今淮南爲仇讎之國，番禺懷吞噬之志，荆渚日圖窺伺，溪洞待我姑息。諺曰：'足寒傷心，民怨傷國。'願罷輸米之令，誅周陟以謝郡縣，去不急之務，減興作之役，無令一旦禍敗，爲四方所笑。'王大怒。他日，恒請見，辭以晝寢。恒謂客將區弘練曰：'王逞欲而愎諫，吾見其千口飄零無日矣。'王益怒，遂終身不復見之。"《五代史補》卷三馬希範奢侈條："每僚吏謁見，將升殿，但覺丹砂之氣，藹然襲人，其費用也皆此類。初，教令既下，主者以丹砂非卒致之物，相顧憂色。居無何，東境山崩，湧出丹砂，委積如丘陵，於是收而用之。"同書同卷丁思僅謂馬希範起義兵條："契丹南侵，聞其事，以爲希範非常人，遽使册爲尚父。希範得册，以爲契丹推奉，欣然當之矣。丁思僅素有才略，爲馬氏騎將。以希範受契丹册命，深恥之，因謂希範曰：'今朝廷失守，正忠臣義士奮發之時，使馳檄四方，引軍直趨京師，驅契丹，天子反正，然後凱還，如此則齊桓、晋文不足數矣。時不可失，願大王急圖之。'希範本無遠略，加以興作府署未畢，不忍棄去，遂寢思僅之謀。思僅不勝其憤，謂所親曰：'古人疾没世而名不稱，今遭逢擾攘，不能立功於天下，反顧戀數間屋子乎，誠可痛也！'自是思僅常快快。"

希杲，楚王希範之弟也。[1]高祖天福元年，静江節度使、同平章事馬希杲有善政，監軍裴仁煦譖之於楚王希範，言其收衆心，希範疑之。[2]夏四月，漢將孫德威侵蒙、桂二州，[3]希範命其弟武安節度副使希廣權知軍府事，自將步騎五千如桂州。希杲懼，其母華夫人逆希範於全義嶺，[4]謝曰：「希杲爲治無狀，致寇戎入境，煩殿下親涉險阻，皆妾之罪也。願削封邑，灑掃掖庭，以贖希杲罪。」希範曰：「吾久不見希杲，聞其治行尤異，故來省之，無他也。」漢兵自蒙州引去，徙希杲知朗州。[5]希範疑希杲得人心，遣人伺之。希杲懼，稱疾求歸，不許，遣醫往視疾，因毒殺之。[6]

[1]希杲，楚王希範之弟也：《輯本舊史》卷八一《晋少帝紀一》天福八年三月己丑條。《十國春秋》卷七一《馬希杲傳》：「希杲，武穆王第□子也。」

[2]裴仁煦：人名。籍貫不詳。馬楚將領。事見《十國春秋》卷六八、卷七一。

[3]孫德威：人名。籍貫不詳。南漢將領。傳見《十國春秋》卷六三。　蒙：州名。治所在今廣西蒙山縣。

[4]全義嶺：山名。又稱越城嶺、始安嶺、臨源嶺。五嶺之一。位於今廣西全州縣、資源縣一帶。

[5]朗州：州名。治所在今湖南常德市。　「高祖天福元年」至「徙希杲知朗州」：《通鑑》卷二八〇天福元年三月、四月條。

[6]「希範疑希杲得人心」至「因毒殺之」：《通鑑》卷二八四開運二年七月條。《輯本舊史》卷八四《晋少帝紀四》開運二年八月戊子條：「湖南奏，靜江軍節度使希杲卒。」

希廣，字德丕，[1]希範之母弟。希範薨，希廣襲其位。[2]

　　[1]字德丕:《新五代史》卷六六《楚世家》。

　　[2]"希範之母弟"至"希廣襲其位":《通曆》卷一五《承襲》。《通鑑》卷二八〇天福元年（936）四月條:"漢將孫德威侵蒙、桂二州,希範命其弟武安節度副使希廣權知軍府事,自將步騎五千如桂州。"同書卷二八七天福十二年五月條:希廣性謹順,"希範愛之,使判内外諸司事。壬辰夜,希範卒,將佐議所立。都指揮使張少敵,都押牙袁友恭,以武平節度使知永州事希萼,於希範諸弟爲最長,請立之;長直都指揮使劉彦瑫、天策府學士李弘皋、鄧懿文、小門使楊滌皆欲立希廣。張少敵曰:'永州齒長而性剛,必不爲都尉之下明矣。必立都尉,當思長策以制永州,使帖然不動則可;不然,社稷危矣。'彦瑫等不從。天策府學士拓跋恒曰:'三十五郎雖判軍府之政,然三十郎居長,請遣使以禮讓之;不然,必起爭端。'彦瑫等皆曰:'今日軍政在手,天與不取,使他人得之,異日吾輩安所自容乎!'希廣懦弱,不能自決;乙未,彦瑫等稱希範遺命,共立之。張少敵退而歎曰:'禍其始此乎!'與拓跋恒皆稱疾不出。"《五代史補》卷四:"馬希範卒,判官李皋以希範同母弟希廣爲天策府都尉,撫御尤非所長。大校張少敵憂之,建議請立希廣庶兄武陵帥希萼,且曰:'希萼處長負氣,觀其所爲,必不爲都尉之下,加之在武陵,九溪蠻通好,往來甚歡,若不得立,必引蠻軍爲亂,幸爲思之!'李皋忽怒曰:'汝輩何知!且先大王爲都尉,俱爲嫡嗣,不立之,却用老婢兒可乎?'少敵曰:'國家之事,不可拘以一途,變而能通,所以國長久也,何嫡庶之云乎。若明公必立都尉,當妙設方略以制武陵,使帖然不動乃可,不然,則社稷去矣。'皋愈怒,竟不從少敵之謀,少敵度無可奈何,遂辭不出。"

　　是時,希廣有庶兄希萼爲朗州節度使,怒希廣立不以長。[1]乾祐中,希廣、希萼交訴於朝廷,累降詔命和解之,而潛佑希廣。於是希萼怨望,乃依附淮夷,[2]未幾，率朗人及溪洞羣蠻向長沙，爲長沙軍所敗。[3] 三年，希萼率朗軍攻陷潭州，縊殺希廣，其妻杖死於市。[4]

[1]"是時"至"怒希廣立不以長"：《通曆》卷一五《承襲》。《新五代史》卷六六《楚世家》："希萼爲朗州節度使，希範之卒，希萼自朗州來奔喪。希廣將劉彥瑫謀曰：'武陵之來，其意不善，宜出兵迎之，以備非常，使其解甲釋兵而後入。'張少敵、周廷誨曰：'王能與之則已，不然宜早除之。'希廣泣曰：'吾兄也，焉忍殺之，分國而治可也。'乃以兵迎希萼於砆石，止之於碧湘宮，厚賂以遣之，希萼憤然而去。"《通鑑》卷二八七天福十二年（947）八月條："希廣庶弟天策左司馬希崇，性狡險，陰遺兄希萼書，言劉彥瑫違先王之命，廢長立少，以激怒之。希萼自永州來奔喪，乙巳，至跌石。彥瑫白希廣遣侍從都指揮使周廷誨等將水軍逆之，命永州將士皆釋甲而入，館希萼於碧湘宮，成服於其次，不聽入與希廣相見。希萼求還朗州，周廷誨勸希廣殺之。希廣曰：'吾何忍殺兄，寧分潭、朗而治之。'乃厚贈希萼，遣還朗州。希崇常爲希萼詗希廣，語言動作，悉以告之，約爲内應。"

[2]淮夷：指南唐。

[3]"乾祐中"至"爲長沙軍所敗"：明本《册府》卷九四三《總録部・不誼門》。明本《册府》卷九五二《總録部・交構門》："高從誨爲荆南節度使，乾祐元年遣人押送朗州馬希萼奏事官沈從進至京師，乞加恩命。希萼初與潭州馬希廣爭立，希廣用歐弘練、張仲荀謀，厚賂朝廷，請不行朗州恩命。及從誨革面自新，又援引希萼，求通於朝。蓋欲離間潭、朗，成其覆亡之禍也。朝廷知其意，累降詔示諭，又詔希萼、希廣和解之。"《通鑑》卷二八八乾祐元年（948）九月壬子條："賜希萼及楚王希廣詔書，諭以'兄弟宜相輯睦，凡希萼所貢，當附希廣以聞'。希萼不從。"同書同卷乾祐二年八月條："馬希萼悉調朗州丁壯爲鄉兵，造號靜江軍，作戰

艦七百艘，將攻潭州，其妻苑氏諫曰：'兄弟相攻，勝負皆爲人笑。'不聽，引兵趣長沙。馬希廣聞之曰：'朗州，吾兄也，不可與爭，當以國讓之而已。'劉彥瑫、李弘皋固爭以爲不可，乃以岳州刺史王贇爲都部署戰棹指揮使，以彥瑫監其軍。己丑，大破希萼於僕射洲，獲其戰艦三百艘。贇追希萼，將及之，希廣遣使召之曰：'勿傷吾兄！'贇引兵還。贇，環之子也。希萼自赤沙湖乘輕舟遁歸，苑氏泣曰：'禍將至矣，余不忍見也。'赴井而死。"同卷同年十月丁亥條："楚靜江節度使馬希瞻以兄希萼、希廣交爭，屢遣使諫止，不從；知終覆族，疽發於背，丁亥，卒。"

[4] "三年"至"其妻杖死於市"：《通曆》卷一五《承襲》。明本《册府》卷九四三《總録部·不誼門》："三年，希萼大合羣蠻再攻長沙，陷希廣及其妻，皆杖死於市，左右用事者皆臠割而死。"《通鑑》卷二八九乾祐三年（950）十月條："希廣以朗州與山蠻入寇，諸將屢敗，憂形於色。劉彥瑫言於希廣曰：'朗州兵不滿萬，馬不滿千，都府精兵十萬，何憂不勝！願假臣兵萬餘人，戰艦百五十艘，徑入朗州縛取希萼，以解大王之憂。'王悦，以彥瑫爲戰棹都指揮使、朗州行營都統。彥瑫入朗州境，父老爭以牛酒犒軍，曰：'百姓不願從亂，望都府之兵久矣！'彥瑫厚賞之；戰艦過，則運竹木以斷其後。是日，馬希萼遣朗兵及蠻兵六千、戰艦百艘逆戰於湄州，彥瑫乘風縱火以焚其艦，頃之，風回，反自焚。彥瑫還走，江路已斷，士卒戰及溺死者數千人。希廣聞之，涕泣不知所爲。希廣平日罕頒賜，至是，大出金帛以取悦於士卒。或告天策左司馬希崇流言惑衆，反狀已明，請殺之。希廣曰：'吾自害其弟，何以見先王於地下！'馬軍指揮使張暉將兵自他道擊朗州，至龍陽，聞彥瑫敗，退屯益陽。希萼又遣指揮使朱進忠等將兵三千急攻益陽，張暉紿其衆曰：'我以麾下出賊後，汝輩留城中待我，相與合勢擊之。'既出，遂自竹頭市遁歸長沙。朗兵知城中無主，急擊之，士卒九千餘人皆死。"同卷同年十一月條："希廣遣其僚屬孟騈説馬希萼曰：'公忘父兄之讎，北面事唐，何異袁譚求救於曹公邪！'希

萼將斬之，骈曰：'古者兵交，使在其間，骈若愛死，安肯此來！骈之言非私於潭人，實爲公謀也。'乃釋之，使還報曰：'大義絶矣，非地下不相見也！'朱進忠請希萼自將兵取潭州，辛未，希萼留其子光贊守朗州，悉發境内之兵趣長沙，自稱順天王。"同年十二月條："初，蠻酋彭師暠降於楚……希廣獨憐之，以爲强弩指揮使，領辰州刺史，師暠常欲爲希廣死。及朱進忠與蠻兵合七千餘人至長沙，營於江西，師暠登城望之，言於希廣曰：'朗人驟勝而驕，雜以蠻兵，攻之易破也。願假臣步卒三千，自巴溪渡江，出嶽麓之後，至水西，令許可瓊以戰艦渡江，腹背合擊，必破之。前軍敗，則其大軍自不敢輕進矣。'希廣將從之。時馬希萼已遣間使以厚利啖許可瓊，許分湖南而治，可瓊有貳心，乃謂希廣曰：'師暠與梅山諸蠻皆族類，安可信也！可瓊世爲楚將，必不負大王，希萼竟何能爲！'希廣乃止。希萼尋以戰艦四百餘艘泊江西。希廣命諸將皆受可瓊節度，日賜可瓊銀五百兩，希廣屢造其營計事。可瓊常閉壘，不使士卒知朗軍進退，希廣歎曰：'真將軍也，吾何憂哉！'可瓊或夜乘單舸詐稱巡江，與希萼會水西，約爲内應。一旦，彭師暠見可瓊，瞋目叱之，拂衣入見希廣曰：'可瓊將叛國，人皆知之，請速除之，無貽後患。'希廣曰：'可瓊，許侍中之子，豈有是邪！'師暠退，歎曰：'王仁而不斷，敗亡可翹足俟也！'潭州大雪，平地四尺，潭、朗兩軍久不得戰。希廣信巫覡及僧語，塑鬼於江上，舉手以卻朗兵，又作大像于高樓，手指水西，怒目視之，命衆僧日夜誦經，希廣自衣僧服膜拜求福。甲辰，朗州步軍指揮使武陵何敬真等以蠻兵三千陳于楊柳橋，敬真望韓禮營旌旗紛錯，曰：'彼衆已懼，擊之易破也。'朗人雷暉衣潭卒之服潛入禮寨，手劍擊禮，不中，軍中驚擾；敬真等乘其亂擊之，禮軍大潰，禮被創走，至家而卒。於是朗兵水陸急攻長沙，步軍指揮使吳宏、小門使楊滌相謂曰：'以死報國，此其時矣！'各引兵出戰。宏出清泰門，戰不利；滌出長樂，戰自辰至午，朗兵小却；許可瓊、劉彦瑫按兵不救。滌士卒飢疲，退就食；彭師暠戰於城東北隅。蠻兵自城東縱火，城上人招許可瓊軍使救城，可瓊舉全軍降希萼，長沙遂陷。朗兵及蠻兵大掠三日，殺吏民，焚廬舍，自武穆王以來所營宮室，皆爲灰燼，所積寶貨，皆入蠻落。李彥溫望見城中火起，自駝口引兵救之，朗人已據城拒戰。彥溫攻清泰門，不克，與劉彥瑫各將千餘人奉文昭王及希廣諸子趣袁州，遂奔唐。張暉降於希萼。左司馬希崇帥將吏詣希萼勸進。吳宏戰血滿袖，見希萼曰：'不幸爲許可瓊所誤，今日死，不愧先王矣！'彭師暠投槊於地，大呼請死。希萼歎曰：'鐵石人也！'皆不殺。乙巳，希崇迎希萼入府視事，閉城，分捕希廣及掌書記李弘皋、弟弘節、都軍判官唐昭胤及鄧懿文、楊滌等，皆獲之。希萼謂希廣曰：'承父兄之業，豈無長幼乎？'希廣曰：'將吏見推，朝廷見命耳。'希萼皆囚之。丙午，希萼命內外巡檢侍衛指揮使劉賓禁止焚掠。丁未，希萼自稱天策上將軍、武安·武平·靜江·寧遠等軍節度使、楚王。以希崇爲節度副使、判軍府事；湖南要職，悉以朗人爲之。饗食李弘皋、弘節、唐昭胤、楊滌，斬鄧懿文於市。戊申，希萼謂將吏曰：'希廣懦夫，爲左右所制耳，吾欲生之，可乎？'諸將皆不對。朱進忠嘗爲希廣所笞，對曰：'大王三年血戰，始得長沙，一國不容二主，他日必悔之。'戊申，賜希廣死。希廣臨刑，猶誦佛書；彭師暠葬之於瀏陽門外。"《五代史補》卷四："未幾，希萼果以武陵反，引九洞溪蠻，數路齊進，遂之長沙，縊希廣於郊外，而支解李皋。自是湖南大亂，未逾年而國滅，一如少敵之言。初，希萼之來也，希廣以全軍付親校許可瓊，使遂擊之。可瓊睹希萼衆盛，恐懼，夜送旗鼓乞降，希萼大喜，於是兼可瓊之衆，長驅而至。希廣素奉佛，聞之，計無所出，乃被緇衣，引群僧念'寶勝如來'，謂之禳災。頃之，府廨火起，人忽紛擾，猶念誦之聲未輟，其戇如此。少敵憂之，良有以也。先是，城中街道尚種槐，其柳即無十一二。至是內外一變皆種柳，無復槐矣。又居人夜間好織草鞋，似槌芒之聲，聞於郊野。俄有童謠云：'湖南城郭好長街，竟載柳樹不栽槐。百姓奔竄無一事，只是槌芒織草鞋。'人無長少皆誦之。未幾，國亂，百姓奔竄，死於溝壑者十有八九，至是議者始悟。蓋長街者，通內外之路也；槐者，爲言懷也；不栽槐，蓋兄弟不睦，以至國亡，失孔懷之義也；草鞋者，遠行所用，蓋百姓遠行奔竄之義也。"

　　周太祖登極，[1]遣陳思讓帥偏師至安、郢，[2]以圖進取，長沙陷，乃班師。[3]

　　[1]周太祖：即郭威。邢州堯山（今河北隆堯縣）人。五代時後周王朝的建立者。紀見本書卷一一○至卷一一三、《新五代史》卷一一。

　　[2]陳思讓：人名。幽州盧龍（今河北盧龍縣）人。五代、宋初將領。傳見《宋史》卷二六一。　安：州名。治所在今湖北安陸市。　郢：州名。治所在今湖北鍾祥市。

　　[3]"周太祖登極"至"乃班師"：《通鑑》卷二九○廣順元年（951）二月條胡注引《薛史》。《通鑑》正文載："陳思讓未至湖南，馬希萼已克長沙；思讓留屯郢州，敕召令還。"《宋史》卷二六一《陳思讓傳》："漢初，移淄州，罷任歸朝。會淮南與朗州馬希萼合兵淮南，攻湖南，馬希廣來乞師，旋屬內難，又周祖北征，乃分兵令思讓往郢州赴援，兵未渡而希廣敗。思讓留於郢。周祖即位，遣供奉官邢思進召思讓及所部兵還。"

　　希萼，殷之庶子。初，殷將沒，遺命諸子依伯仲叔季爲嗣，仍留一劍寘於祠堂，有違者，眾得斬之。希萼於希廣兄也，怒希廣違先人之命，遂構閱牆之怨。希萼大舉朗軍攻潭州，拔之，自稱楚王、武安軍節度使。[1]

　　[1]"希萼"至"自稱楚王、武安軍節度使"：《通曆》卷一五

《承襲》。《通鑑》卷二八九乾祐三年（950）十二月條："楚王希萼以子光贊爲武平留後，以何敬真爲朗州牙内都指揮使，將兵戍之。希萼召拓跋恒，欲用之，恒稱疾不起。"同書卷二九〇廣順元年（951）二月甲辰條："楚王希萼遣掌書記劉光輔入貢于唐。"同卷同年三月條："唐以楚王希萼爲天策上將軍、武安·武平·静江·寧遠節度使兼中書令、楚王；以右僕射孫忌、客省使姚鳳爲册禮使。"

先是，湖南當希範之世，擅二十州之征税。車輿、服玩、池館、第舍，頗事華靡。及希廣被攻之際，谿洞蠻軍縱兵發火，向時府署廨舍焚蕩俱盡，府庫所蓄皆爲蠻軍剽掠，所存空城而已。希萼但以得位自矜，殊無鷗鶵惜巢之意，又與所昵群小日夜縱酒。[1]軍中將校以其殘害骨肉，無心悔禍，上下不悦，終至於敗。[2]

[1]"先是"至"又與所昵群小日夜縱酒"：《通曆》卷一五《承襲》。明本《册府》卷四五二《將帥部·識閫門》："破城之後，谿洞蠻軍縱兵發火。向時府署廨舍，連閭洞房，焚蕩俱盡。積世府庫所畜，皆爲蠻兵剽掠，所存空城而已。希萼于灰燼中自稱主帥，但以得位自矜，殊無鷗鶵惜巢之意。與所昵群小狎遊，日夜縱酒歌呼。"

[2]"軍中將校以其殘害骨肉"至"終至於敗"：明本《册府》卷四五二《將帥部·識閫門》。《通鑑》卷二九〇廣順元年（951）三月條："希萼既得志，多思舊怨，殺戮無度，晝夜縱酒荒淫，悉以軍府事委馬希崇。希崇復多私曲，政刑紊亂。府庫既盡於亂兵，籍民財以賞賚士卒，或封其門而取之，士卒猶以不均怨望；雖朗州舊將佐從希萼來者，亦皆不悦，有離心。……小門使謝彦顒，本希萼家奴，以首面有寵於希萼，至與妻妾雜坐，恃恩專横。常肩隨希崇，或拊其背；希崇銜之。故事，府宴，小門使執兵在門外；希萼

使彦顒預坐，或居諸將之上，諸將皆恥之。希萼以府舍焚蕩，命朗州靜江指揮使王逵、副使周行逢帥所部兵千餘人治之，執役甚勞，又無犒賜，士卒皆怨，竊言曰：'囚免死則役作之。我輩從大王出萬死取湖南，何罪而囚役之！且大王終日酣歌，豈知我輩之勞苦乎！'逵、行逢聞之，相謂曰：'眾怨深矣，不早爲計，禍及吾曹。'壬申旦，帥其眾各執長柯斧、白梃，逃歸朗州。時希萼醉未醒，左右不敢白；癸酉，始白之。希萼遣湖南指揮使唐師翥將千餘人追之，不及，直抵朗州；逵等乘其疲乏，伏兵縱擊，士卒死傷殆盡，師翥脫歸。逵等黜留後馬光贊，更以希萼兄子光惠知州事。光惠，希振之子也。尋奉光惠爲節度使，逵等與何敬真及諸軍指揮使張倣參決軍府事。希萼具以狀言於唐，唐主遣使以厚賞招諭之；逵等納其賞，縱其使，不答其詔，唐亦不敢詰也。"

一日，會將吏於府第，牙將陸孟俊率甲士爲亂，[1]執希萼送衡州安置。[2]時周廣順元年也。[3]

[1]陸孟俊：人名。籍貫不詳。五代十國藩鎮將領。本書僅此一見。

[2]衡州：州名。治所在今湖南衡陽市。

[3]"一日"至"時周廣順元年也"：《通曆》卷一五《承襲》。《通鑑》卷二九〇廣順元年（951）九月條："希萼既克長沙，不賞許可瓊……遣馬步都指揮使徐威、左右軍馬步使陳敬遷、水軍都指揮使魯公綰、牙內侍衛指揮使陸孟俊帥部兵立寨于城西北隅，以備朗兵，不存撫役者，將卒皆怨怒，謀作亂。希崇知其謀，戊寅，希萼宴將吏，徐威等不預，希崇亦辭疾不至。威等使人先驅踶齧馬十餘入府，自帥其徒執斧斤、白梃，聲言縶馬，奄至座上，縱橫擊人，顛蹄滿地。希萼踰垣走，威等執囚之；執謝彦顒，自頂及踵銼之。立希崇爲武安留後，縱兵大掠。幽希萼於衡山縣。"

希崇，希萼之弟。希萼被執，衆推希崇爲帥。希萼至衡州，本州都指揮使廖偃招合蠻獠，[1]復立希萼爲楚王，求援於江南李景。[2]景遣信州校史邊鎬率衆東入，[3]希萼乘湘流而下，合勢以迫長沙。希崇送符印乞降於鎬。潭人請邊鎬爲帥，鎬乃令人送希崇、希萼與馬氏諸族於金陵。[4]李景以希萼、希崇與族人并於揚州安置。數年，希萼卒於金陵。[5]

[1]廖偃：人名。籍貫不詳。五代十國藩鎮將領。本書僅此一見。　蠻獠：古代對西南少數民族的蔑稱。

[2]李景：即南唐元宗。亦作“李璟”。徐州（今江蘇徐州市）人。南唐烈祖李昇長子，南唐第二位皇帝。後削去帝號，改稱國主。傳見本書卷一三四、《新五代史》卷六二。

[3]信州：州名。治所在今江西上饒市信州區。　邊鎬：人名。籍貫不詳。五代十國南唐將領。能征善戰，後周世宗南征時被俘。事見本書卷一一二。

[4]金陵：地名。中國古代對今江蘇南京市的代稱。

[5]“希崇”至“希萼卒於金陵”：《通曆》卷一五《承襲》。明本《册府》卷二三一《僭僞部·征伐門》：“會湖南馬希萼爲牙將陸孟俊所廢，送於衡陽。三軍立馬希崇爲帥。希萼至衡陽月餘，衡州都指揮使廖偃招合蠻獠，復立希萼爲楚王，於縣署行府，據湘川上游，乃令人求援於景。景遣邊鎬率衆東入，希萼乘湘流而下，合勢攻長沙，陷之。希萼望吳人復立爲潭帥，潭人同恚希萼，請邊鎬爲帥。鎬既稱帥，乃令希萼、希崇入於金陵，馬氏諸族千餘人及豪族皆徙焉。”《五代史補》卷四：“江南遣袁州刺史邊鎬乘其亂領兵來伐，希崇度不能敵，遂降。先是，長沙童謠云：‘鞭打馬，走不暇。’未幾，果爲邊鎬所滅。”《通鑑》卷二九〇廣順元年（951）九月條：“劉言聞希崇立，遣兵趣潭州，聲言討其篡奪之罪，壬午，

軍於益陽之西。希崇懼，癸未，發兵二千拒之，又遣使如朗州求和，請爲鄰藩。掌書記桂林李觀象説言曰：'希萼舊將佐猶在長沙，此必不欲與公爲鄰；不若先檄希崇取其首，然後圖湖南，可兼有也。'言從之。希崇畏言，即斷都軍判官楊仲敏、掌書記劉光輔、牙内指揮使魏師進、都押牙黄勍等十餘人首，遣前辰陽縣令李翊齎送朗州；至則腐敗，言與王逵等皆以爲非仲敏等首，怒責翊，翊惶恐自殺。希崇既襲位，亦縱酒荒淫，爲政不公，語多矯妄，國人不附。初，馬希萼入長沙，彭師暠雖免死，猶杖背黜爲民；希崇以爲師暠必怨之，使送希萼於衡山，實欲師暠殺之，師暠曰：'欲使我爲弑君之人乎！'奉事逾謹。丙戌，至衡山，衡山指揮使廖偃，匡圖之子也，與其季父節度巡官匡凝謀曰：'吾家世受馬氏恩，今希萼長而被黜，必不免禍，盍相與輔之！'於是帥莊户及鄉人悉爲兵，與師暠共立希萼爲衡山王，以縣爲行府，斷江爲柵，編竹爲戰艦，以師暠爲武清節度使，召募徒衆，數日，至萬餘人，州縣多應之。遣判官劉虚己求援於唐。徐威等見希崇所爲，知必無成，又畏朗州、衡山之逼，恐一朝喪敗，俱及禍，欲殺希崇以自解。希崇微覺之，大懼，密遣客將范守牧奉表請兵于唐，唐主命邊鎬自袁州將兵萬人西趣長沙。"同卷同年十月條："唐邊鎬引兵入醴陵。癸巳，楚王希崇遣使犒軍。壬寅，遣天策府學士拓跋恒奉牋詣鎬請降。恒歎曰：'吾久不死，乃爲小兒送降狀！'癸卯，希崇帥弟侄迎鎬，望塵而拜，鎬下馬稱詔勞之。甲辰，希崇等從鎬入城，鎬舍於瀏陽門樓，湖南將吏畢賀，鎬皆厚賜之。時湖南饑饉，鎬大發馬氏倉粟賑之，楚人大悦。……馬希萼望唐人立己爲潭帥，而潭人惡希萼，共請邊鎬爲帥，唐主乃以鎬爲武安節度使。……唐邊鎬趣馬希崇帥其族入朝，馬氏聚族相泣，欲重賂鎬，奏乞留居長沙，鎬微哂曰：'國家與公家世爲仇敵，殆六十年，然未嘗敢有意窺公之國。今公兄弟鬭鬩，困窮自歸，若復二三，恐有不測之憂。'希崇無以應，十一月，辛酉，與宗族及將佐千餘人號慟登舟，送者皆哭，響振川谷。"同年十二月條："唐主以鎮南節度使兼中書令宋齊丘爲太傅；

以馬希萼爲江南西道觀察使，鎮洪州，仍賜爵楚王；以馬希崇爲永泰節度使，鎮舒州。湖南將吏，位高者拜刺史、將軍、卿監，卑者以次拜官。唐主嘉廖偃、彭師暠之忠，以偃爲左殿直軍使、萊州刺史，師暠爲殿直都虞候，賜予甚厚。湖南刺史皆入朝于唐，永州刺史王贇獨後至，唐主毒殺之。"同書卷二九一廣順二年十二月條："唐江西觀察使楚王馬希萼入朝，唐主留之，後數年，卒於金陵，謚曰恭孝。"

　　周顯德中，[1]世宗渡淮，希崇奉表至行在，[2]世宗許舉族入覲。希崇即時并家屬來朝，會世宗在渦口，[3]遂覲於行宫，賜予甚厚。希崇尋授列校、太尉。車駕歸京，其弟姪拜官者十餘人。顯德元年，卒於京師。[4]

　　[1]顯德：五代後周太祖郭威年號（954—960）。
　　[2]世宗：即柴榮。邢州龍岡（今河北邢臺市）人。後周太祖郭威養子，顯德元年（954）繼郭威爲帝，廟號世宗。紀見本書卷一一四、《新五代史》卷一二。　行在：即行在所。指帝王行幸所在之地。
　　[3]渦口：地名。渦水入淮河之處。位於今安徽懷遠縣東北。
　　[4]六年：宛委別藏本《通曆》作"元年"，據葉本改。"周顯德中"至"卒於京師"：《通曆》卷一五《承襲》。《新五代史》卷六六《楚世家》云："顯德三年，世宗征淮，下揚州，下詔撫安馬氏子孫。已而揚州復入于景，希崇率其兄弟十七人歸京師，拜右羽林統軍，希能左屯衛大將軍，希貫右千牛衛大將軍，希隱、希濬、希知、希朗皆爲節度行軍司馬。"明本《册府》卷一六七《帝王部·招懷門五》顯德三年四月條："是月，前湖南節度使馬希崇昆仲凡十有七人自揚州來見，賜衣物、鞍馬、錢帛各有差，賜以希崇爲左羽林統軍。"《輯本舊史》卷一一六《周世宗紀三》顯德

三年四月條：“丁亥，車駕發濠州，幸渦口。己丑，以前湖南節度使馬希崇爲左羽林統軍。”同書卷一二〇《周恭帝紀》顯德六年十一月丙寅條：“左羽林統軍馬希崇。”其下有原輯者案語云：“案：原本有脱誤。”所脱當即希崇卒事。可知馬希崇卒於顯德六年。

　　馬賨，許州鄢陵人，[1]馬殷弟。性沈勇，事孫儒，爲百勝指揮使。[2]孫儒敗於宣州，賨爲楊行密所執，行密收儒餘兵馬“黑雲都”，以賨爲指揮使。賨從行密攻戰，數有功，爲人質重，未嘗自矜，行密愛之，問賨誰家子，賨曰：“馬殷弟也。”行密大驚曰：“汝兄貴矣，吾今歸汝可乎？”賨不對。他日又問之，賨謝曰：“臣，孫儒敗卒也，幸公待以不死，非殺身不足報。湖南鄰境，朝夕聞殷動靜足矣，不願去也。”行密歎曰：“昔吾愛子之貌，今吾得子之心矣。然勉爲吾合二國之歡，通商賈、易有無以相資，亦所以報我也。”[3]

　　[1]馬賨，許州鄢陵人：《輯本舊史》卷一三三《馬殷傳》：“馬殷，字霸圖，許州鄢陵人也。”賨爲殷之弟，故當與之同籍，據補。又《輯本舊史》引原輯者案語：“《通鑑》作扶溝人，《歐陽史》從《薛史》。”見《通鑑》卷二五六光啓二年十二月條、《新五代史》卷六六《馬殷傳》。

　　[2]“馬殷弟”至“爲百勝指揮使”：《通鑑》卷二六五天祐元年十二月條。

　　[3]“孫儒敗於宣州”至“亦所以報我也”：《新五代史》卷六六《馬殷傳》。《新唐書》卷一九〇《劉建鋒傳》：“（馬賨）夜卧，常有光怪。”今不取。

乾化元年十二月乙卯，以朗州留後馬賨爲永順節度使、同平章事。[1]同光二年四月癸巳，以靜江軍節度使、扶風郡王賨爲檢校太師、兼中書令。[2]同光三年二月，馬賨貢方物。[3]明宗天成元年十月壬子，制：“葉盟輔國功臣、靜江軍節度使、桂管内觀察處置等使、開府儀同三司、檢校太師兼中書令、使持節桂州諸軍事、守桂州刺史、上柱國、扶風郡王、食邑六千户馬賨，可加食邑一千户，食實封一百户。”[4]長興二年正月，賨卒，廢朝，贈尚書令。[5]

[1]永順：方鎮名。治所在朗州（今湖南常德市）。　“乾化元年十二月乙卯”至“同平章事”：《通鑑》卷二六八乾化元年十二月乙卯條。

[2]“同光二年四月癸巳”至“兼中書令”：《輯本舊史》卷三一《唐莊宗紀五》同光二年四月癸巳條。

[3]同光三年二月，馬賨貢方物：明本《册府》卷一六九《帝王部·納貢獻門》。

[4]“明宗天成元年十月壬子”至“食實封一百户”：《宋本册府》卷一七八《帝王部·姑息門三》。

[5]“長興二年正月”至“贈尚書令”：《宋本册府》卷一七八。

馬存，許州鄢陵人，[1]馬殷之弟也。[2]同光二年九月乙卯，以前振武節度使、安北都護馬存可依前檢校太尉、兼侍中，充寧遠軍節度、容管觀察使。[3]長興四年六月壬申，永寧軍節度使、容州管内觀察使、檢校太尉、兼侍中存加食邑實封。[4]天福五年三月癸酉，容州節度使馬存卒。[5]

[1]馬存，許州鄢陵人：《輯本舊史》卷一三三《馬殷傳》："馬殷，字霸圖，許州鄢陵人也。"存爲殷之弟，故當與之同籍，據補。

[2]馬殷之弟也：《輯本舊史》卷三二《唐莊宗紀六》同光二年九月乙卯條。

[3]容管：方鎮名。治所在容州（今廣西容縣）。"同光二年九月乙卯"至"容管觀察使"：《輯本舊史》卷三二《唐莊宗紀六》同光二年九月乙卯條。

[4]永寧軍：方鎮名。治所在容州（今廣西容縣）。"永寧軍"疑誤，應爲"寧遠軍"。"長興四年六月壬申"至"兼侍中存加食邑實封"：《輯本舊史》卷四四《唐明宗紀六》長興四年六月壬申。

[5]天福五年三月癸酉，容州節度使馬存卒：《輯本舊史》卷七九《晉高祖紀五》天福五年三月癸酉。

馬氏自唐乾寧二年乙卯歲始有湖南之地，至周廣順元年辛亥歲爲江南所虜，凡五十七年而亡。[1]

[1]"馬氏自唐乾寧二年乙卯歲始有湖南之地"至"凡五十七年而亡"：《通曆》卷一五《承襲》。《新五代史》卷七一《十國世家年譜》徐無黨注："希萼、希崇之亂，南唐盡遷馬氏之族歸于金陵。《五代舊史》云，時廣順元年也。而《運曆圖》云乾祐二年馬氏滅者，繆也。初，殷入湖南，掘地得石，讖云：'龍起頭，豬掉尾。'蓋殷以乾寧三年歲在丙辰，自立於湖南，至廣順元年辛亥而滅。《九國志》以乾祐三年爲辛亥，《湖湘故事》以顯德元年爲辛亥者，皆繆也。惟《五代舊史》得其實。"

楊昭惲，長沙人，父謐，事馬殷爲節度行軍司馬。謐仲女爲衡陽王夫人。[1]希聲襲位，昭惲遷衡州刺史。自以地連戚里，積財貨，建大第，二子爲牙内都將，少長豪富，任氣凌下，士大夫惡之。長沙兵亂，陸孟俊怒曰：“楊氏怙寵滅義，爲國人所患久矣。”於是族滅楊氏。[2]

［1］衡陽王：即馬希聲。

［2］“楊昭惲”至“于是族滅楊氏”：《通鑑》卷二九三顯德三年（956）四月條胡注引《薛史》。《通鑑》卷二九三顯德三年四月條正文：“韓令坤敗唐兵於城東，擒陸孟俊。初，孟俊之廢馬希萼立希崇也，滅故舒州刺史楊昭惲之族而取其財，楊氏有女美，獻於希崇。令坤入揚州，希崇以楊氏遺令坤，令坤嬖之。既獲孟俊，將械送帝所；楊氏在簾下，忽撫膺慟哭，令坤驚問之，對曰：‘孟俊昔在潭州，殺妾家二百口，今日見之，請復其冤。’令坤乃殺之。”所云楊昭惲爲舒州刺史事，胡注曰：“‘舒’當作‘衡’。”然據本書卷一三三《馬希聲傳》《希萼傳》，希聲襲位於長興元年（930），陸孟俊之亂在廣順元年（951），前後相隔二十一年，楊昭惲或先爲衡州刺史，再遷舒州刺史，亦未可知。

劉言，[1]本朗州之牙將也。初，馬氏舉族爲江南所俘，[2]朗州無帥，衆乃推列校馬光惠爲武平軍留後，[3]光惠署言爲副使。既而光惠躭荒惰侈，軍情不附，遂行廢黜，以言代光惠爲留後。[4]時周廣順二年秋也。言既立，北則遣使奉表於周太祖，東亦上章於江南李景，求正授旄鉞，[5]景未之許。時邊鎬據湖南，[6]潛遣人賫金帛説誘武陵谿洞諸蠻，欲合勢以攻朗州。會李景降僞詔，徵言

赴金陵，言懼，不從僞命，以其年冬十月三日，與其節
度副使王進逵、[7]行軍司馬何敬真、[8]都指揮使周行逢等
同領舟師以襲潭州。[9]九日，攻拔益陽寨，[10]殺淮軍數
千人。十三日，至潭州城下。是夕，邊鎬領其部衆棄城
東走，[11]進逵、敬真遂入據其城。言乃遣牙將張崇嗣奉
表於周太祖，[12]且言潭州兵戈之後，焚燒殆盡，乞移使
府於朗州，從之。詔升朗州爲大都督府，在潭州
之上。[13]

[1]劉言：《新五代史》卷六六《劉言傳》：“劉言，吉州廬陵
人也。”

[2]馬氏舉族爲江南所俘：《新五代史》卷六六《馬希廣傳》：
“景遣邊鎬入楚，盡遷馬氏之族于金陵，時周廣順元年也。”

[3]馬光惠：人名。籍貫不詳。五代十國藩鎮將領。事見本書
本卷。　衆乃推列校馬光惠爲武平軍留後：《通鑑》卷二九〇廣順
元年（951）三月條：“楚王希萼既得志，多思舊怨，殺戮無度，晝
夜縱酒荒淫……士卒皆怨……帥其衆各執長柯斧、白梃，逃歸朗
州……希萼遣湖南指揮使唐師翥將千餘人追之，不及，直抵朗州；
逵等乘其疲乏，伏兵縱擊，士卒死傷殆盡，師翥脫歸。逵等黜留後
馬光贊，更以希萼兄子光惠知州事。”

[4]“既而光惠尩荒偕侈”至“以言代光惠爲留後”：《通鑑》
卷二九〇廣順元年六月條：“武平節度使馬光惠，愚懦嗜酒，不能
服諸將；王逵、周行逢、何敬真謀以辰州刺史廬陵劉言驍勇得蠻夷
心，欲迎以爲副使。言知逵等難制，曰：‘不往，將攻我。’乃單騎
赴之。既至，衆廢光惠，送于唐，推言權武平留後，表求旄節於
唐，唐人未許；亦稱藩于周。”　《新五代史》卷六六《劉言傳》：
“王進逵，武陵人也。言，初事刺史彭玕，從玕奔楚，言事希範爲

辰州刺史。進逵少爲静江軍卒,事希萼爲指揮使。希萼攻希廣,以進逵爲先鋒,陷長沙。長沙遭亂殘毀,希萼使進逵以静江兵營緝之,兵皆愁怨,進逵因擁之,夜以長柯巨斧斫關,奔歸武陵。希萼方醉,不能省,明日遣將唐壽追之,及于武陵,壽戰大敗而還。進逵乃逐出留後馬光惠,迎言於辰州以爲帥,進逵自爲副。"

[5]正:中華書局本有校勘記:"'正'原作'止',據殿本、劉本、邵本校、彭校改。"　旄鉞:亦作"節鉞""節旄"。此處代指節度使。

[6]邊鎬:《輯本舊史》之影庫本粘籤:"邊鎬,原本作'逮鎬',今從《通鑑》改正。"《通鑑》卷二八四開運二年(945)七月條"唐邊鎬拔鐔州"等,均作"邊鎬"。

[7]王進逵:人名。即王逵。武陵(今湖南常德市)人。五代十國藩鎮軍閥。事見本書本卷。

[8]何敬真:人名。武陵(今湖南常德市)人。五代十國藩鎮將領。事見本書本卷。

[9]周行逢:人名。朗州武陵(今湖南常德市)人。五代藩鎮軍閥。傳見《新五代史》卷六六。

[10]益陽:縣名。治所在今湖南益陽市。

[11]"以其年冬十月三日"至"邊鎬領其部衆棄城東走":《輯本舊史》卷一一二《周太祖紀三》廣順二年十一月丙辰條:"荆南奏,朗州大將劉言以今年十月三日領兵趨長沙,十五日至潭州。淮南所署湖南節度使邊鎬、岳州刺史宋德權並棄城遁去。"《通鑑》卷二九一廣順二年十月條:"逵等將兵分道趣長沙,以孫朗、曹進爲先鋒使,邊鎬遣指揮使郭再誠等將兵屯益陽以拒之。戊子,逵等克沅江,執都監劉承遇,裨將李師德帥衆五百降之。壬辰,逵等命軍士舉小舟自蔽,直造益陽,四面斧寨而入,遂克之,殺戍兵二千人。邊鎬告急於唐。甲午,逵等克橋口及湘陰,乙未,至潭州,邊鎬嬰城自守;救兵未至,城中兵少,丙申夜,鎬棄城走,吏民俱潰。"乙未即十二日。

[12]張崇嗣：人名。籍貫不詳。五代十國藩鎮將領。事見本書本卷。　言乃遣牙將張崇嗣奉表於周太祖：《輯本舊史》卷一一二《周太祖紀三》廣順二年十二月丙戌條：“權武平軍留後劉言遣牙將張崇嗣入奏，於十月十三日，與節度副使王進逵、行軍司馬何敬貞、指揮使周行逢等，同共部領戰棹，攻收湖南。僞節度使邊鎬當夜出奔，王進逵等已入潭州。”

[13]“且言潭州兵戈之後”至“在潭州之上”：《輯本舊史》卷一一二《周太祖紀三》廣順三年正月乙卯條：“武平軍兵馬留後劉言奏：‘潭州兵戈之後，焚燒殆盡，乞移使府於武陵。’從之。詔升朗州爲大都督府，在潭州之上。”《通鑑》卷二九一廣順二年十二月條：“劉言表稱潭州殘破，乞移使府治朗州，且請貢獻、賣茶，悉如馬氏故事；許之。”

　　廣順三年春正月，制以言爲檢校太師、同平章事、朗州大都督，[1]充武平軍節度使、制置武安靜江等軍事。又以王進逵爲武安軍節度使、何敬真爲靜江軍節度使，並檢校太尉。以周行逢領集州刺史，[2]充武安軍節度行軍司馬。[3]未幾，言遣何敬真帥軍南擊廣賊，敬真失律，奔歸潭州，爲王進逵所殺。[4]其年秋，進逵奏：“劉言與淮賊通連，差指揮使鄭玟部領兵士，[5]欲併當道，鄭玟爲軍衆所執，奔入武陵，劉言尋爲諸軍所廢，臣已至朗州安撫訖。”周太祖詔劉言宜勒歸私第，[6]委王進逵取便安置。[7]言尋遇害，朝廷乃正授進逵朗州節制。[8]

　　[1]大都督：官名。三國時始設，戰時統領地方軍政大權，後漸成常設，位高而權重。從二品。

　　[2]集州：州名。治所在今四川南江縣。《輯本舊史》之影庫

本粘籤：“集州，原本作‘佳州’，今從《宋史》改正。”見《宋史》卷四八三《湖南周氏世家》。

　　[3]充武安軍節度行軍司馬：《輯本舊史》卷一一二《周太祖紀三》廣順三年（953）正月丙辰條：“以武平軍節度使留後、檢校太尉劉言爲檢校太師、同平章事，行朗州大都督，充武平軍節度兼三司水陸轉運等使，制置武安、靜江等軍事，進封彭城郡公。”

　　[4]“未幾”至“爲王進逵所殺”：《輯本舊史》卷一一二《周太祖紀三》廣順三年二月己巳條：“朗州劉言奏，當道先遣行軍司馬何敬真率兵掩擊廣賊，行及潭州，部衆奔潰。湖南王進逵以敬真失律，已梟首訖。”

　　[5]鄭玟：人名。籍貫不詳。五代十國藩鎮將領。事見本書本卷。

　　[6]周太祖詔劉言宜勒歸私第：中華書局本有校勘記：“‘勒’原作‘勤’，據殿本、劉本、邵本、彭本、本書卷一一三《周太祖紀四》、《通曆》卷一五改。”

　　[7]“其年秋”至“委王進逵取便安置”：《輯本舊史》卷一一三《周太祖紀四》廣順三年八月甲戌條：“潭州王逵奏：‘朗州劉言與淮賊通連，差指揮使鄭玟部領兵士，欲併當道。鄭玟爲軍衆所執，奔入武陵，劉言尋爲諸軍所廢，臣已至朗州安撫訖。’詔劉言勒歸私第，委王逵取便安置。”

　　[8]言尋遇害，朝廷乃正授進逵朗州節制：《通鑑》卷二九一廣順三年八月條：“逵還長沙，以周行逢知朗州事，又遣潘叔嗣殺劉言於朗州。”《新五代史》卷六六《劉言傳》：“周太祖皆從之，乃升朗州爲武平軍，在武安軍上，以言爲節度使，因以武安授進逵，進逵自以言己所迎立，不爲之下。言患之，二人始有隙，欲相圖。進逵謀曰：‘言將可用者不過何景真、朱全琇爾，召而殺之，言可取也。’是時，劉晟取楚梧、桂、宜、蒙等州，進逵因白言召景真等會兵攻晟。言信之，遣景真、全琇往，至皆見殺。乃舉兵襲武陵，執言殺之，奉表京師，周太祖即以進逵爲武平軍節度使。”

《新五代史》卷六六《周行逢傳》：“進逵與劉言有隙，行逢爲畫謀策，襲殺言。進逵據武陵，行逢據潭州。”

　　顯德元年秋，制以武安軍節度副使周行逢爲鄂州節度使，[1]權知潭州軍府事，加檢校太尉。[2]三年春正月，世宗將伐淮甸，[3]詔進逵率兵入江南界。二月，進逵準詔而行，仍遣部將潘叔嗣領兵五千爲先鋒。[4]行及鄂州界，叔嗣迴戈以襲朗州。進逵聞之，倍道先入武陵，叔嗣遽攻其城，進逵敗，爲叔嗣所殺。遣人詣潭州，請周行逢爲帥，行逢至朗州，[5]斬叔嗣於市。[6]其年秋七月，制以行逢爲朗州大都督，充武平軍節度使，加兼侍中。[7]自是潭、朗之地，遂爲行逢所有。皇朝建隆初，就加中書令。四年，行逢卒，三軍立其子保權爲帥。未幾，朗軍亂，求救於朝廷。及王師平定荆、湖，保權入朝，由是湖湘之地盡爲王土矣。《永樂大典》卷九千九十九。[8]

　　[1]鄂州：《輯本舊史》之影庫本粘籤：“鄂州，原本作‘郁州’，今據《東都事略》改正。”見《東都事略》卷二四《周行逢傳》。

　　[2]權知潭州軍府事，加檢校太尉：《輯本舊史》卷一一四《周世宗紀一》顯德元年（954）九月甲戌條：“以武安軍節度副使、知潭州軍府事周行逢爲鄂州節度使、知潭州軍府事，加檢校太尉。”

　　[3]淮甸：指淮河流域。此處指南唐淮南。

　　[4]潘叔嗣：人名。籍貫不詳。五代十國藩鎮軍閥。後爲周行逢所殺。事見本書本卷。

　　[5]請周行逢爲帥，行逢至朗州：中華書局本有校勘記：“‘爲

帥行逢’四字原闕，據本書卷一一六《周世宗紀三》、《通曆》卷
一五補。”

[6]“二月”至“斬叔嗣於市”：《輯本舊史》卷一一六《周
世宗紀三》顯德三年二月條：“行逢至朗州，斬叔嗣於市。”《新五
代史》卷六六《周行逢傳》：“潘叔嗣殺進逵，或勸其入武陵，叔嗣
曰：‘吾殺進逵，救死而已，武陵非吾利也。’乃還岳州，遣其客將
李簡率武陵人迎行逢於潭州。行逢入武陵，或請以潭州與叔嗣，行
逢曰：‘叔嗣殺主帥，罪當死，以其迎我，未忍殺爾。若與武安，
是吾使之殺王公也。’召以爲行軍司馬。叔嗣怒，稱疾不至，行逢
怒曰：‘是又欲殺我矣。’乃陽以武安與之，召使至府受命，至則殺
之。”《通鑑》卷二九二顯德三年二月條：“潘叔嗣屬將士而告之曰：
‘吾事令公至矣，今乃信讒疑怒，軍還，必擊我，吾不能坐而待死，
汝輩能與吾俱西乎？’衆憤怒，請行，叔嗣帥之西襲朗州。逵聞之，
還軍追之，及於武陵城外，與叔嗣戰，逵敗死。”《考異》曰：“《湖
湘故事》云：‘王逵奉詔伐吳，有蜜蜂無萬數集逵傘蓋。周行逢内
喜，潛與潘叔嗣、張文表等謀曰：“我覩王公妖怪入傘，他時忽落
別人之手，我輩處身何地！我等若三人同心，共保馬氏舊基，同取
富貴，豈不是男兒哉！”叔嗣、文表聞行逢之言，已會深意，遂乃
拜受此語，各散歸營。’《廣本》：‘逵命行營副使毛立爲袁州營統軍
使，潘叔嗣、張文表爲前鋒。軍次醴陵，縣吏請具牛酒犒軍，立不
許。叔嗣、文表因士卒之怒，縛立，送于行逢，以兵叛告逵。逵大
懼，乘輕舟奔朗州，叔嗣追至朗州，殺之。’《湖湘故事》：‘逵連夜
走歸朗州，去經數日，潘叔嗣始到潭州，既聞王逵走歸朗州，亦以
舟棹倍程而趨，至朗州，殺之。’今按《世宗實錄》：‘顯德三年二
月丙寅，朗州王進逵言，領大軍入淮南界；庚寅，言入鄂州界，攻
下長山寨。癸巳，荆南高保融言進逵自鄂州領兵復歸本道。’又云：
‘潘叔嗣爲先鋒，行及鄂州，叔嗣回戈襲武陵，進逵聞之，倍道先
入武陵，叔嗣攻其城，進逵敗走，爲叔嗣所殺。’又云：‘三月壬
寅，進逵差牙將押送淮南將陳澤等。’蓋進逵未敗前奏事，三月始

達行在，與《薛史·承襲傳》及湖南傳記略同。惟《湖湘故事》及丁璲《馬氏行事記》載逵攻袁州叔嗣叛事，曹衍云：'逵三月至潭州。四月，叔嗣叛。'丁璲云：'五月五日，叔嗣殺逵于朗州。'皆妄也。周行逢據湖南，仕進尚門蔭，衍屢獻文章，不得調，退居鄉里教授。及張文表叛，辟爲幕職，事敗，逃遁，會赦，乃敢出，窮困無以自進，採摭舊聞，撰《湖湘馬氏故事》二十卷，如京師獻之。太宗憫其窮且老，授將作監丞。衍本小人，言辭鄙俚，非有意著書，故敍事顛倒，前後自相違背，以無爲有，不可勝數。素怨周行逢，尤多誣毀，不欲行逢不預叔嗣之謀，乃妄造此説。凡載行逢罪惡之甚者，皆出於衍云。璲亦國初人，疑其説得於衍書，皆不可爲據。今從《十國紀年》。"《新五代史》卷六六《劉言傳》："世宗征淮南，授進逵南面行營都統。進逵攻鄂州，過岳州，岳州刺史潘叔嗣，進逵故時同列，待進逵甚謹。進逵左右就叔嗣求賂，叔嗣不與，左右譖其短，進逵面罵之，叔嗣慚恨，語其下曰：'進逵戰勝而還，吾無遺類矣。'進逵入鄂州，方攻下長山，叔嗣以兵襲武陵。進逵聞之，輕舟而歸，與叔嗣戰武陵城外，進逵敗，見殺。"王進逵之死，《輯本舊史》卷一一六《周世宗紀三》顯德三年二月癸巳條："荆南上言，朗州節度使王進逵爲部將潘叔嗣所殺。"後有原輯者引《九國志·王逵傳》："領衆逼宜春，道出長沙，耀兵金波亭，有蜜峰集縴蓋中，占者以爲不利，遂留長沙。令行營副使毛立領兵南下，以潘叔嗣、張文表爲前鋒。叔嗣怒，至澧陵擁衆而還。逵聞兵叛，乃乘輕舸奔歸武陵，叔嗣追殺之于朗州城外。"

[7]"其年秋七月"至"加兼侍中"：《輯本舊史》卷一一六《周世宗紀三》顯德三年七月辛卯條："以武清軍節度使、知潭州軍府事周行逢爲朗州大都督、充武平軍節度使，加檢校太尉、兼侍中。"

[8]《大典》卷九〇九九"劉"字韻"姓氏（二七）"事目。

高季興　子從誨　從誨子保勗

　　高季興，字貽孫，陝州硤石人也。本名季昌，及後唐莊宗即位，[1]避其廟諱改焉。[2]幼隸於汴之賈人李七郎，梁祖以李七郎爲子，賜姓，名友讓。[3]梁祖嘗見季興於僕隸中，其耳面稍異，命友讓養之爲子。梁祖以季興爲牙將，漸能騎射。唐天復中，昭宗在岐下，梁祖圍鳳翔日久，[4]衆議欲班師，獨季興諫止之，語在《梁祖紀》中。[5]既而竟迎昭宗歸京，[6]以季興爲迎鑾毅勇功臣、檢校司空、[7]行宋州刺史。[8]從梁祖平青州，[9]改知宿州事，[10]遷潁州防禦使。[11]梁祖令復姓高氏，擢爲荆南兵馬留後。荆州自唐乾符之後，兵火互集，井邑不完，季興招葺離散，流民歸復，梁祖嘉之，乃授節鉞。[12]梁開平中，破雷彦恭於朗州，[13]加平章事。荆南舊無外壘，季興始城之，遂厚斂於民，招聚亡命，自後偛臣於吳、蜀，[14]梁氏稍不能制焉，因就封渤海王。[15]嘗攻襄州，爲孔勍所敗。[16]

　　[1]及後唐莊宗即位：《輯本舊史》卷二九《唐莊宗紀三》同光元年（923）四月己巳條：“帝升壇，祭告昊天上帝，遂即皇帝位。”

　　[2]避其廟諱改焉：《通鑑》卷二七二同光元年十月條：“荆南節度使高季昌聞帝滅梁，避唐廟諱，更名季興。”

　　[3]李七郎：即朱友讓。原名李七郎，爲汴州豪商，與朱溫結交，被收爲義子，改名朱友讓。後收高季興爲義子。事見本書卷六二、本卷。　梁祖：即梁太祖朱溫。宋州碭山（今安徽碭山縣）

人。後梁太祖。紀見本書卷一至卷七、《新五代史》卷一至卷二。

［4］岐下：即鳳翔。 鳳翔：《輯本舊史》之影庫本粘籤：“鳳翔，原本作‘龍翔’，今據《通鑑》改正。” 梁祖圍鳳翔：據《舊唐書》卷二〇上《昭宗紀》，自天復二年（902）六月丁亥至天復三年正月甲子。

［5］“衆議欲班師”至“語在《梁祖紀》中”：《新五代史》卷六九《高季興傳》：“天復二年，梁兵攻鳳翔，李茂貞堅壁不出，太祖議欲收軍還河中，季興獨進曰：‘天下豪傑窺此舉者一歲矣，今岐人已憊，破在旦夕，而大王之所慮者，閉壁以老我師，此可以誘致之也。’太祖壯其言，命季興募勇敢士，得騎士馬景，季興授以計，引見太祖。景曰：‘此行無還理，願錄其後嗣。’太祖惻然止之，景固請，乃行。景以數騎馳叩城門告曰：‘梁兵將東，前鋒去矣。’岐人以爲然，開門出追梁軍。梁兵隨景後以進，殺其九千餘人，景死之。”《通鑑》卷二六三天復二年九月條同。“語在《梁祖紀》中”，《輯本舊史·梁太祖紀》未載。

［6］既而竟迎昭宗歸京：《舊唐書》卷二〇上《昭宗紀》天復三年正月甲子條：“車駕出鳳翔，幸全忠軍。”《輯本舊史》卷二六《唐武皇紀下》同。

［7］檢校司空：中華書局本有校勘記：“‘司空’，原作‘大司空’，據《通曆》卷一五改。按唐無大司空。”

［8］宋州：州名。治所在今河南商丘市睢陽區。

［9］青州：州名。治所在今山東青州市。 從梁祖平青州：《舊唐書》卷二〇上《昭宗紀》天復三年三月壬寅條：“全忠引四鎮之兵征王師範。”同卷同年十一月丁酉條：“王師範以青州降。”

［10］宿州：州名。治所在今安徽宿州市。

［11］潁州：州名。治所在今安徽阜陽市。 防禦使：官名。唐代始置，設有都防禦使、州防禦使兩種。常由刺史或觀察使兼任，實際上爲唐代後期州或方鎮的軍政長官。

［12］“擢爲荊南兵馬留後”至“乃授節鉞”：《通鑑》卷二六

六開平元年（907）五月癸未條：“以權知荊南留後高季昌爲節度使。”《新五代史》卷六九《高季興傳》：“當唐之末，襄州趙匡凝襲破雷彦恭于荊南，以其弟匡明爲留後。梁兵攻破襄州，匡凝奔于吳，匡明奔于蜀，乃以季興爲荊南節度觀察留後。開平元年，拜季興節度使。二年，加同中書門下平章事。荊南節度十州，當唐之末，爲諸道所侵，季興始至，江陵一城而已，兵火之後，井邑凋零。季興招緝綏撫，人士歸之，乃以倪可福、鮑唐爲將帥，梁震、司空薫、王保義等爲賓客。太祖崩，季興見梁日以衰弱，乃謀阻兵自固，治城隍，設樓櫓。以兵攻歸、峽，爲蜀將王宗壽所敗。又發兵聲言助梁擊晉，以侵襄州，爲孔勍所敗，乃絶貢賦累年。梁末帝優容之，封季興渤海王，賜以衮冕劍佩。貞明三年，始復脩貢。”

[13]梁開平中，破雷彦恭於朗州：《通鑑》卷二六六開平元年十月條：“高季昌遣其將倪可福會楚將秦彦暉攻朗州，雷彦恭遣使乞降於淮南，且告急。”

[14]吳：指楊吳政權。　蜀：指前蜀。

[15]因就封渤海王：《通鑑》卷二六八乾化三年（913）八月條：“賜高季昌爵勃海王。”

[16]孔勍：人名。兗州（今山東濟寧市兗州區）人。唐末、五代藩鎮軍閥。傳見本書卷六四。　嘗攻襄州，爲孔勍所敗：《通鑑》卷二六八乾化二年十二月條：“高季昌出兵，聲言助梁伐晉，進攻襄州，山南東道節度使孔勍擊敗之。”

　　及莊宗定天下，季興來朝於洛陽，加兼中書令，時論多請留之，郭崇韜以方推信義於華夏，請放歸藩。季興促程而去，至襄州，酒酣，謂孔勍曰：“是行有二錯：來朝一錯，放迴二錯。”[1]洎至荊南，[2]謂賓佐曰：“新主百戰方得河南，對勳臣誇手抄《春秋》；又豎手指云：‘我於指頭上得天下。’如此則功在一人，臣佐何有！且遊獵旬日不迴，中外之情，其何以堪，吾高枕無憂矣。"乃增築西面羅城，備禦敵之具。時梁朝舊軍多爲季興所誘，由是兵衆漸多，跋扈之志堅矣。明年，册拜南平王。[3]魏王繼岌平蜀，[4]盡遷其寶貨，[5]浮江而下，船至峽口，[6]會莊宗遇禍，[7]季興盡邀取之。[8]明宗即位，[9]復請夔、峽爲屬郡，初俞其請，[10]後朝廷除刺史，季興上言，稱已令子弟權知郡事，請不除刺史。[11]不臣之狀既形，詔削奪其官爵。[12]天成初，命西方鄴興師收復三州，[13]又遣襄州節度使劉訓總兵圍荆南，以問其罪，[14]屬霖潦，班師。[15]三年冬，季興病脚氣而卒。[16]其子從誨嗣立，累表謝罪，請修職貢。[17]由是復季興官爵，[18]謚曰武信。《永樂大典》卷一萬八千三百一十一。[19]

[1]"謂孔勍曰"至"放迴二錯"：中華書局本引《舊五代史考異》："案：《歐陽史》作季興謂梁震語，與《薛史》作孔勍異。"見《新五代史》卷六九《高季興傳》。

[2]洎至荆南：《新五代史》卷六九《高季興傳》："梁亡，唐莊宗入洛，下詔慰諭季興，司空薰等皆勸季興入朝京師，梁震以爲不可，曰：'梁、唐世爲仇敵，夾河血戰垂二十年，今主上新滅梁。而大王梁室故臣，握彊兵，居重鎮，以身入朝，行爲虜爾。'季興不聽，留其二子，以騎士三百爲衛，朝于洛陽。莊宗果欲留之，郭崇韜諫曰：'唐新滅梁得天下，方以大信示人，今四方諸侯相繼入貢，不過遣子弟將史，而季興以身述職，爲諸侯率，宜加恩禮，以諷動來者。而反縻之，示天下以不廣，且絶四方内向之意，不可。'莊宗乃止，厚禮而遣之。莊宗嘗問季興曰：'吾已滅梁，欲征吳、蜀，何者爲先？'季興曰：'宜先蜀，臣請以本道兵先進。'莊宗大悦，以手拊其背，季興因命工繡其手迹於衣，歸以爲榮耀。季興已

去，莊宗心悔遣之，密詔襄州劉訓圖之。季興行至襄州，心動，夜斬關而出，已去，而詔書夜至。季興歸而謂梁震曰：‘不聽子言，幾不免。’”《通鑑》卷二七二同光元年（923）十二月條《考異》：“《五代史補》：‘季興行已浹旬，莊宗且悔，遽以急詔命襄州節度使劉訓伺便圖之，無何，季興至襄州，就館而心動，謂親吏曰：“梁先輩之言中矣。與其住而生，不若去而死。”遂棄輜重，與部曲數百人南走，至鳳林關，已昏黑，於是斬關而出。是夜三更，向之急詔果至，劉訓度其去遠不可及而止。’王舉《天下大定錄》亦云：‘莊宗遣使追之不及。’按季興自疑，故斬關夜遁耳，未必莊宗追之也。今從《薛史》。”見《五代史補》卷四梁震褲讚。

[3]南平：《輯本舊史》之影庫本粘籤：“南平，原本作‘南興’，今據《十國春秋》改正。”　冊拜南平王：《輯本舊史》卷三一《唐莊宗紀五》同光二年三月丙午條：“以荊南節度使、守中書令、渤海王高季興依前檢校太師、兼尚書令，封南平王。”《通鑑》卷二七三同。《新五代史》卷六九《高季興傳》繫此事於同光三年。

[4]魏王繼岌：人名。即李繼岌。沙陀部人。代州雁門（今山西代縣）人。後唐莊宗李存勗長子。曾率部攻滅前蜀，聞其父爲亂兵所殺後自縊身亡。傳見本書卷五一。　魏王繼岌平蜀：《輯本舊史》卷三三《唐莊宗紀七》同光三年十一月丙辰條：“蜀主王衍出降。”同書卷三四《唐莊宗紀八》同光四年正月甲子條：“魏王繼岌殺樞密使郭崇韜於西川，夷其族。”

[5]盡遷其寶貨：中華書局本有校勘記：“‘遷’，原作‘選’，據《通曆》卷一五改。按《通鑑》卷二七五敘其事作‘魏王繼岌遣押牙韓珙等部送蜀珍貨金帛四十萬’。”

[6]峽口：地名。即西陵峽口。位於今湖北宜昌市夷陵區西。

[7]會莊宗遇禍：《輯本舊史》卷三四《唐莊宗紀八》同光四年四月丁丑條：“從馬直指揮使郭從謙自本營率所部抽戈露刃，至興教門大呼，與黃甲兩軍引弓射興教門。帝聞其變，自宮中率諸王

近衛禦之，逐亂兵出門。既而焚興教門，緣城而入，登宮牆譁譟。帝御親軍格鬬，殺亂兵數百。俄而帝爲流矢所中，亭午，崩於絳霄殿之廡下，時年四十三。"

[8]季興盡邀取之：《新五代史》卷六九《高季興傳》："魏王繼岌已破蜀，得蜀金帛四十餘萬，自峽而下，而莊宗之難作。季興聞京師有變，乃悉邀留蜀物，而殺其使者韓玘等十餘人。"

[9]明宗即位：《輯本舊史》卷三六《唐明宗紀二》天成元年（926）四月丙午條："乃於柩前即皇帝位。"

[10]夔：州名。治所在今重慶奉節縣。　峽：州名。即硤州。治所在今湖北宜昌市夷陵區。　復請夔、峽爲屬郡、初俞其請：《輯本舊史》卷三六《唐明宗紀二》天成元年六月甲寅條："荆南節度使高季興上言：'夔、忠、萬三州，舊是當道屬郡，先被西川侵據，今乞却割隸本管。' 詔可之，其夔州，僞蜀先曾建節，宜依舊除刺史。"《通鑑》卷二七五天成元年六月條："高季興表求夔、忠、萬三州爲屬郡，詔許之。"胡注曰："莊宗之伐蜀也，詔高季興自取夔、忠、萬三州爲巡屬；季興不能取。王衍既敗，三州歸唐，季興乃求爲巡屬，雖不許可也。爲季興不式王命、興兵致討張本。"《考異》曰："《莊宗實錄》云：'王建於夔州置鎮江軍節度，以夔、忠、萬、施爲屬郡。雲安監有榷鹽之利，建升爲安州。上舉軍平蜀，詔季興自收元管屬郡。荆南軍未進，夔州連帥以州降繼岌。'《十國紀年·荆南史》：'天成元年二月，王表請夔、忠、萬三州及雲安監隸本道；莊宗許之。詔命未下，莊宗遇弒。六月，王表求三州；明宗許之。'劉恕按，《莊宗實錄》及《薛史·帝紀》，'同光三年十一月庚戌，荆南高季興奏收復夔、忠等州'；曾顏《勃海行年記》云'得夔、忠、萬等州'；《明宗實錄》及《薛史·韋説傳》云：'討西蜀，季興請攻峽內，先朝許之，如能得三州，俾爲屬郡。三川既定，季興無尺寸之功。'《莊宗實錄》：'同光四年三月丙寅，高季興請峽內夔、忠、萬等州割歸當道。'《明宗實錄》：'天成元年六月甲寅，高季興奏："去冬先朝詔命攻取峽內屬郡，尋有施州官

吏知臣上峽，率先歸投，忠、萬、夔三州且夕期於收復，被郭崇韜專將文字約臣回歸，方欲陳論，便值更變。'"此説頗近實，故從之。蓋三年十月，夔、忠、萬三州降於繼岌，十一月庚戌，季興奏請三州爲屬郡，《舊史》誤云奏收復也。《行年記》差繆最多，不可爲據。或者夔州雖自降於繼岌，季興表云收復三州，攘爲己功，亦無足怪。今從《明宗實録》。"見《輯本舊史》卷三三《唐莊宗紀七》、卷六七《韋説傳》。

[11]請不除刺史：《輯本舊史》卷三七《唐明宗紀三》天成元年八月己亥條："荆南高季興上言，峽内三州，請朝廷不除刺史。"

[12]詔削奪其官爵：《輯本舊史》卷三八《唐明宗紀四》天成二年二月壬寅條："制曰：'荆南節度使、開府儀同三司、守太尉、兼尚書令、南平王高季興可削奪官爵。"

[13]西方鄴：人名。定州滿城（今河北保定市滿城區）人。五代後唐將領。傳見本書卷六一、《新五代史》卷二五。 天成初，命西方鄴興師收復三州：《輯本舊史》卷三八《唐明宗紀四》天成二年七月甲子條："夔州刺史西方鄴奏，殺敗荆南賊軍，收峽内三州。"《舊五代史考異》："案《通鑑》：六月，西方鄴敗荆南水軍于峽中，復取夔、忠、萬三州。《薛史》繫七月甲子，蓋以奏聞之日爲據。《歐陽史》與《薛史》同。"

[14]劉訓：人名。隰州永和（今山西永和縣）人。五代藩鎮將領。傳見本書卷六一。 又遣襄州節度使劉訓總兵圍荆南，以問其罪：《輯本舊史》卷三八《唐明宗紀四》天成二年二月壬寅條："仍令襄州節度使劉訓充南面招討使、知荆南行府事，許州節度使夏魯奇爲副招討使，統蕃漢馬步四萬人進討，以其叛故也。"

[15]屬霖潦，班師：《新五代史》卷六九《高季興傳》："初，唐兵伐蜀，季興請以本道兵自取夔、忠、萬、歸、峽等州，乃以季興爲峽路東南面招討使，而季興未嘗出兵。魏王已破蜀，而明宗入立，季興因請夔、忠等州爲屬郡，唐大臣以爲季興請自取之，而兵出無功，不與。季興屢請，雖不得已而與之，而唐猶自除刺史，季

興拒而不納。明宗乃以襄州劉訓爲招討使。攻之不克，而唐别將西方鄴克其夔、忠、萬三州，季興遂以荆、歸、峽三州臣于吳，吳册季興秦王。”

[16]季興病脚氣而卒：《輯本舊史》卷三九《唐明宗紀五》天成三年十一月壬午條：“房知温奏，荆南高季興卒。”《通鑑》卷二七六天成三年十二月條：“荆南節度使高季興寢疾，命其子行軍司馬、忠義節度使、同平章事從誨權知軍府事；丙辰，季興卒。”《考異》曰：“《唐明宗實録》：‘天成三年十一月壬午，房知温奏高季興卒。’《烈祖實録》亦云‘乾貞二年十一月，季興卒’。蓋傳聞之誤。按陶穀《季興神道碑》及《勃海行年記》，皆云‘十二月十五日卒’，今從之。”

[17]“其子從誨嗣立”至“請修職貢”：《輯本舊史》卷四〇《唐明宗紀六》天成四年五月丙申條：“襄州奏，荆南高從誨乞歸順。”同年六月丙辰條：“權知荆南軍府事高從誨上章首罪，乞修職貢，仍進銀三千兩贖罪。”《舊五代史考異》：“案：《通鑑》作庚申。”孔本案語：“案《通鑑》：庚申，高從誨自稱前荆南行軍司馬、歸州刺史，上表求内附。《薛史》作丙辰，與《通鑑》異。”

[18]由是復季興官爵：《輯本舊史》卷四〇《唐明宗紀六》天成四年十月己酉條：“制復故荆南節度使高季興官爵。”

[19]《大典》卷一八三一一“藏”字韻“大上一乘海空智藏經（四）”事目，誤。當爲卷一八一三〇，“將”字韻“後唐將（三）”事目。

從誨，[1]初仕梁，歷殿前控鶴都頭、[2]鞍轡庫副使、[3]左軍巡使、[4]如京使、[5]左千牛大將軍、[6]荆南牙内都指揮使、[7]領濠州刺史、[8]改歸州刺史、[9]累官至檢校太傅。初，季興之將叛也，從誨常泣諫之，季興不從。天成三年冬，季興薨，[10]從誨乃上表謝罪，復修職貢。[11]明宗嘉之，尋命起復，授荆南節度使、兼侍中。[12]長興三年，加檢校太尉。[13]應順中，封南平王。[14]清泰初，加檢校太師。晉天福中，加守中書令。六年，襄州安從進反，王師攻討，[15]從誨饋軍食以助焉，[16]詔書褒美。尋加守尚書令，從誨上章固讓，朝廷遣使敦勉，竟不受其命。時有術士言從誨年命有厄，宜退避寵禄故也。[17]及契丹入汴，[18]漢高祖起義於太原，間道遣使奉貢，密有祈請，言俟車駕定河汴，[19]願賜郢州爲屬郡，漢祖依違之。及入汴，從誨致貢，求踐前言，漢高祖不從。從誨怒，率州兵攻郢州，[20]旬日，爲刺史尹實所敗，[21]自是朝貢不至。從誨東通於吳，西通於蜀，皆利其供軍財貨而已。[22]末年，以鎮星在翼軫之分，[23]乃釋羅紈，衣布素，飲食節儉，以禳灾咎。尋令人祈託襄州安審琦，[24]請歸朝待罪，朝廷亦開納之。[25]漢乾祐元年冬十一月，以疾薨於位。[26]詔贈尚書令，謚曰文獻。[27]

[1]從誨：《新五代史》卷六九《高從誨傳》：“從誨，字遵聖。”

[2]控鶴都頭：官名。唐末五代時，“都”爲指揮以下的軍事編制。《武經總要》卷二：“凡五百人爲一指揮，其別有五都，都一百人，統以一營居之。”都的長官稱爲都頭。控鶴爲部隊番號。

[3]鞍轡庫副使：官名。協助鞍轡庫使掌御馬鞍轡。唐後期神策軍中置御鞍轡庫，五代置鞍轡庫使，副使爲其副職。

[4]左軍巡使：官名。唐末始置。五代後梁在開封府置左、右軍巡使，以牙校充任。掌京城内争鬥等事。

［5］如京使：官名。唐五代諸司使之一。如京使取《詩經・小雅・甫田》“如砥如京”之意，其職任相當於倉監督。

［6］左千牛大將軍：官名。即左千牛衛大將軍。唐置，掌宮禁宿衛。唐代置十六衛，即左右衛、左右驍衛、左右武衛、左右威衛、左右領軍衛、左右金吾衛、左右監門衛、左右千牛衛，各置上將軍，從二品；大將軍，正三品；將軍，從三品。

［7］牙内都指揮使：官名。即衙内都指揮使。唐、五代時期衙内指揮使爲節度使府衙内之牙將，統最親近衛兵，高一級的稱衙内都指揮使。

［8］濠州：州名。治所在今安徽鳳陽縣。　領濠州刺史：《輯本舊史》卷九《梁末帝紀中》貞明四年（914）五月甲戌條：“以荆南衙内馬步軍都指揮使、檢校司徒高從誨領濠州刺史。”

［9］歸州：州名。治所在今湖北秭歸縣。

［10］季興薨：《輯本舊史》卷三九《唐明宗紀五》天成三年（928）十一月壬午條：“房知溫奏，荆南高季興卒。”《通鑑》卷二七六天成三年十二月條：“荆南節度使高季興寢疾，命其子行軍司馬、忠義節度使、同平章事從誨權知軍府事；丙辰，季興卒。”《考異》曰：“《唐明宗實録》：‘天成三年十一月壬午，房知溫奏高季興卒。’《烈祖實録》亦云‘乾貞二年十一月，季興卒’。蓋傳聞之誤。按陶穀《季興神道碑》及《勃海行年記》，皆云‘十二月十五日卒’，今從之。”

［11］從誨乃上表謝罪，復修職貢：《輯本舊史》卷四〇《唐明宗紀六》天成四年五月丙申條：“襄州奏，荆南高從誨乞歸順。”同年六月丙辰條：“權知荆南軍府事高從誨上章首罪，乞修職貢，仍進銀三千兩贖罪。”《舊五代史考異》：“案：《通鑑》作庚申。”孔本案語：“案《通鑑》：庚申，高從誨自稱前荆南行軍司馬、歸州刺史，上表求内附。《薛史》作丙辰，與《通鑑》異。”《新五代史》卷六九《高從誨傳》：“季興卒，吳以從誨爲荆南節度使。從誨以父自絶于唐，懼復見討，乃遣使者聘于楚，楚王馬殷爲之請命于唐，

而從誨亦遣押衙劉知謙奉表自歸，進贖罪銀三千兩，明宗納之。"

[12]"明宗嘉之"至"兼侍中"：《輯本舊史》卷四〇《唐明宗紀六》天成四年七月甲申條："以前荆南行軍司馬、檢校太傅高從誨起復，授檢校太傅、兼侍中，充荆南節度使。"

[13]加檢校太尉：《輯本舊史》卷四三《唐明宗紀九》長興三年（932）九月甲申條："荆南節度使、檢校太傅、兼中書令高從誨加檢校太尉、兼中書令。"

[14]應順：後唐愍帝（閔帝）李從厚年號（934）。 封南平王：《輯本舊史》卷四五《唐閔帝紀》應順元年正月壬辰條："荆南節度使、檢校太尉、兼中書令高從誨封南平王。"

[15]襄州安從進反，王師攻討：《輯本舊史》卷八〇《晋高祖紀六》天福六年（941）十一月丁丑條："襄州安從進舉兵叛。"《新五代史》卷六九《高從誨傳》："從誨爲人明敏，多權詐。晋高祖遣翰林學士陶穀爲從誨生辰國信使，從誨宴穀望沙樓，大陳戰艦于樓下，謂穀曰：'吳、蜀不賓久矣，願脩武備，習水戰，以待師期。'穀還，具道其語，晋高祖大喜，復遣使賜以甲馬百匹。襄州安從進反，結從誨爲援，從誨外爲拒絕，陰與之通。晋師致討，從誨遣將李端以舟師爲應，從進誅，從誨求郢州爲屬郡，高祖不許。"

[16]從誨饋軍食以助焉：中華書局本有校勘記："'從誨'下《册府》卷三八七有'起戰棹'三字。"

[17]退避：《輯本舊史》之影庫本粘籤："退避，原本脱'退'字，今從《册府元龜》改正。" "尋加守尚書令"至"退避寵禄故也"：《輯本舊史》卷八一《晋少帝紀一》天福七年九月癸巳條："荆南高從誨累表讓尚書令之命。"明本《册府》卷四〇九《將帥部·退讓門》："高從誨，少帝時爲荆南節度使。從誨累表陳讓新命，時朝廷遣内班劉從貞傳宣，不令表辭。從貞馳奏云：'臣到荆州南，具傳聖旨。從誨云："臣有志，不願官崇，所奏非矯飾也。今再差人固讓，必望寢停。縱降使臣，不敢迎受。"'蓋從誨以術者言數運有災，宜避其尊寵故也。"

［18］及契丹入汴：中華書局本有校勘記："'入汴'，孔本校、《通曆》卷一五作'犯闕'。"

［19］河汴：指黃河、汴河。

［20］率州兵攻郢州：《輯本舊史》卷一〇一《漢隱帝紀上》乾祐元年四月壬午條："郢州刺史尹實奏，荊南起兵在境上，欲攻城。"

［21］尹實：人名。籍貫不詳。唐末、五代藩鎮軍閥。事見本書本卷、卷一〇一。

［22］"從誨東通於吳"至"皆利其供軍財貨而已"：《新五代史》卷六九《高從誨傳》："荊南地狹兵弱，介於吳、楚爲小國。自吳稱帝，而南漢、閩、楚皆奉梁正朔，歲時貢奉，皆假道荊南。季興、從誨常邀留其使者，掠取其物，而諸道以書責誚，或發兵加討，即復還之而無媿。其後南漢與閩、蜀皆稱帝，從誨所嚮稱臣，蓋利其賜予。俚俗語謂奪攘苟得無媿恥者爲'賴子'，猶言無賴也，故諸國皆目爲'高賴子'。"

［23］鎮星：星名，即土星。約二十八年行經黃道二十八宿一周天，每年經一宿，似輪流坐鎮，故名。星占家認爲，鎮星五行屬土，時令屬夏，方位屬中央，主宮庭。故鎮星必待四星有失而後動。

［24］安審琦：人名。沙陀部人。五代將領。歷仕後唐、後晉、後漢、後周。傳見本書卷一二三。

［25］請歸朝待罪，朝廷亦開納之：《輯本舊史》卷一〇一《漢隱帝紀上》乾祐元年（948）六月辛卯條："荊南節度使高從誨上表歸命。從誨嘗拒朝命，至是方遣牙將劉扶詣闕請罪。"

［26］以疾薨於位：《舊五代史考異》："案：《歐陽史》作十月。"見《新五代史》卷六九《高從誨傳》。《輯本舊史》卷一〇一《漢隱帝紀上》乾祐元年十一月辛酉條："荊南奏，節度使高從誨卒。"《通鑑》卷二八八乾祐元年十月條："荊南節度使南平文獻王高從誨寢疾，以其子節度副使保融判內外兵馬事。癸卯，從誨卒。"

[27]詔贈尚書令，謚曰文獻：《宋本册府》卷五九六《掌禮部·謚法門》："漢高從誨爲荆南節度使、南平王，乾祐二年卒。敕：'宜令太常定謚。'故事：臣下請謚，即故吏陳行狀，上考功，覆奏下，乃議謚。今降敕，新例也。"

　　子保融嗣，[1]位至荆南節度使、[2]守太傅、中書令，封南平王。[3]皇朝建隆元年秋卒，謚曰貞懿。

　　[1]子保融嗣：《新五代史》卷六九《高從誨傳》："子保融立。從誨十五子，長曰保勳，次保正，保融第三子也，不知其得立之因。"《新五代史》卷六九《高保融傳》："保融，字德長。從誨時，爲節度副使，兼峽州刺史。從誨卒，拜節度使。廣順元年，封渤海郡王。顯德元年，進封南平王。世宗征淮，保融遣指揮使魏璘率兵三千，出夏口以爲應。又遣客將劉扶奉牋南唐，勸其内附。李景稱臣，世宗得保融所與牋，大喜，賜以絹百匹。荆南自後唐以來，常數歲一貢京師，而中間兩絶。及世宗時，無歲不貢矣。保融以謂器械金帛，皆土地常產，不足以効誠節，乃遣其弟保紳來朝，世宗益嘉之。初，季興之鎮，梁以兵五千爲牙兵，衣食皆給於梁。至明宗時，歲給以鹽萬三千石，後不復給。及世宗平淮，故命泰州給之。保融性迂緩，無材能，而事無大小，皆委其弟保勗。其從叔從義謀爲亂，爲其徒高知訓所告，徙之松滋而殺之。宋興，保融懼，一歲之間三入貢。建隆元年，以疾卒，年四十一，贈太尉，謚曰貞懿。弟保勗立。"

　　[2]位至荆南節度使：《輯本舊史》卷一〇一《漢隱帝紀上》乾祐元年（948）十二月丁丑條："荆南節度副使、檢校太傅、行峽州刺史高保融起復，授荆南節度使、檢校太尉、同平章事、渤海郡侯。"

　　[3]封南平王：《輯本舊史》卷一一三《周太祖紀四》顯德元

年正月庚辰條："荆南高保融進封南平王。"

其諸將之倚任者，則有王保義。保義本姓劉，名去非，幽州人。[1]少爲縣吏，粗暴無行，習騎射，敢鬭擊。劉仁恭之子守奇善射，[2]唯去非許以爲能。守奇以兄守光奪父位，[3]亡入契丹，[4]又自契丹奔太原，去非皆從之。莊宗之伐燕也，[5]守奇從周德威引軍前進，[6]師次涿州，刺史姜行敢登陴固守，[7]去非呼行敢曰："河東小劉郎領軍來爲父除兇，爾何敢拒！"守奇免胄勞之，行敢遥拜，即開門迎降。[8]德威害其功，密告莊宗，言守奇心不可保。莊宗召守奇還計事，行次土門，[9]去非説守奇曰："公不施寸兵下涿郡，周公以得非己力，必有如簧之間，太原不宜往也。公家於梁，素有君臣之分，宜往依之，介福萬全矣。"守奇乃奔梁，[10]梁以守奇爲滄州留後，[11]以去非爲河陽行軍司馬。[12]時謝彦章移去非爲鄆州刺史。[13]及莊宗平河、洛，[14]去非乃棄郡歸高季興，爲行軍司馬，仍改易姓名。自是季興父子倚爲腹心，凡守藩規畫，出兵方略，言必從之。乾祐元年夏，高從誨奏爲武泰軍節度留後，[15]依前荆南行軍司馬，加檢校太尉。[16]後卒於江陵。[17]《永樂大典》卷一萬八千一百一十一。[18]

[1]幽州：州名。治所在今北京市。

[2]劉仁恭：人名。深州樂壽（今河北獻縣）人。唐末、五代軍閥。傳見《新唐書》卷二一二。　守奇：人名。即劉守奇。深州樂壽（今河北獻縣）人。唐末幽州節度使、燕王劉仁恭之子，劉守

光之弟。唐末、五代將領。事見本書本卷。

[3]守光：人名。即劉守光。深州樂壽（今河北獻縣）人。幽州節度使劉仁恭之子。唐末、五代軍閥。後自稱大燕皇帝，年號應天。被後唐莊宗擊敗，俘後被斬。傳見本書卷一三五、《新五代史》卷三九。　守奇以兄守光奪父位：《輯本舊史》卷一三五《劉守光傳》天祐四年四月條：“守光乃自爲幽州節度，令其部將李小喜、元行欽將兵攻大安山。仁恭遣兵拒戰，爲小喜所敗，乃擄仁恭歸幽州，囚於別室。”

[4]契丹：古部族、政權名。公元 4 世紀中葉宇文部爲前燕攻破，始分離而成單獨的部落，自號契丹。唐貞觀中，置松漠都督府，以其首領爲都督。唐末強盛，916 年迭刺部耶律阿保機建立契丹國（遼）。先後與五代、北宋並立，保大五年（1125）爲金所滅。參見張正明《契丹史略》，中華書局 1979 年版。

[5]燕：封國名。指唐末河北方鎮盧龍軍。劉仁恭、劉守光父子先後爲盧龍節度使、燕王。　莊宗之伐燕也：《輯本舊史》卷二七《唐莊宗紀一》天祐八年（912）十二月甲子條：“帝遣周德威、劉光濬、李嗣源及諸將率蕃漢之兵發晋陽，伐劉守光於幽州。”同書卷二八《唐莊宗紀二》天祐十年十二月條：“癸酉，檀州燕樂縣人執劉守光并妻李氏祝氏、子繼祚以獻。己卯，帝下令班師，自雲、代而旋。”

[6]周德威：人名。朔州馬邑（今山西朔州市朔城區東北）人。唐末、五代河東將領。傳見本書卷五六、《新五代史》卷二五。

[7]涿州：州名。治所在今河北涿州市。　姜行敢：人名。籍貫不詳。五代劉仁恭部將。事見本書本卷。

[8]“守奇從周德威引軍前進”至“即開門迎降”：《輯本舊史》卷二七《唐莊宗紀一》天祐九年正月庚子條：“次涿州，刺史劉知溫以城歸順。德威進迫幽州，守光出兵拒戰，燕將王行方等以部下四百人來奔。”《通鑑》卷二六八乾化二年（912）正月戊子條：“圍涿州。刺史劉知溫城守，劉守奇之客劉去非大呼於城下，

謂知溫曰：‘河東小劉郎來爲父討賊，何豫汝事而堅守邪？’守奇免胄勞之，知溫拜於城上，遂降。”

[9]土門：關隘名。即井陘關。位於今河北井陘縣北井陘山上。

[10]“德威害其功”至“守奇乃奔梁”：《通鑑》卷二六八乾化二年正月條：“周德威疾守奇之功，譖諸晉王，王召之；守奇恐獲罪，與去非及進士趙鳳來奔。”

[11]滄州：州名。治所在今河北滄縣舊州鎮。　梁以守奇爲滄州留後：《輯本舊史》卷八《梁末帝紀上》乾化三年五月條：“師厚表請以萬進爲青州節度使，以劉守奇爲滄州節度使。”

[12]河陽：方鎮名。全稱“河陽三城”。治所在孟州（今河南孟州市）。

[13]謝彥章：人名。許州（今河南許昌市）人。五代後梁將領。傳見本書卷一六、《新五代史》卷二三。　時謝彥章移去非爲鄆州刺史：《輯本舊史》卷九《梁末帝紀中》貞明四年（918）八月乙丑條：“以左驍衛將軍劉去非爲鄆州刺史。”

[14]及莊宗平河、洛：《輯本舊史》卷三〇《唐莊宗紀四》同光元年（923）十月己卯條：“遲明，前軍至汴城，嗣源令左右捉生攻封丘門，梁開封尹王瓚請以城降。俄而帝與大軍繼至，王瓚迎帝自大梁門入。”

[15]武泰軍：方鎮名。治所在黔州（今重慶彭水苗族土家族自治縣）。

[16]“去非乃棄郡歸高季興”至“加檢校太尉”：《輯本舊史》卷七六《晋高祖紀二》天福二年（937）六月乙未條：“攝荆南節度行軍司馬、檢校太保、歸州刺史王保義加檢校太傅、知武泰軍節度觀察留後、充荆南行軍司馬兼沿淮巡檢使。”《輯本舊史》卷一〇二《漢隱帝紀中》乾祐二年（949）四月丙子條：“以荆南節度行軍司馬、武泰軍節度留後王保義爲檢校太尉，領武泰軍節度使，行軍如故。”按，高從誨卒於漢乾祐元年，《輯本舊史》卷一〇二《漢隱帝紀中》有誤。

〔17〕江陵：地名。荆州別稱，位於今湖北荆州市。

〔18〕《大典》卷一八一一一"將"字韻"唐將（三）"事目，誤。

　　保勗，季興之幼子也。[1]鍾愛尤甚，季興在世時，或因事盛怒，左右不敢竊視，唯保勗一見，季興則怒自解，故荆人目之爲"萬事休"。[2]皇朝建隆四年春卒。[3]是歲，荆門之地不爲高氏所有，則"萬事休"之言，蓋先兆也。《永樂大典》卷五千五百三十九。[4]

　　〔1〕保勗，季興之幼子也：中華書局本有校勘記："《新五代史》卷六九《南平世家》、《宋史》卷四八三《荆南高氏世家》云其爲'從誨第十子'，《續資治通鑑長編》卷一、《宋史》卷四八三《荆南高氏世家》皆云其爲保融弟。按從誨長子名保勗，次保正、保融，名内均有'保'字，保勗當爲從誨子。"

　　〔2〕"季興在世時"至"故荆人目之爲'萬事休'"：中華書局本有校勘記："《續資治通鑑長編》卷一、《宋史》卷四八三《荆南高氏世家》、《隆平集》卷一二、《東都事略》卷二四皆記作高從誨事。"

　　〔3〕皇朝建隆四年春卒：《舊五代史考異》："案：《歐陽史》作三年十一月。"《新五代史》卷六九《高保勗傳》："保勗字省躬，從誨第十子也。保融卒，拜節度使。三年，保勗疾，謂其將梁延嗣曰：'我疾遂不起，兄弟孰可付之後事者？'延嗣曰：'公不念貞懿王乎？先王寢疾，以軍府付公，今先王子繼沖長矣。'保勗曰：'子言是也。'即以繼沖判内外兵馬。十一月，保勗卒，年三十九，贈侍中。保融之子繼沖立。"

　　〔4〕《大典》卷五五三九"高"字韻"姓氏（七）"事目。後有原輯者引《五代史補》："高季興，本陝州陝人。爲太祖裨將，

出爲郢州防禦使。時荆南成汭征鄂州，不利而卒，太祖命季興爲荆南留後。到未幾，會武陵土豪雷彦恭作亂，季興破之，遂以功授荆南節鉞。莊宗定天下，季興首入覲，因拜中書令，封南平王。初，季興嘗從梁太祖出征，引軍早發，至逆旅，未曉，有嫗秉燭迎門，具禮甚厚。季興疑而問之，對曰：‘妾適夢有人叩關，呼曰：“速起，速起，有裂土王來。”及起，盥嗽畢，秉燭開門，而君子奄至，得非所謂王者耶，所以不敢褻慢爾。’季興喜，及來荆南，竟至封王。高從誨，季興之庶子而處長，爲性寬厚，雖士人不如也。天成中，季興叛，從誨力諫之，不從。及季興卒，朝廷知從誨忠，使嗣，亦封南平王。初，季興之事梁也，每行軍，常以愛姬張氏自隨。一旦軍敗，攜之而竄，遇夜，悞入深澗中。時張氏方姙行遲，季興恐爲所累，俟其寢酣，以劍刺岸邊，欲壓殺之，然後馳去。既而岸欲崩，張氏且驚起，呼季興曰：‘妾適夢大山崩而壓妾身，有神人披金甲執戈以手托之，遂免。’季興聞之，謂必生貴子，遂挈之行，後生從誨。梁震，蜀郡人。有才略，登第後寓江陵，高季興素聞其名，欲任爲判官。震恥之，然難於拒，恐禍及，因謂季興曰：‘本山野鄙夫也，非有意於爵祿，若公不以孤陋，令陪軍中末議，但白衣從事可矣。’季興奇而許之，自是震出入門下，稱前進士而已。同光中，莊宗得天下，季興懼而入覲，時幕客皆贊成，震獨以爲不可，謂季興曰：‘大王本梁朝，與今上世稱讎敵，血戰二十年，卒爲今上所滅，神器大寶雖歸其手，恐餘怒未息，觀其舊將，得無加害之心，宜深慮焉。’季興不從。及至，莊宗果欲留之，樞密郭崇韜切諫，以爲不可：‘天下既定，四方諸侯雖相繼稱慶，然不過子弟與將吏耳，惟季興能躬自入覲，可謂尊獎王室者也。禮待不聞加等，反欲留縻之，何以來遠臣，恐此事一行，則天下解體矣。’莊宗遂令季興歸。行已浹旬，莊宗易慮，遽以詔命襄州節度劉訓伺便囚之。時季興至襄州，就館而心動，謂吏曰：‘吾方寸擾亂，得非朝廷使人追而殺吾耶！梁先輩之言中矣！與其住而生，不若去而死。’遂棄輜重，與部曲趫健者數百人南走。至鳳林關，已昏黑，於是斬關而去。既而是夜三更，向之急遞果至襄州，劉訓料其去遠不可追而止。自是季興怨憤，以兵襲取復州之監利、玉沙二縣，命震草奏，請以江爲界。震又曰：‘不可，若然則師必至矣，非大王之利也。’季興怒，卒使爲之。既而奏發，未幾，朝廷遣夏魯奇、房知溫等領兵來伐。季興登城望之，見其兵少，喜，欲開城出戰。震復諫曰：‘大王何不思之甚耶！且朝廷禮樂征伐之所自出，兵雖小而勢實大，加以四方諸侯各以相吞噬爲志，但恨未見得其便耳。若大王不幸或得一戰勝，則朝廷徵兵於四方，其誰不欲仗順而起，以取大王之土地耶！如此則社稷休矣。爲大王計者，莫若致書於主帥，且以牛酒爲獻，然後上表自劾，如此則庶幾可保矣。不然，則非僕之所知也。’季興從之，果班師。震之裨贊，皆此類也。洎季興卒，子從誨繼立，震以從誨生於富貴，恐相知不深，遂辭居於龍山別業，自號處士。從誨見召，皆跨黃牛直抵廳事前下，呼從誨不以官閥，但朗君而已。末年尤好篇詠，與僧齊己友善，貽之詩曰：‘陳琳筆硯甘前席，甪里煙霞憶共眠。’蓋以寫其高尚之趣也。”中華書局本有校勘記：“欲任爲判官，‘任’原作‘仕’，據殿本、劉本、孔本、彭本、《舊五代史考異》卷五、《五代史補》卷四改。貽之詩曰‘陳琳筆硯甘前席，甪里烟霞憶共眠’，按《白蓮集》卷九，齋己《寄梁先輩》詩云‘陳琳筆硯甘前席，甪里煙霞待共眠’。疑‘貽之詩曰’上有脫文。蓋以寫其高尚之趣也，‘寫’字原闕，據殿本、《舊五代史考異》卷五、《五代史補》卷四補。”

史臣曰：自唐末亂離，海內分割，荆、湖、江、浙，各據一方，翼子貽孫，多歷年所。夫如是者何也？蓋值諸夏多艱，王風不競故也。洎皇宋之撫運也，因朗、陵之肇亂，命王師以有征，一矢不亡，二方俱服。遂使瑤琨篠簜，[1]咸遵作貢之文；江、漢、濰、漳，盡鼓朝宗之浪。[2]夫如是者何也？蓋屬大統有歸，人寰允洽故也。唯錢氏之守杭、越，逾八十年，蓋事大勤王之節，與荆楚、湖湘不侔矣。《永樂大典》卷五千五百三十八。[3]

[1]瑤琨：語出《尚書·禹貢》：“厥貢惟金三品，瑤、琨、篠簜。”孔傳：“瑤、琨皆美玉。” 篠（xiǎo）簜（dàng）：篠，小竹。簜，大竹。

[2]濉：河流名。源自今安徽蕭縣，流入洪澤湖。 漳：河流名。有清漳水、濁漳水二源，均出今山西東南部，在河北南部邊境匯合後稱漳河。 朝宗：朝，古代諸侯於春天朝見天子。宗，諸侯於夏日朝見天子。朝宗後泛指臣下覲見君王。

[3]《大典》卷五五三八“高”字韻“姓氏（六）”事目，誤。當爲《大典》卷四六九二“錢”字韻“姓氏（二）”事目。